极其简单明了的崇氏四度空间图，明确指出每只股的价值区域具体所在位置，指导广大投资者高抛低吸，只要不主观，定能胜赢股市，决不受外界干扰。

股市（期市）崇氏四度空间实战分析

（第三版）

崇玉龙　崇靖　著

经济科学出版社

图书在版编目（CIP）数据

股市（期市）崇氏四度空间实战分析/崇玉龙，崇靖著．—3版．—北京：经济科学出版社，2013.4
ISBN 978-7-5141-3033-1

I.①股… II.①崇…②崇… III.①股票投资-基本知识 IV.①F830.91

中国版本图书馆 CIP 数据核字（2013）第 033883 号

责任编辑：柳 敏 宋 涛
责任校对：苏小昭
版式设计：齐 杰
责任印制：李 鹏

股市（期市）崇氏四度空间实战分析
（第三版）

崇玉龙 崇靖 著
经济科学出版社出版、发行 新华书店经销
社址：北京市海淀区阜成路甲28号 邮编：100142
总编部电话：88191217 发行部电话：88191537
网址：www.esp.com.cn
电子邮件：esp@esp.com.cn
北京汉德鼎印刷厂印刷
三河华玉装订厂装订
710×1000 16开 17.75印张 200000字
2013年4月第1版 2013年4月第1次印刷
ISBN 978-7-5141-3033-1 定价：32.00元
（图书出现印装问题，本社负责调换。电话：88191502）
（版权所有 翻印必究）

2000年第一版前言

　　历史的脚步已经跨入了2000年，值此21世纪来临之际，放眼世界，中国已经日益强盛起来，许多人预言：21世纪是中国的世纪。

　　中国改革开放以来，在各个领域都取得了很大成绩，尤其是资本市场的不断开拓、发展。新的证券、期货市场的创立发展更给国家注入了新的活力，人民安居乐业，投资环境不断改善。《证券法》的实施，使得股票市场健康发展，股民人数不断增加，投资股票市场已经是很多人生活中的一部分。人们追求效益，追求资本的保值、升值也是十分迫切的。庞大的资金，如果能顺利地注入资本市场，既解决了企业的发展问题，又使资金得以升值，实在是利国利民的好事。

　　每一个人都渴望在前进中成功，但是，在许多领域内要想成功，都必须具备相应的社会背景、资历和资金（较多的资金，一般人是难以达到的），作为一般人在这些领域要想成功是比较困难的。不过，有些领域对多数人来说是相对公平的。作为相对公平的领域来说，股票市场是其中之一。首先，它是所有想投资致富的人都能参与的市场。它不分贵贱，没有资历等限制。教授可以炒股，普通百姓也可以参加，并无门第之分。其次是不限资金。随着近几年证券市场的发展，电话委托、网上炒股的兴起，入市的最低资金只要几千元。这是大多数人都能达到的。

　　公平、公正是股票市场的一个特点。有的读者会说：这个市场需要内幕交易、内幕消息等。我们认为，除去某些内幕消息外，股市在获取信息方面是相对公平的，如果专心研究股票理论，掌握一套方法，那么在这个市场挣钱是肯定的。在现代化的技术保证下，电脑下单面前，机会是绝对平等的，一个普通人的买卖指令和庄家、机构大资金的买卖指令在电脑面前是一样的，都遵循一个原则，电脑不认得你是张三、他是李四，没有高低贵贱之分。再有，既使得到一些内幕消息，也不见得就肯定赢，因为使股价变化的因素太多，即使庄家、大户也照样赔钱，而且赔起来更惨。这就是犹如一场马拉松比赛，枪声一响，开步跑就是了，不在乎你领先几十米，我落后几十米，随着时间推移，后面的变数很大，开始占便宜未必后面就能获利，所以，股市是普通人致富的一个比较公平的市场。

那么，股票市场有没有规律呢？答案是肯定的，股市自有它的规律，只是要掌握它的规律，非要下工夫不可，天下没有免费的午餐，不辛勤劳作是不会有收获的。另外，把握自己，莫要贪心，也是入市的必要条件。有一位投资家说过：

（1）发掘潜在优良股票，并长期持有；

（2）充实自己，绝不让报纸杂志或其他专家影响自己的决策；

（3）不要过分贪心，一定要以自有资金操作。

这三个原则看起来很简单，做起来就十分难了，为什么呢？难就难在投资者的心态上，如果有人从一开始就持有"深发展"的股票，那么他获利多少呢？读者自会明白，而事实上绝大多数人都不会一直持有。也就是说，如果长期投资，按照第一条原则去做就可以了。如果是中短线投资，那就得牢记第二条原则，充实自己，学习并且掌握一套适合自己的分析方法。而第三条原则极为重要，那就是克服贪心，调整心态。当一个人多少掌握一定的技术分析方法后，赔钱的原因基本上都是输在心态上，该卖不卖，该买不买，最后，只剩下追涨杀跌一条路了。

看大势者挣大钱，虽然宏观基本面决定了股市的兴衰，但只知基本分析仍无法挣钱，也就是说如果没有技术分析，就找不到具体操作的转折点，相应的高点和低点只有靠技术分析才能掌握。

因此，读者应该掌握一套方法。股市中目前的分析方法很多，每种方法都有它的盲区和死角，应该用几种不同方法互相配合，才能取长补短。本书介绍的几种方法基本上是互相配合使用的。基于广大股民真正自己拥有电脑的并不多（当然，随着时间的推移，拥有电脑及股票的软件系统的股民肯定会越来越多），同时广大投资者大部分都有自己的工作，不可能将全部精力都投入股市。况且，整天待在股市中，并不见得赚钱。因此，本书的对象主要是广大股民，尤其是中小股民朋友。在书的内容、编排上都以此为主。本书中的图表，除部分手工画图外，均为崇氏四度空间软件所绘制。

首先，进入股市的朋友们都知道高抛低吸，可是何价为高？何价为低？确是很难回答的问题。本书重点介绍的崇氏四度空间理论可以给出价值区域和价值中枢。围绕价值区域即可以高抛低吸。四度空间理论是一个全新的理论，面世时间不长，却受到技术分析者的青睐，在国外，风靡一时。国内由于种种原因，尚未被全面认识，笔者认为，独创的崇氏四度空间理论有两大特点，其一是它的图形反映出基本分析和技术分析的全面情况，基本面上通过观察长线投资者的动态可以看出来。所以，投资者如果掌握了崇氏四度空间理论，就不用费心去考虑基本面上的利多、利空情况，只需按图索骥就行了，因为基本面上的情况通过投资者的买卖，自然就从《崇氏四度空间》图表上反映出来，非常便利。其二是它的图形给出了高抛低吸的标准——价值，围绕价值区域高抛低吸即可，不用劳神费心去想为什么，这也是本书为什么介绍崇氏四度空间理论的核心所在。崇氏四度空间理论具有中短期预测功能，而波浪理论具有相对长期的预测功能，这里进一步介绍了波浪理论，并将这两个理论互补，另外，还介绍了K

线转向形态。目的是让投资者从K线理论转化成崇氏四度空间理论,从而进一步在相对的顶部或底部帮助读者及时抄底和逃顶,做到进退自如。这几种方法构成了一套分析理论。读者如能用心研究,细心体会,结合实践,在股市中就会心明眼亮,挣钱只是时间问题了。

笔者希望股民朋友读完本书,有一个对股市的正确了解,并且提出一个要求,就是亲手画图,即使有电脑及相应软件,养成亲手画图的习惯也会受益匪浅。当你亲手画图时,你就会有灵感,对股市的了解更加深入,也必然在股市中有所收获。【如不愿意手工画图可选择崇氏四度空间实战软件】

希望广大股民朋友,看完此书,亲手画四度空间图。此图非常简单,只要有报纸、报刊上登载的股市数据,即可画出来,而一旦亲手画出四度空间分析图表,则一定会很有收获。

由于写作时间较短,加上股市千变万化,崇氏四度空间理论在中国股市实际应用时间不长,书中的例子难以全面反映股市的情况,本书仅起抛砖引玉的作用。广大股民朋友在此基础上应逐渐形成自己独特的一套分析方法,才能在股市中立于不败之地。这里,将如何阅读本书及注意事项略述如下:

1. 首先弄懂四度空间理论及画法,并且开始亲手绘图。【如不愿意手工画图可选择崇氏四度空间实战软件】

2. 波浪理论较为深奥,本书主要介绍预测功能及掌握要点,不用深究细节。

3. 用波浪理论研判大势(大盘),确认大势处于哪一浪中,结合四度空间理论验证,定出具体的策略。如第三浪以持股为主,B浪按反弹处理等。

4. K线理论主要是来寻找高点、低点,掌握转向时机。

5. 本书的几个章节,独立成章,可分别阅读,不必从头按顺序读到尾,但崇氏四度空间图必须掌握。

6. 在此基础上,读者可根据自身情况,在指标上增加或减少，逐渐形成自己的一套方法。

7. 在中篇实战部分中，精选出有代表性的四度空间图，读者可根据自身实战技巧对照分析。但由于股市中的个股千差万别，所选实例只能具有一定的代表性，尚需读者自行研判及在此基础上不断提高。

西方著名投资家江恩先生有一句忠告，笔者认为十分中肯，特作为前言的结束语。

江恩忠告：

（1）执著的追求（事业或者喜爱的研究）；

（2）要有一套适合自己的技术分析方法（包括基本分析和技术分析）；

（3）客观而开放的头脑；

（4）平常心。

崇玉龙
2000年4月于北京

第二版前言

本书第一版面世后，得到了广大投资者的青睐。笔者甚感欣慰。由于四度空间理论是一个崭新的理论，在某种意义上，史泰米亚的这一成果是证券期货业分析理论的一次飞跃。随着时间的推移，在中国市场也必然会发扬光大，并且不止证券期货业，广义上的买房、买车等许多领域都可以应用，笔者研究四度空间理论时，是在一整套的基础上来分析和研究的，并在实践的基础上整理出适合中国股市的操作思路。当然，本书仍遵循"授人以渔"的思想，给投资者提供思路。

日四度空间图、周四度空间图、月四度空间图是一整套的思路，由于第一版是在和弘历通公司合作时写作的，因为当时弘历软件为静态软件，故只能将周四度空间图形在弘历软件上得到实现。笔者认为，对于一般业余投资者来说，弘历软件完全能够胜任，周四度空间也完全能解决一般投资者的高抛低吸投资获利的需要。

随着时间的推移，不少读者反映愿意看到实时的日四度空间图，以利于短线操作，为了满足短线投资者的需要，同时，作为基础的日四度空间图也应完整地反映在系统中，该书在修订后加上日四度空间图形，为了有一个承前启后的思路过程，第一版内容作为全书的第一部分基本未动，第二部分为新增加的日四度空间图和相关部分。由于笔者研究和实战的限制，修订版的目的仍然是"抛砖引玉"，指导思路是"授人以渔"，将方法介绍给读者，让读者自己去按方法独立地分析和研究大势及个股。

目前的技术分析方法较多，但本人认为投资者在研究时，要在成系统的理论上下工夫，如 K 线理论、波浪理论、江恩理论、四度空间理论等，这是成系统的概念。有一些技术分析方法不具有系统化，只能在某一时间段或某一特殊阶段才能使用，一旦条件发生变化，仍使用这些技术分析方法就显得十分危险，易造成巨大损失。故笔者建议投资者在研究学习方面不可盲目，理论不经实践检验是不能轻易使用的。在几年的实践中，笔者认为四度空间理论适合中国国情，只要不主观，客观地按照四度空间理论给出的信号进行操作，是应该能够站在胜利一方的。理论必须实用价值高、简单易学、容易掌握才能有生命力，四度空间理论简单易学、容易掌握、很实用，因此，作者希望这一"抛砖引玉"能够使投资者掌握四度空间理论，在今后的投资活动中，趋利避害，掌握主动，在为中国资本市场作贡献的同时，分享改革开放带来的成果并获得收益。这里提出一个问题，就是在掌握了四度空间理论之后，包括掌握其他理论，投资者个人心态的修炼是一个十分重要而严肃的事情，任何的理论均需投资者自己在实践中才能掌握，才能在运用中变成自己的东西，这是一个心路修炼的过程，而此过程不可逾越！那种不想下工夫，就想在投资证券期货市场上成功的只是一种幻想。当然可能由于偶然成功（恰好低潮入市）就忘乎所以，认为投资买股票挺容易呀，而在随后的行情中不能持赢保泰，将到手的利润付之东流。我们提倡的是理性投资，是长年站在胜方的策略，而这需要的是在实践中学习，是心理上的修炼和升华，是一种境界的相对圆满。

2002 年 5 月于北京

第三版前言

悠悠岁月，从本书第二版（修订版）面市以来已经过去了10个年头，中国股市经历了20多年的洗礼，已经长大成人了。

回首10年历程，崇氏四度空间理论经受了长时间的市场考验，对于2002~2012年的所有进程，股市的高点和低点崇氏四度空间理论都无一例外的随机给出了买入、卖出信号，无一遗漏，经过实战实践的检验，证明了崇氏四度空间理论的实用性、实时性、实战性以及准确性。

此次整理再版，除保留了原有的精华外，增加了一些新的内容。

首先，从原来的【日、周、月】崇氏四度空间系列图调整为【半日、日、周】崇氏四度空间系列图，重大变化为增加了半日崇氏四度空间图，因为配合《崇氏四度空间实战软件》的问世，增加了期货篇，而半日崇氏四度空间图可解决期货市场超短线的操作问题。

此次完稿适逢中国航母正式加入中国海军战斗序列，这也预示着中国海军将走向深蓝色的海洋，同理，中国股市（期市）也将迎来更为辉煌的前景，但许多投资者现实中由于种种原因，总是亏损受伤，主要原因是目前没有一款适合自己的操作方法，崇氏四度空间实战软件是按照崇氏四度空间理论研发的高科技创新软件，它解决了股市中高抛低吸的标准问题，即价值问题，围绕着价值则可把高抛低吸轻而易举的用于实战，从而解决了广大投资者的困惑。股市是有规律的,只有很少人通过努力才能掌握规律,这一过程是痛苦和漫长的。但崇氏四度空间理论给广大投资者提供了一个好用的方法,即掌握崇氏四度空间理论后可以不问为什么,可以对浩如烟海的资讯不闻不问,可以对政策消息听而不闻,却对主流资金动向一目了然,随着图形的走势搭顺风船,不用费心费力。按照投资三原则:(1)看长做短;(2)看大盘做个股;(3)买、卖、歇(空仓),具体按崇氏四度空间理论图形去操作即可。

当然,如果加上波浪理论的长期预测功能,可以说在前提"绝对不主观和掌握崇氏四度空间理论要点之后",胜算是肯定的。

另外,在个人的修炼上要克服人性的弱点"贪"和"怕",那么投资者一定是"不管风吹浪打,胜似闲庭信步"。

易经讲"在天成象,在地成形",人世间的一切都是有规律的,何况股市乎!

从股市上的道氏理论到崇氏四度空间理论,都遵循一个道理,就是"天人合一"的理论,大到天体运行,包括地球运行,而地球上的一切事、一切人都离不开"天地人"的大系统,没有例外。因此,我们必须遵循"天人合一"的精神,顺应天时、地利、人和的大思维去做股票期货,这才能超越自我走上致富的坦途,这才是投资者最终的归宿。

本书的书名是国内著名书法家白树安先生挥毫,在此表示衷心感谢!

崇玉龙　崇靖

2012 年 11 月于北京

需要说明的几个问题

（1）"由于从2002年修订版问世以来，经过10年的实战检验，崇氏四度空间理论经历了实战考验，证明是可以信赖的实战理论。由于时间的推移，加上期货市场的发展，尤其是股指期货的发展，因此，本理论根据实际情况，图形从原来的【日、周、月】崇氏四度空间理论图形，顺应潮流改为【半日、日、周】崇氏四度空间理论图形。所有关于理论的要点，不论是用崇氏四度空间理论周图分析，还是用崇氏四度空间理论日图分析，以及用崇氏四度空间理论半日图分析，所含要点均可通用，只是时间单位不同，半日崇氏四度空间理论图形以15分钟为一个单位用一个字母表示，半日即形成一个崇氏四度空间图形，日崇氏四度空间理论图形以30分钟为一个单位用一个字母表示。而周崇氏四度空间图形以日为一个单位，用一个字母代表一天，从而五天形成周崇氏四度空间图形。

（2）基于单位时间价格不同，故而时间段效应不同，例如：同一图形，半日崇氏四度空间理论图形显示出的未来的趋势是未来几个半日的趋势，较适宜于超短线操作。日崇氏四度空间理论图形显示的是未来几日的趋势，适宜于短线操作，而周崇氏四度空间理论图形显示的是未来几周的趋势，较适宜于相对长线的操作。

（3）本书给出的基本上是较为标准的图形，实际上尤其是个股的图形会有一些变形，例如涨跌停板的图形，但是崇氏四度空间理论的原理仍然适用于变形的图形，价值区域的位置是研究的关键。

（4）由于本书只能将此理论和实战总结介绍给投资者，因此投资者应用崇氏四度空间理论基本原理去独立分析大势和个股——找出买卖点，这是一个实践及心理的过程，没有实践无法真正掌握这一理论，正如亲自下水才能学会游泳，只在岸上是永远学不会游泳的。掌握崇氏四度空间理论（学习并不难，普通投资者均能很快掌握）之后，投资者就可以自行判断大势及个股的走向，关键是必须客观地按照崇氏四度空间图给出的信号顺势操作，切忌主观，从实践来看，主观是投资股票和期货的大忌。

目 录

上篇 崇氏四度空间实战分析

一、崇氏四度空间理论 3
1. 四度空间的由来 3
2. 崇氏四度空间的理论核心 5
3. 崇氏四度空间的公式——价格＋时间＝价值 7
4. 崇氏四度空间的四度详解 9

二、崇氏四度空间的分析方法 13
1. 崇氏四度空间的分析系统 13
2. 崇氏四度空间的绘图方法 15
3. 短线买卖者 16
4. 长线买卖者 19
5. 市势种类 20
6. 高抛低吸 33
7. 买卖策略 33
8. 价值的两重含义及价值变化 34
9. 被动性的与主动性的买卖盘 38

10. 市势逆转三部曲 …………………………………… 40
11. 开市形态种类 ……………………………………… 43
12. 市场出发的信息 …………………………………… 44
13. 价值区域与成交量 ………………………………… 45
14. 成交量 ……………………………………………… 47
15. 需要说明的几个问题 ……………………………… 48

三、波浪理论 …………………………………………… 50

1. 波浪理论的基本形态 ……………………………… 50
2. 波浪理论的四个基本条件 ………………………… 52
3. 波浪理论的基本规则（数浪规则） ……………… 53
4. 各种波浪的基本特征 ……………………………… 54
5. 对波浪的具体分析（预测功能） ………………… 56
6. 波浪理论预测功能的实际应用 …………………… 67
7. 波浪理论的整体回顾及未来展望 ………………… 69

四、波浪理论和崇氏四度空间 ………………………… 72

1. 波浪理论与崇氏四度空间的关系 ………………… 72
2. 大盘与个股的关系 ………………………………… 74
3. 如何用崇氏四度空间选股 ………………………… 75
4. 大盘崇氏四度空间图形的分析 …………………… 77
5. 个股的崇氏四度空间图形 ………………………… 84
6. 崇氏四度空间图形运用的总结 …………………… 89

五、K 线的转向形态分析 ……………………………… 92

1. 星的形态 …………………………………………… 93
2. 锤头与吊颈 ………………………………………… 96
3. 穿头破脚 …………………………………………… 98

4. 乌云盖顶与曙光初现 ······ 99
5. 身怀六甲与十字胎 ······ 101

六、投资的理念和策略 ······ 104
1. 投资第一原则：理性投资原则 ······ 105
2. 投资第二原则：自有资金原则（不能借贷）······ 105
3. 投资第三原则：资金的管理与运作 ······ 106
4. 顺势操作理念 ······ 108
5. 投资股市三段论——买、卖、歇（空仓）······ 110
6. 战胜心魔 ······ 111

七、股市实战操作思路 ······ 113

八、基本面分析 ······ 115

中篇 崇氏四度空间实战技巧

九、沪市上证综合指数图形 ······ 119
1. 沪市大盘横盘图形 ······ 119
2. 沪市大盘上升图形 ······ 119
3. 沪市大盘下降图形 ······ 121
4. 沪市大盘见底图形 ······ 122
5. 沪市大盘中途底部图形 ······ 123
6. 大盘反弹见顶图形 ······ 124
7. 沪市大盘上升后见顶的图形 ······ 125
8. 沪市大盘见底反转图形 ······ 126
9. 沪市大盘中途调整中的小双底图形 ······ 127

十、崇氏四度空间图形在个股中的应用 ········ 129

1. 个股崇氏四度空间图形形态之一：
   京运通股份（601908） ················· 130
2. 个股崇氏四度空间图形形态之二：
   中国国旅（601888） ·················· 133
3. 个股崇氏四度空间图形形态之三：光大证券（601788） ··· 134
4. 个股崇氏四度空间图形形态之四：光大证券（601788） ··· 136
5. 个股崇氏四度空间图形形态之五：中信证券（600030） ··· 137
6. 个股崇氏四度空间图形形态之六：五矿发展（600058） ··· 138
7. 个股崇氏四度空间图形形态之七：包钢稀土（600111） ··· 139
8. 个股崇氏四度空间图形形态之八：中国船舶（600150） ··· 140
9. 个股崇氏四度空间图形形态之九：万科 A（000002） ···· 141
10. 个股崇氏四度空间图形形态之十：
    东阿阿胶（000423） ················· 142
11. 个股崇氏四度空间图形形态之十一：
    沪天化（000912） ·················· 143
12. 个股崇氏四度空间图形形态之十二：
    东方钽业（000962） ················· 146
13. 半日崇氏四度空间图形的特点 ············· 148
14. 上证 B 股和深证 B 股的图形 ············· 152

十一、沪市大盘底部和顶部形态 ········ 165

1. 沪市大盘底部图形之一 ··············· 165
2. 沪市大盘底部图形之二 ··············· 167
3. 沪市大盘底部图形之三 ··············· 168
4. 沪市大盘顶部图形之一 ··············· 170
5. 沪市大盘顶部图形之二 ··············· 173

十二、价值区域和价值中枢的关系 …… 176

十三、崇氏四度空间平衡市图形分析 …… 178
1. 高收平衡市 …… 178
2. 中收平衡市 …… 179
3. 低收平衡市 …… 181

十四、崇氏四度空间强势单边市、单边市图形分析 …… 183
1. 强势单边市（向上） …… 183
2. 强势单边市（向下） …… 183
3. 单边市（向上） …… 185
4. 单边市（向下） …… 186

十五、两个崇氏四度空间图形分析 …… 188
1. 向上强势单边市和平衡市 …… 188
2. 向下强势单边市和平衡市 …… 189
3. 向上单边市和平衡市 …… 192
4. 向下单边市和平衡市 …… 192
5. 平衡市和向上强势单边市 …… 193
6. 平衡市和向下强势单边市 …… 195
7. 平衡市和向上单边市 …… 196
8. 平衡市和向下单边市 …… 196
9. 平衡市和平衡市 …… 198

十六、多个崇氏四度空间图形分析 …… 202
1. 底部形态 …… 202

2. 上升形态：主要是描述 1、3、5 浪的上升，
   以及 B 浪的反弹 ………………………………… 205
3. 顶部形态：顶部形态主要描述 1、3、5 浪的
   顶部形态 …………………………………………… 208
4. 下跌形态：主要描述 A 浪、C 浪、2 浪、
   4 浪中的小 a 浪 c 浪 …………………………… 211

十七、日崇氏四度空间和周崇氏四度
空间图的综合分析 ………………………… 213

十八、大盘和个股的综合分析 …………… 225
1. 大盘缓跌个股上升型 …………………………… 225
2. 大盘急跌个股上升型 …………………………… 227

十九、崇氏四度空间理论操作策略综合分析 …… 229

下篇　崇氏四度空间期货部分

二十、期货前言 ……………………………… 235

二十一、期货操作原则【看长做短】 ……… 237

二十二、崇氏四度空间股指期货图形分析 …… 238
1. 崇氏四度空间周图【从周图看相对时间
   较长的趋势】………………………………… 238
2. 崇氏四度空间日图【从日图看相对较短

时间的趋势】 239
3. 半日崇氏四度空间图【从半日图看相对
   更短时间的趋势】 242

二十三、其他期货品种的崇氏四度空间图形 251

2002 年第二版后记 257

第三版后记 258

上篇　崇氏四度空间实战分析

一、崇氏四度空间理论

1. 四度空间的由来

　　市场，是一个交易双方买入与卖出的场所。如果买卖稀少，则市场就不会活跃。商品市场中，每逢节假日则人潮涌动，商家销售额会大幅上升，价格也会随之波动；在换季时，过季商品大打折，价格下降，精明的顾客便会蜂拥而至，争相购买，商家虽然低价卖出了商品，但现金的回收又加快了资金的周转，从而进行新的循环。这是市场经济规律之一。

　　股票、期货市场，同样存在商品市场上所表现出的经济规律，价格和价值这一对既有联系又有区别的概念，构成了市场变化的基础。作为投资者，如何把握市场经济规律，是一个难题。

　　1984年，彼得·史泰米亚（J. Peter Steidlmayer）总结了他30余年证券期货市场的成功经验，创造了一整套的分析证券、期货市场价格变化的理论——市场轮廓理论，又名四度空间。1986年，史泰米亚与郭奇云合著的《市场与市场逻辑》介绍了这一理论。

　　四度空间，英文系Market Profile，直译中文应该是"市场轮廓"。香港著名的图表分析专家和波浪理论大师许沂光先生大胆创新，以"四度空间"命名之。在1991年年中至1992年年初，许沂光将其介绍在《香港经济日报》上。四度空间理论在香港及内地的推广应用，许先生功不可没。

下面介绍崇氏四度空间的由来。

（1）《崇氏四度空间》理论的创始人。崇玉龙是国内"崇氏四度空间理论"的创始人，生于1988年（上海1988年开始发行股票，引起关注）开始研究中国股市，1992年入市，历经磨难，经历了中国股市的风风雨雨，把四度空间理论和中国股市结合起来，历经实战的检验，终于在2000年推出第一本专著《股市四度空间实战分析》，由于当时电脑的普及度不够，所以书中专讲了周四度空间的实战分析，从而没有反映出崇氏四度空间理论的全部，故于2002年又出版了修订版《股市四度空间实战分析》。第二本书全面系统介绍了"崇氏四度空间理论"的全部内容。从而使投资者看到了"崇氏四度空间理论"的全貌。在经历了2000～2011年的检验后，现在正式推出了反映"崇氏四度空间理论"全貌的软件《崇氏四度空间实战软件》。

本理论任何投资者在掌握之后均可自行判断大势和个股，不用听消息、听股评，胜算把握在自己手中！

（2）崇氏四度空间理论是结合中国股市的实战而提炼浓缩出来的实战理论。

在投资者绝对不主观的前提下，在掌握了理论的要点之后，在市场中赢利是肯定的。它是国内革命性的理论。

崇氏四度空间实战理论有三大特点：

第一个特点：崇氏四度空间理论真正解决了股市等市场中的高抛低吸的标准问题（期货市场据此可以双向操作）。我们都知道在股市中高抛低吸才能赢利。但高抛低吸必须有一个标准（而且标准是动态的），崇氏四度空间理论则给出了高抛低吸的标准，从某种意义上来说，是证券期货市场的一次划时代的革命。

第二个特点：崇氏四度空间理论真正解决了股市（期市）

信息消息如何与市场行情的结合问题。大家都知道影响股市的多种因素，政策消息非常多而复杂，一般投资者很难有精力去分析影响的程度，并做出正确的判断。而崇氏四度空间理论则利用市场已经发生的买卖信息而形成崇氏四度空间图，直观地给出了准确的判断，而据此实战操作可谓顺风顺水，赢利轻松。

第三个特点：崇氏四度空间理论真正解决了政策基本面和技术面合二为一的问题，对于具体的股票而言，崇氏四度空间理论软件图形则给出了主流资金的动向。上市公司的经营情况、行业位置、利润情况等也比较复杂，且有所谓的机构、大户的动向难以判断，有了崇氏四度空间图形，投资者可以搭顺风船，轻松愉快，不用问为什么，该买则买，该卖则卖。

2. 崇氏四度空间的理论核心

崇氏四度空间的分析方法，指出价格与价值永远出现分歧，在股票市场上，两者在大部分时间内都处于不相等的地位。每日每时的股价上下浮动，都说明价格与价值的不一致性，作为一个精明的买家，最好等到价格低于价值时才买入。

股票市场的内在规律究竟是什么？股价的运动规律是什么？这是一个仁者见仁，智者见智的问题。一只股票的价格多少为高价，多少为低价，实在没有一个现成的公式。

从股票市场整体来分析，以上海综合指数为例，多少点是正常的，多少点是非正常的，并不是人们经常的主观预测，而是客观规律在起作用。股票市场大部分的股票价值被低估时，自然综合指数就会处于低位，如300多点，500多点时。反之，如果大部分股票价值被高估时，综合指数就会处于高位。随着国家宏观经济政策的调整，上市公司的整体盈利水平的提高和上市公司增加，在若干年后，可能上证综合指数1500点只能算相对低位了。3000点是肯定能够看到的。（上面文字为2002年修订版已有，现在上证综合指数出现了6000多点，可见当时预测的正确）。从个股的价格来分析，价格多少为偏高，多少为偏低，其标准如何判定，仔细分析一下就会明白，例如：深市的深发展从1996年的6元上升到1998年的49元，而马钢股份为什么就不能涨到49元呢？归根到底，是股票的内在价值回归。当然深发展49元也偏离了当时价值。自然从49元又回到十几元钱（除权以后的价格）。

综上所述，可以得出一个结论，股票整体市场趋势，是以全部股票的综合价值为中心而上下波动的，个股的趋势，是以该股票内在价值为中心而上下移动的。当价格高于价值时，股票自然下跌，当价格低于价值时，股价自然上涨。作为某一只具体的股票，如果价格低于价值，可能早涨，也可能晚涨，但肯定会涨，这就是股价运行的规律。

四度空间理论核心，就是指出价格与价值永远出现分歧，而只有价格与价值出现分歧，才能使投资者捕捉到价格低于价值的时间和空间，去低价买入股票。

当然，价值不是一成不变的，一个上市公司今年的业绩好，并不等于明年的业绩也好。原来亏损的企业经过资产重组，也可能从丑小鸭变成白天鹅。

对于股票市场来说，高抛低吸是每一位股民（尤其是在二级市场上）热盼的。但是什么时候高抛，什么时候低吸，对此股民一直把握不好。影响股价的因素有许多，比如政策面、资金面、宏观经济、企业效益等，它们作用于股价，便形成围绕价值上下波动的价格。而崇氏四度空间恰恰根据市场本身发出的资讯极鲜明地显示了价值所在。在价值以上抛出，价值以下买进，从而真正做到了高抛低吸。

3. 崇氏四度空间的公式——价格＋时间＝价值

价格＋时间＝价值，这样一个简单的公式是可以经受长时间的考验，放之四海而皆准。

崇氏四度空间公式中的"时间"，有几种含义，第一，"时间"是一个常数，说明其只有通过单位时间的交易，才能维持市场的正常运转，此时的时间没有特别的意义；第二，"时间"是买卖的重要方面，也就是说，处于低于价值的价格的时间，不会太久，因此把握买入的时间，是十分重要的。可以说真正在低位的时间，是先知先觉者大胆入市的良机。对于处于相对高位价格的时间，更是极短的时间，稍一疏忽，就过去了；第三，"时间"是一种等待，即要等待价格低于价值时间的来临，方可买入，又要等待价格高于价值的时刻而抛出，从某种意义上来说，在股市中必须学会等待，空仓中等待买入良机，满仓时等待抛出时刻。

崇氏四度空间公式中的"价格"是经常变化的，在单位时间内，价格是变化区间，在更长的时间范围内，价格变化的区间也随之变宽，那么成交量较大的价格区间形成了价值，所以崇氏四度空间的理论已经在找出价值的同时又找出了成交量较大的部分，换言之，价格＋时间＝价值（成交量）。

崇氏四度空间公式中的"价值"，是崇氏四度空间理论的核心，是解决股市、期货市场中高抛低吸的标准。高抛低吸以价值为中心，是对期货、股市传统分析方法的一次革命。

崇氏四度空间公式中的价值。从实战的角度来分析，有两重含义，投资理念的"价值"和投机理念的"价值"。

投资理念的"价值"，是指数股票市场中具体某只股票的内在价值，这个内在价值从崇氏四度空间的图形上是看不到的，它是基本分析范围的价值，例如：某一只股票的每股收益很高，但它的价格较低。投资者认为它值20元，而此时的股价却只有10元左右，如深发展，6元左右的价格是低估了，当时第一波涨到18元左右。另一种情况是预期某一只股票发展前景广阔，潜力很大，而此时的价格相对较低，科技含量高的股票常常是见了高价又有高价，道理就在于内在价值被低估了。

　　具体某一只股票的崇氏四度空间图表，图表中最宽的部分是价值区域，那么，每半日，日，周的崇氏四度空间图所显示出的价值区域的价值如果低于上面所讲的内在价值，那么，这个价值也是投资理念的价值，当股价上升，超过价值，这时在内在价值之上出现的崇氏四度空间图所显示的价值就具有投机的概念了。用投资理念的"价值"去选择股票，那么具体如何选择呢？从两个方面考虑：第一是绩优股，如某股票年报每股收益为0.50元，按照当时市场认可的平均市盈率来计算，如20倍市盈率：

$$0.50 元 \times 20 = 10 元$$

也就是说，此股的内在价值是10元。如果此时其价格也在10元之下，就可以低位吸纳，当然，按此方法只是大概去估计。第二是资产重组股票，或是其内在因素发生变化，这种股票，就不能简单地用市盈率去计算，而是要根据其内在的因素去考虑，也就是有实质的内在因素去考虑。

　　投机理论的"价值"具体有两个意义，一个是在内在价值之下，崇氏四度空间图所表述出的价值，按照这个价值去高抛低吸；另一个是在内在价值之上，崇氏四度空间图所表示出的价值，由于已经超出了内在价值，所以是投机理念的价值了。

　　所以，我们提倡用投资理念去选股票，而在投机理念的价值出现时，抛掉股票，也就是用投机理念的价值去具体操作。

　　时间是一个常数，而价位则是变数，度量变数的时间必须依据常数，即以时间作为工具。很简单，长时间内出现的价位，表示该价位交投活跃，被市场接受，可以视为价值。

明白上面的公式之后，利用崇氏四度空间图自然可以找到价值所在。然后以价值为基础实行高抛低吸的策略从中取利。

价值是崇氏四度空间分析方法精粹所在，当你发现某个成交价格经常出现，表示该价格被人们接受，在该段时间之内，该价格上下（波动）形成一个价值区域，此价值区域在整个时间段举足轻重。

当然，若市场基本处于平衡阶段，自然可以轻易找到价值区域，高抛低吸，但是价值不可能不变，因此，当价值发生波动时，表明市场趋势在变。

4. 崇氏四度空间的四度详解

崇氏四度空间的四度是指何时、何价、何人、何事。

(1) 崇氏四度空间的"何时"，是指时间。 每一个单位时间，半日崇氏四度空间以 15 分钟为一个时间单位，日崇氏四度空间以 30 分钟为一个时间单位，周崇氏四度空间以日为一个时间单位。笔者根据中国股市的具体情况，认为以半日、日、周一系列图形就完全可以应付市场，从中赢利了。

所以，寻找价格低于价值的时间，是十分重要的。因为，真正远远地低于价值的价格，平常所说的最低价或低价圈，一般来说，其停留的时间是较短的，先知先觉的投资者一定会捷足先登的。

(2) 崇氏四度空间的"何价"，是指单位时间内发生的价格。 只考虑高低价格的区间，不考虑开盘价及收盘价。这个价格有两个含义：一是低于价值的价格；二是高于价值的价格。

(3) 崇氏四度空间的"何人"，是指长线买卖者或者短线买卖者。 在崇氏四度空间图形中，长线买卖者只与短线买卖者成交，长线买家与长线卖家不会直接成交见面。在中国股市中，长线买卖者就是主流资金，是先知先觉的主流资金，这些主流资金通常是在整合了全部信息、政策、国内外形势等以及个股的所有信息之后做出的买或者卖的操作，是具有风向标意义的资金（体现在崇氏四度空间理论图形中给出的相对主流资金的进入或进出所形成的长线买家及长线卖家）而中小投资者按照主流资金的运作方向搭顺风船，可谓省时省力。

长线买卖者一般不会在乎短线产品的涨跌，具体可分为以下两种情况：

第一种，结合崇氏四度空间图形选择价格低于价值的股票买入，这个价值是股票的内在价值，一旦买入，不到超出真正价值决不抛出。具体如何选择，将在后面文章中另有详述。

例如：1996年初的深发展（0001）和四川长虹（600839），当时的价值被严重低估，价格和价值背离，从而使一些长线买家大量吸货，展开了长达一年多向价值回归的上升行情。如图1-1所示：直线表示内在价值，曲线表示实际价格，由图1-1可看到价差较大。

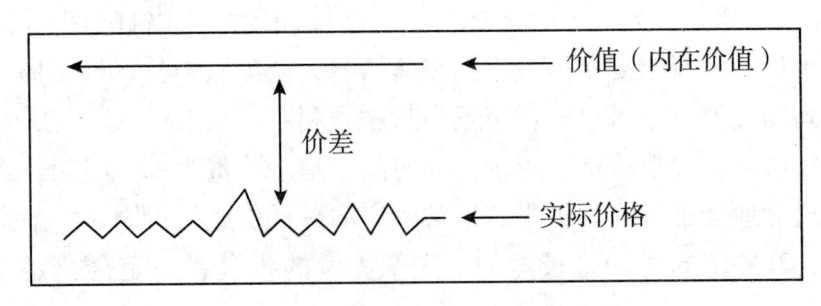

图1-1 价值与实际价格的基本情况

第二种，纯粹根据崇氏四度空间图来选择股票。从崇氏四度空间图中可以看出，当一只股票出现价值区域横移不再向下移动时，而后又出现价值区域向上移动的时候，说明价值被低估，股价开始向上运动，向价值回归。

例如邯郸钢铁（见图1-2），邯郸钢铁崇氏四度空间图在

1999年2月1~5日，崇氏四度空间图价值区域在7.50~7.55元；2月8~9日由于春节休假只有两个交易日。此图意义不大，但在3月1~5日，价值区域在7.25元探底成功之后，3月8~12日，价值区域明显上移到7.70元之后展开了一轮升势，注意图中单个A字。3月8日的A字母代表长线买家出场，而使价值区域上移。

在平衡市中，获利机会不多时长线买卖者懒于出动，市场的成交额可能低于日常的成交额的平均值。但当市势出现变化时，长线买卖者自然转向积极，活跃程度大增，成交额可能上升，这就是平常所说的有增量资金进场。

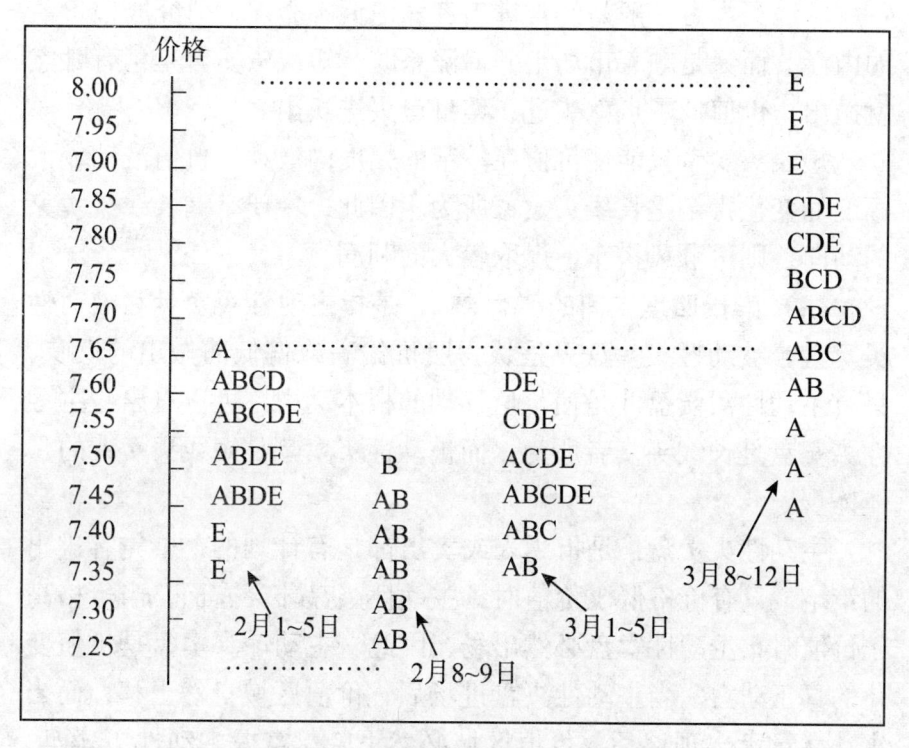

```
价格
8.00  ┤                                              E
7.95  ┤                                              E
7.90  ┤                                              E
7.85  ┤                                             CDE
7.80  ┤                                             CDE
7.75  ┤                                             BCD
7.70  ┤                                            ABCD
7.65  ┤   A ········································ ABC
7.60  ┤  ABCD           DE                           AB
7.55  ┤  ABCDE          CDE                          A
7.50  ┤  ABDE     B     ACDE                         A
7.45  ┤  ABDE    AB     ABCDE                        A
7.40  ┤   E      AB     ABC
7.35  ┤   E      AB     AB      3月8~12日
7.30  ┤          AB
7.25  ┤   2月1~5日 AB    3月1~5日
                  2月8~9日
```

图1-2 邯郸钢铁崇氏四度空间图

长线买卖者因为做的是长线，所以，他们可以从容地了解基本面的变化，有充分时间去分析股市，他们不在乎短时间的波动,只有在各方面都具备了条件,才在低于价值的价格上重拳出击,而一旦买入股票后,他们会耐心等待高点的到来,从容抛出。所以长线买卖者是股市的先知先觉者。如果广大投资者掌握了长线买卖者的踪迹,则无疑是占据了主动,弥补了信息不足及研究的深度和广度。长线买卖者,从时间上来看分为两个层次:一个层次是战略投资者,这一类投资者往往看中的是较长时间的投资,一年、两年或者更长时间,像美国的巴菲特,投资一个企业会很长时间。另一个层次是贴近市场的阶段投资者,他们往往在市场中有明显的吸筹、拉升、派发三个阶段的踪迹,在崇氏四度空间图中,此类的长线投资者的买卖行为会暴露无遗。

短线买卖者一般是经常进出者,他们不去深入研究股票价值的内涵,而只是顺着市场走,追涨杀跌。短线买卖者是稍有赚点就抛出,价值低了点就买进,整日里买进卖出。

短线买卖者只能使价值在较窄的幅度内波动,价值波动较大幅度的变化肯定是长线买卖家所为。因此,主要掌握长线买卖家的动向,则可顺风搭车,谋取较大的利润。

(4)崇氏四度空间的"何事",是指主动性买卖盘和被动性买卖盘。被动性买卖盘只是认为股价偏高或偏低而做出的反映,只有主动性买卖盘才是使价值移动的根本动力。可以看出,主动性买卖盘是长线买卖者所为,而被动性买卖盘是短线买卖者的具体体现。

主动性买卖盘,是指买入或卖出都是有计划的,事先有进出的策略,只有价格低于价值时,主动性买盘才会露面,当价格高于价值时,主动性卖盘必然出场,因此,主动性买卖盘是价值变化的真正动力,当主动性买盘进场后,价值区域自然上移,而当主动性卖盘出现以后,价值区域必然下降。掌握主动性买卖盘,就等于掌握了长线买卖者的脉搏,自然搭顺风船赢利就会较大。

被动性买卖盘是指随着股价的高低变化,而被动地追涨杀跌,它对崇氏四度空间图的价值的变化影响较小。

二、崇氏四度空间的分析方法

1. 崇氏四度空间的分析系统

崇氏四度空间分析系统可以划分为三个部分：**时间、买卖逻辑、市势图形**。

（1）时间规定了市场的运作，时间又限制了入市买卖的机会。简单地说，时间是高于价值的卖出机会，或者低于应有价值的买入机时机。通常来说，时间转瞬即逝，机会失不再来。举例来说，商场打折销售商品，精明的买家自然蜂拥而至，迟到者自然就买不到了。

下面以每日的股价高低去画周崇氏四度空间图，并以此举例。

崇氏四度空间图最好是每天画一个，每日的四度空间图，即以30分钟为一段，中国股市每日交易4个小时，分为8段，分别用A、B、C、D、E、F、G、H来表示走势情况。如9：30～10：00用A表示；10：00～10：30用B表示，依此类推，后面讲到的具体操作策略均适用于半日、日、周的崇氏四度空间图。图2-1为葛洲坝的一天走势，也就是每30分钟的高低幅度通过叠加向左看齐，而形成崇氏四度空间的图形。

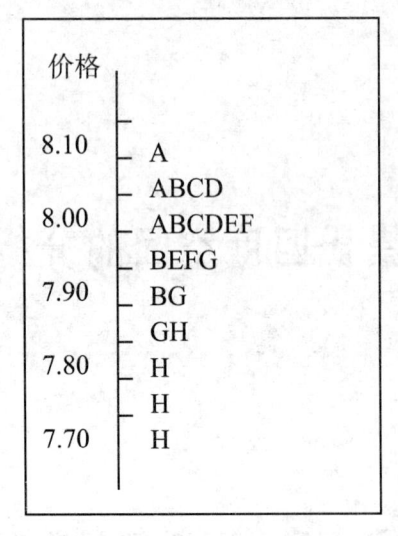

```
价格
8.10    A
        ABCD
8.00    ABCDEF
        BEFG
7.90    BG
        GH
7.80    H
        H
7.70    H
```

图 2-1　葛洲坝（600068）1999 年 4 月 21 日的崇氏四度空间图

（2）买卖逻辑。崇氏四度空间中的买卖逻辑从图形上分析比较容易，它有两部分内容，第一部分内容是市场的趋势如何？买卖逻辑可以解释市场趋向的理由。增加对市场的认识。当然市场向何处走，是有其内在规律的，当股票市场向上运动时，既有基本面的原因，也有技术面的原因，如果按照崇氏四度空间大势指出买卖逻辑的大部分是根据经验积累而成，而经验积累，既需要时间，也需要反复探索，这不是一般人所能做到的，那么，有没有捷径呢？根据实战，似乎已有答案，这就是基本能反映股市变化的波浪理论和崇氏四度空间。

虽然理论界对波浪理论的作用看法不一，但实战中确实有效。根据波浪理论可以较容易地分析市场的趋势，但波浪理论较难掌控（崇氏四度空间表示明显）这只有下工夫研究。

第二部分内容是如何把握个人买卖，前面的买卖策略已经讲得很清楚了，问题是投资者个人往往很难控制自己的心态。该买时不敢买，该卖时不想卖，这里就是人性中的两个弱点，"贪"和"怕"，买时害怕被套、卖时因贪而不肯卖。这两个弱点如果能够克服，战胜自己，市场上的成功率就多了一半。

（3）市势图形，是将价位以钟形曲线图记录下来的图形，使人一目了然。下面介绍钟形曲线图的绘图方法，以及简单的分析原理。

2. 崇氏四度空间的绘图方法

崇氏四度空间的基本单位称为 TPO（Time Price Opportunity），代表在某段时间内出现的价位，投资者有权选择是否在该价位的时间内买卖。

以周崇氏四度空间图为例，通常而言，图中每一个字母记录一天成交的价位，A 代表第一天成交的价位，B 代表第二天成交的价位，C 代表第三天成交的价位，D 代表第四天成交的价位，E 代表第五天成交的价位（见图 2-2），只考虑高低幅度，不考虑开盘和收盘。

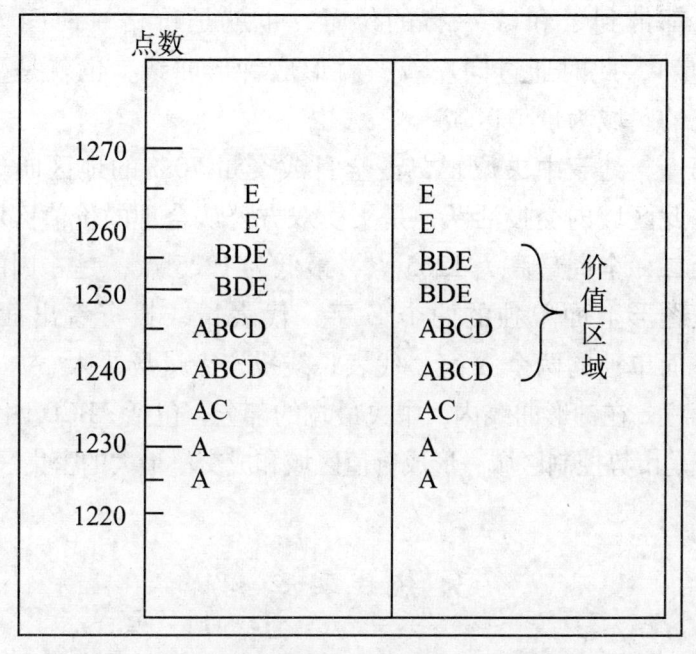

```
点数
1270
        E           E
1260    E           E
        BDE         BDE
1250    BDE         BDE     ⎫
        ABCD        ABCD    ⎬ 价值区域
1240    ABCD        ABCD    ⎭
        AC          AC
1230    A           A
        A           A
1220
```

图 2-2　上海综合指数 1998 年 10 月 12~16 日

图中每一个字母代表一个 TPO（本文以 A 代表星期一、B 代表星期二，C 代表星期三，D 代表星期四，E 代表星期五）。

崇氏四度空间软件给出的图形大多数遵循此规定，但由于节日放假，在周崇氏四度空间图中，其如果有两天交易，则不管这两天具体是周几，只用 A 和 B 来表示，如果交易三天，则用 A、B、C 来表示。

图 2-2 左边系 1998 年 10 月 12~16 日上海综指一周指数的记录，将不同字母的价位画在一起向左靠拢便成为图 2-2 右边的崇氏四度空间走势图，绘图方法极为简单，问题在于需要分段收集市场的实际价位，才可以绘图。下面解释一下图形。

最上边的 E 字，按照一般的长线画法是在周五位置上的，而崇氏四度空间理论按照其核心公式将其向左看齐，就像军队在集合时一样，E 就成了排头兵，也就是 E 站在了和 A 上下一行的地方，此时的 E 将周五的时间和 E 本身价格及价格区间内的成交量都带到了和 A 一行的位置，也就是价格+时间=价值（成交量），此时通过向左看齐就形成钟形曲线，也就是显示出了最宽的区域为价值区域。

第一，处于中央位置，占全日成交量 70% 的地区叫价值区域，在此区域内交投活跃，是买卖双方公认合理的价值区域。

第二，全周最高为 1265 点，最低为 1225 点，是一周的高低幅度。图形上面单独的两个 E 字，代表长线投资者出面卖出。图形下面单独的两个 A 字，代表长线投资者进场买入。

第三，在钟形曲线内，中央最宽的部分，包括 ABCD 四个 TPO 在内，是市势控制区域，形成价值区域和成交量最大的密集区。

3. 短线买卖者

崇氏四度空间分析方法突出的地方，在于分析范围较为全面，除了通常所见的时间及价位之外，亦注意研究何人及何事两个问题，全面性的分析，确保可以提高了解市场走向的程度。

根据崇氏四度空间走势图分析，可以分清楚究竟市价的变动是由长线买卖者还是短线买卖者所造成，买卖的动机亦无所遁形，掌握上述两项其他分析方法无法提供的资料，才能在市场上洞察秋毫，及时捕捉战机。

短线买卖者，或者称为即市炒家。由于有许多散户股民整天泡在交易所里，每日均会在市场买卖，出出进进，忙个不停。即市炒家必须从买卖差价中得到好处，事实上，此类投机者便是想从市场中谋取利益。假如即市炒家投机失败，将被淘汰出局。

短线买卖者无法承受较大的风险，所以是"微中取利"。股票市场上一些股民，假如某只股票在市场上5元买入，5元5角就抛出，从中得到5角的利润（未扣除交易成本），长年累月下来也可得利。

短线买卖者虽然是短线买卖，但是从实际上看，一部分短线买卖者是看长做短，即在对大势有明确的判断后，在个股中作短线买卖，这一部分人的投资策略较为理想。例如：龙头股份经过长期下跌横盘后，在3月1~5日出现单边市，表示长线买家入场，如图2-3所示。

从图2-3中可以看出，此股票是一个向上单边市，价值区域从5.95~6.00元之上移到6.30~6.35元。这里有两个买点，一个是周一的5.90元以下，另一个是中间单独字母C（6.10~6.15元），而周四上升到6.65元左右，6.55元是短线出货点。依照四度空间理论如果价格回落到上周价值区域6.30元以下应该买进，果然，3月8~12日图中，周三出现6.15元点位，短线操作者可以马上买进。

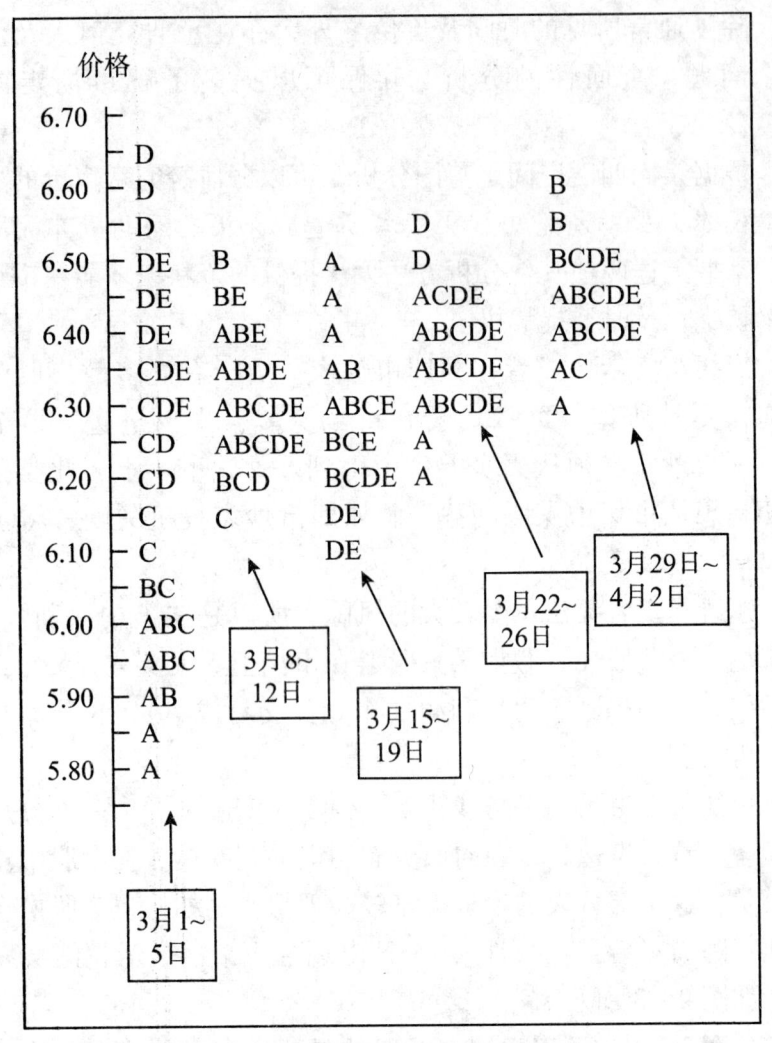

```
价格
6.70 ┤ D
6.60 ┤ D                                    B
     ┤ D              D                     B
6.50 ┤ DE    B     A  D       BCDE
     ┤ DE    BE    A          ACDE    ABCDE
6.40 ┤ DE    ABE   A          ABCDE   ABCDE
     ┤ CDE   ABDE  AB         ABCDE   AC
6.30 ┤ CDE   ABCDE ABCE       ABCDE   A
     ┤ CD    ABCDE BCE  A
6.20 ┤ CD    BCD   BCDE A
     ┤ C     C     DE
6.10 ┤ C           DE
     ┤ BC
6.00 ┤ ABC
     ┤ ABC
5.90 ┤ AB
     ┤ A
5.80 ┤ A
```

图 2-3　龙头股份四度空间图

如 3 月 15～19 日图可见，周四、周五股价又回落到上周（3月 8～12 日）的价值区域以下，又可以在 6.10 元左右买进。此种操作纯粹是短线操作，既可获利，又没有什么风险。

短线买卖者除前面所说的看长做短外，还有一部分只做短线，不做长线。那么，因为不考虑长线，一旦是在高位做短，如果不及时止损，很可能被套而亏损，甚至被迫该做长线（死悟），这又是一种错误。例如：沧州化工 1997 年 4 月当从 15 元左右做短线时，如不及时卖出，其股价一直下跌到 6.36 元才止跌，损失很大，实际上当时此股领先大盘下跌。

4. 长线买卖者

股票市场第二类参与者，是长线买卖的专业人士（或者是机构投资者），此类投机者（或可称为投资者）具有以下特点：

（1）对于市势有独立的见解，不会人云亦云轻易改变其立场。

（2）在做出买卖决策之前，会进行较详细的考虑，甚至去实地考察。同时，并不一定每日入市买卖，重点考虑一只股票的真正价值是否被低估。

（3）长线买卖者之间很少成为买卖对手，道理最浅显不过，假如某一位长线买卖者认为市价过高而抛出，其他长线买卖者不会以为价格偏低而买入。而最可能成为对手的便是短线买家。

（4）基于上述理由，在某一个价位，通常只可发现长线买家或长线卖家在场买卖，"一山不能藏二虎"，是对其最贴切的写照。

（5）长线买卖者择肥而吃，当价位与价值出现背离的时候，长线买卖者即会主动出击，牟取利润，通常而言，长线买卖者只会在崇氏四度空间图的极端价位露面（见图 2-4）。

图 2-4 出现两个钟形曲线，理由就是长线卖者大力抛售而形成幅度的延展，这可能是部分长线买卖者发现价值出现变化，大力抛售而使市价向下延伸。从而使价值区域从 10.20 元左右下降到 9.85 元左右（请注意单独字母 A、C 的意义）。

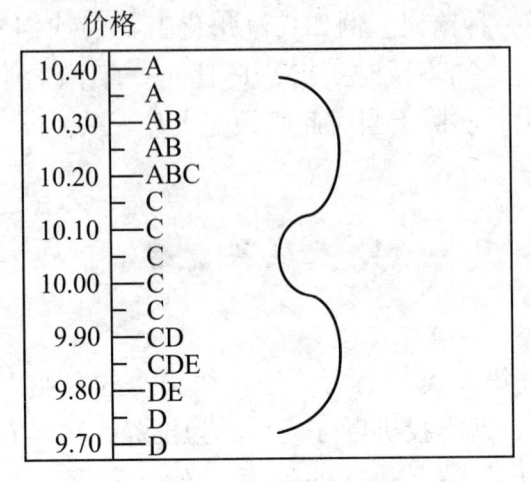

```
价格
10.40 ─ A
       ─ A
10.30 ─ AB
       ─ AB
10.20 ─ ABC
       ─ C
10.10 ─ C
       ─ C
10.00 ─ C
       ─ C
9.90  ─ CD
       ─ CDE
9.80  ─ DE
       ─ D
9.70  ─ D
```

图 2-4 钟形曲线

综合而言，市场的成交额，大部分时间内由短线的炒家所操纵，但这类炒家雷声大雨点小，因此，并非是市势转变的因素，相反地，长线买卖者看准机会，非常果断出击而令价格延展，是价格变化的真正动力，是趋势改变的原动力。

5. 市势种类

四度空间原著分为七种情况，笔者根据国内股票市场的具体情况，认为崇氏四度空间只分为三种即可。也就是平衡市、单边市、强势单边市，笔者之所以这样划分，认为大多数股民不可能终日在股市中，因此，以半日、日、周为单位，只考虑市势变化已经够用了，而在此基础上按照崇氏四度空间半日、日、周图形而高抛低吸，就会胜券在握，如图 2-5 所示。

我们最常见的首先是平衡市，买卖双方力度均衡，它占总数的 80% 以上。其次系单边市占总数的 15%，出现的时候市场趋势甚为明显，必须顺势买卖。最后是无趋势市，大约占总数的 5%，我们可以不理。

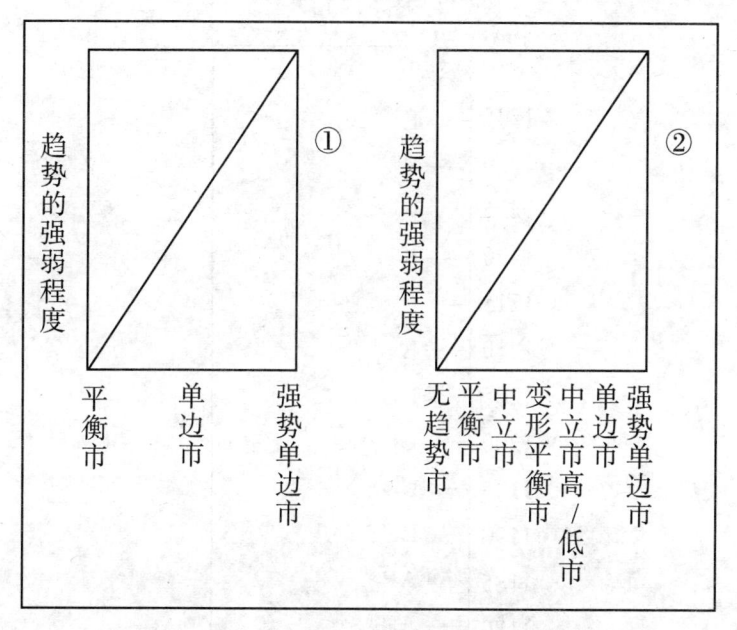

图2-5 市势种类与趋势强弱示意图

市场趋势趋向的强弱，只要按图索骥，可以根据市场趋势而做出明确的投资策略。

(1) 强势单边市。单边市的市势，可以分为两类，第一类是强势单边市，第二类叫单边市，后者最为突出的地方在于拥有两个钟形曲线。

强势单边市最重要的特点，是趋势明显，方向明确，投资者信心十足。

强势单边市中只出现一个价值区域，而后向上/下延展。

具体分为四种情况：以沪市大盘综合指数为例。

向上延展分两种情况：

①价值区域在崇氏四度空间图的下半部分，而后向上延展（见图2-6），价值区域在1190~1195点之间，之后出边单边上扬，见单独的"E"字，此种情况应在开盘时即买入。

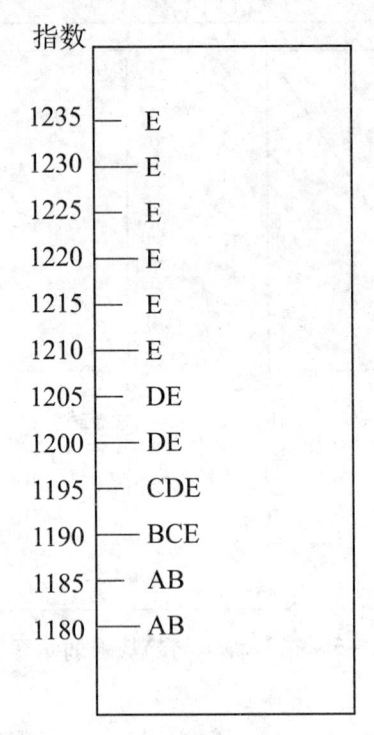

```
指数

1235 ─ E
1230 ─ E
1225 ─ E
1220 ─ E
1215 ─ E
1210 ─ E
1205 ─ DE
1200 ─ DE
1195 ─ CDE
1190 ─ BCE
1185 ─ AB
1180 ─ AB
```

图 2-6　向上强势单边市示意图

②市场长线买家认为价格偏低而使价值向上延展，价值区域出现在四度空间图的上半部分，图 2-7 价值区域在 1150 点附近。

单独的"A"字表示长线买家入场，此种情况应在 A 或 B 处（星期二）开盘买入。

向下延展分两种情况：

①如图 2-8 所示，价值区域在四度空间图的上半部分，在 1115~1125 点之间，之后出现单边下跌长线卖家认为价格偏高，而大量抛出，使得中心下移，单独的"D、E"表示长线买家出场，此种情况应在 D 处（星期四）开盘抛出。

②如图 2-9 所示，长线卖家认为价格偏高，而使中心下移，见单独的 A、B 之后，在四度间图的下部出现新的价值区域 1175 点附近，此种情况应在 A 处（星期一）即抛出。

二、崇氏四度空间的分析方法　　　　　　　　　　・23・

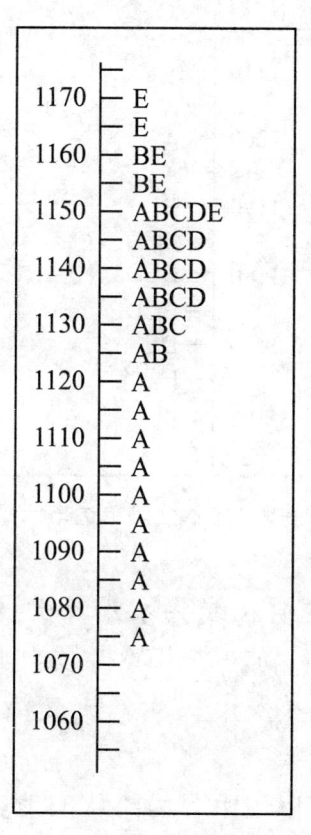

```
1170 ─ E
     ─ E
1160 ─ BE
     ─ BE
1150 ─ ABCDE
     ─ ABCD
1140 ─ ABCD
     ─ ABCD
1130 ─ ABC
     ─ AB
1120 ─ A
     ─ A
1110 ─ A
     ─ A
1100 ─ A
     ─ A
1090 ─ A
     ─ A
1080 ─ A
     ─ A
1070
1060
```

图 2－7　向上强势单边市示意图

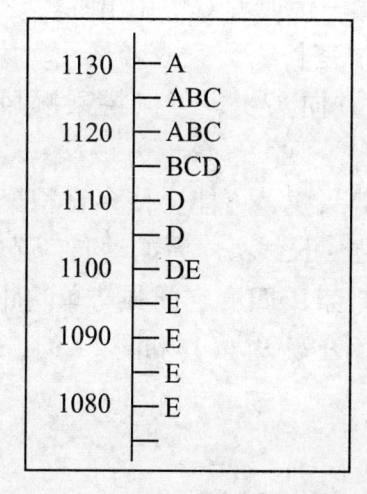

```
1130 ─ A
     ─ ABC
1120 ─ ABC
     ─ BCD
1110 ─ D
     ─ D
1100 ─ DE
     ─ E
1090 ─ E
     ─ E
1080 ─ E
```

图 2－8　向下强势单边市示意图

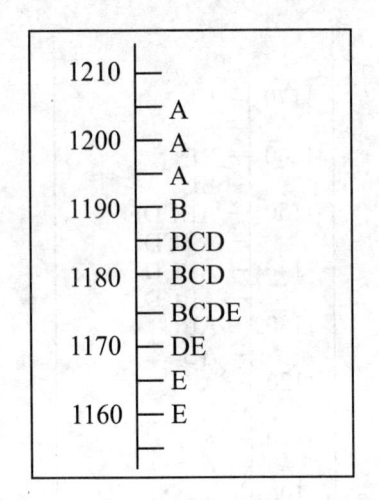

```
1210 ─
     ─ A
1200 ─ A
     ─ A
1190 ─ B
     ─ BCD
1180 ─ BCD
     ─ BCDE
1170 ─ DE
     ─ E
1160 ─ E
     ─
```

图 2-9 向下强势单边市示意图

以上四种情况说明长线买家或者长线卖家，在强势单边市中，完全控制了大局。在市势持续上升或下跌的过程中，吸引了大量的投机者入市买卖，成交活跃，结果形成单一方向。

成交增加的强势单边市容易辨认的地方，在于图形长而狭窄，在每一个价位出现的 TPO 数目通常较少，配合波浪理论，强势单边市多数在第三浪或者 C 浪中出现。

所以，及早认清楚长线买家或者长线卖家是否控制大局很重要，顺应其入市方向买卖，可以搭乘顺风车，轻松自由地买卖。

相反，如果逆势买卖，可能会使多日积聚的利润毁于一旦，不可不慎。总而言之，长线买卖者的动向，必须紧密注意。

下面给出的是日崇氏四度空间强势单边市图形，如图 2-9 (a)、图 2-9 (b)、图 2-9 (c) 和图 2-9 (d) 所示。

二、崇氏四度空间的分析方法

图 2-9（a） 为向上的强势单边市日图图形 1

图 2-9（b） 为向上的强势单边市日图图形 2

图 2-9（c） 为向下的强势单边市日图图形 1

图 2-9（d） 为向下的强势单边市日图图形 2

（2）单边市。单边市最易辨认，四度空间走势图内可以看见两个钟形曲线，如图2-10所示。因此，按图索骥，一般不会出错。

单边市的初段成交欠活跃，反映参与买卖者的方向感觉较为模糊，入市的信心不够坚定，有些走势的例子可以参阅图2-10第①阶段的图形。

其后可能发生变化，长线投资者认为市场价位已经不能反映正确的价值，大举出动，高低幅度出现延展的情况，见图2-10第②阶段的走势。

以图2-10为例，四度空间图在较低价位形成另一个钟形曲线，成为第二个平衡区域。

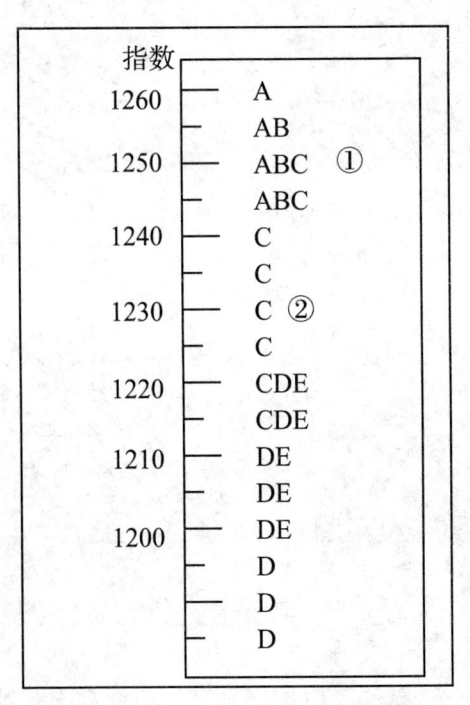

```
指数
1260   ─ A
       ─ AB
1250   ─ ABC      ①
       ─ ABC
1240   ─ C
       ─ C
1230   ─ C        ②
       ─ C
1220   ─ CDE
       ─ CDE
1210   ─ DE
       ─ DE
1200   ─ DE
       ─ D
       ─ D
       ─ D
```

图2-10　向下延伸单边市示意图

图2-10是向下延伸，下面介绍向上延伸的例子。

图2-11是向上延伸的单边市，价值区域从1165~1180点上移到1205~1220点之间，在1190~1200点之间的追买的好时机。

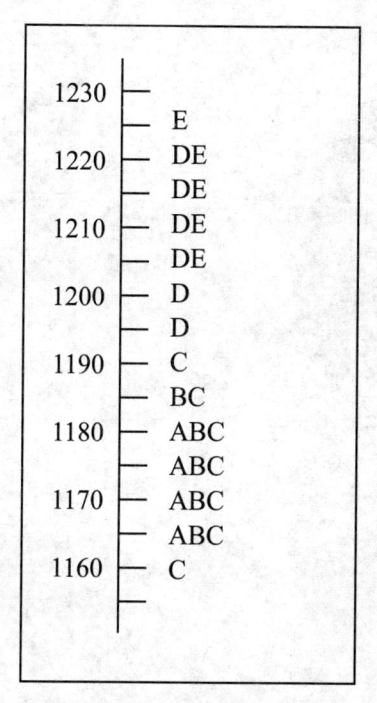

```
1230 ─
     ─ E
1220 ─ DE
     ─ DE
1210 ─ DE
     ─ DE
1200 ─ D
     ─ D
1190 ─ C
     ─ BC
1180 ─ ABC
     ─ ABC
1170 ─ ABC
     ─ ABC
1160 ─ C
```

图 2-11　向上延伸单边市示意图

单边市场的强势略低于强势单边市，但大市势的的方向感甚为明显，顺水推舟，可以谋利。

下面简略概括单边市的特点：

第一，开市段的高低幅度较细，事实上，开市幅度较细，使打破幅度的机会提高。以图 2-10 为例，长线投资者在 C 段打破开市的平衡幅度，使钟形曲线向下延展。

第二，两个钟形曲线之间只出现一个 TPO，见图 2-10 中的②。

第三，单一出现的 TPO 意义重大，假如再无第二个字母出现，表示单边市的形态受到确认。

综合而言，单边市是另一种趋势明显入市的信号，认清长线投资者买卖的方向，顺势而为，是非常重要的。

下面给出的是日崇氏四度空间单边市图形，如图 2-12、图 2-13 所示。

图 2-12　为日图的
向上的单边市

图 2-13　为日图的
向下的单边市

下面给出的是日崇氏四度空间图形的变形的单边市图形，如图 2-14、图 2-15 所示。

图 2-14 和图 2-15 为变形的向上和向下单边市，两图中均形成了 3 个价值区域，比正常的单边市多一个价值区域，也就是说向上延展和向下延展，更加有力且趋势明显。

图 2-14 中的 3 个价值区域分别是指　　、　　、　　这三个价值区域。

二、崇氏四度空间的分析方法　　　　　　　　・29・

图 2-14　为日图的变形
　　　　　向上的单边市

图 2-15　为日图的变形
　　　　　向下的单边市

图 2 – 15 中的 3 个价值区域分别是指 ABC、CD、DEF 这三个价值区域。

（3）**平衡市**。平衡市的出现，表示长线买家及长线卖家的意见接近，两者对合理价值的估计相差不远。

基于上述原因，市价上下波动，长线买家及长线卖家都会出现，且活跃程度差不多。

值得注意的是，长线买卖者虽然同时露面，但两者的价值观始终存在分歧，因此，两者不会成为买卖成交的对手，短线炒家仍然担当承上启下的角色。

平衡市走势图形请参阅图 2 – 16，其特点为：

第一，平衡市高低幅度比单边市短。

第二，长线买家及长线卖家同时出场，而且活跃的程度相差不多。

第三，只出现一个钟形曲线，在平衡市的图形中，需注意的有两种变形，其中图 2 – 17 带有单一 TPO 的延展部分，这是值得注意的部分，它往往对下一步走势有预示作用（也可以在上面出现单一的 TPO）。而图 2 – 18 中心价值区域的上下两边均出现单一的 TPO，表示市况牛皮，注意大趋势可能会有变化。

二、崇氏四度空间的分析方法

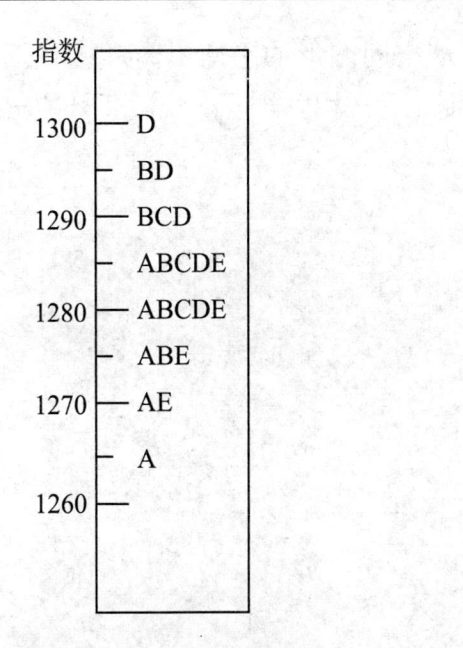

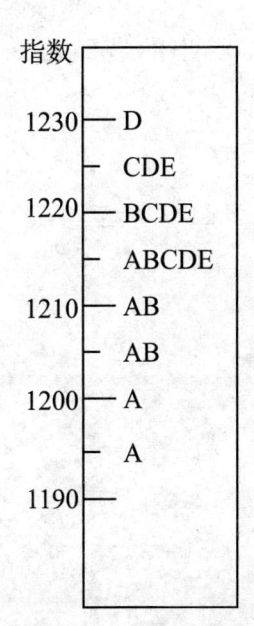

```
指数
1300 ─ D
      ─ BD
1290 ─ BCD
      ─ ABCDE
1280 ─ ABCDE
      ─ ABE
1270 ─ AE
      ─ A
1260 ─
```

图 2-16　平衡市示意图

```
指数
1230 ─ D
      ─ CDE
1220 ─ BCDE
      ─ ABCDE
1210 ─ AB
      ─ AB
1200 ─ A
      ─ A
1190 ─
```

图 2-17　单一 TPO 延展图

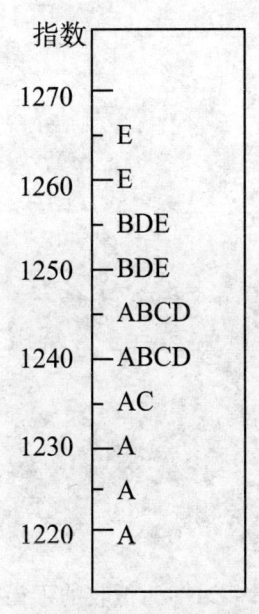

```
指数
1270 ─
      ─ E
1260 ─ E
      ─ BDE
1250 ─ BDE
      ─ ABCD
1240 ─ ABCD
      ─ AC
1230 ─ A
      ─ A
1220 ─ A
```

图 2-18　上下两边出现单一 TPO 图

下面给出的是日崇氏四度空间图形的平衡市图形（包括高收、平收、低收三种），如图 2-19、图 2-20 和图 2-21 所示。

图 2-19　为高收的平衡市　　　图 2-20　为平收的平衡市

图 2-21　为低收的平衡市

高收、平收、低收的日崇氏四度空间的平衡市图形是为了更细致的划分未来趋势,图 2-19 为高收的平衡市预示着未来短期向上的概率大,图 2-20 为平收的平衡市预示着未来短期方向不明(这也是无趋势市),图 2-21 为低收的平衡市预示着未来短期方向向下的概率大。当然此三种图形走势再结合之前的组合走势则更能洞察秋毫,搭上主流资金的快车。

注:半日的崇氏四度空间图形只是比日的更加灵敏而已,图形样式和日崇氏四度空间图形一致,在此就不在具体介绍了。

6. 高抛低吸

利用崇氏四度空间的分析方法,可以找出市场的价值所在,然后在:
(1) 价位高于价值的时候抛出;
(2) 价位低于价值的时候低吸;
(3) 价位与价值相等的时候,按兵不动。

换句话说,利用崇氏四度空间的走势图,根据不同的图形可以轻而易举地找到真正价值所在,价位与价值相互比较,两者出现分歧的时候自然成为投资买卖的机会。

传统的思维方式一向认为长线投资风险较低,短线投资风险较高,实际上两者除了入市买卖的时间不同之外,买卖的目的并无区别。为了取得利润,不论长线投资,或者短线投机买卖,都要低于价值的时候买入,然后等待价位升越于合理价值的时候卖出,赚取差价。

7. 买卖策略

崇氏四度空间分析方法的买卖策略十分简单,只要分清市势按图索骥。上面已经讲了崇氏四度空间分析方法的核心是找出价值所在，在价值之下买进，在价值之上抛出，当然，还要考虑上周的崇氏四度空间图，只要是价值基本在一固定范围内时，照此办理。但是，价值是经常变化的，当价值发生向上移动时，则必须破高追买，然后在新的价值之上抛出，当价值发生向下移动时，则必须穿底抛出，而不能买进，等到新的价值形成之后才能在价值之下买进。

遇到平衡市的策略是高抛低吸。

单边市时，则破高追买，穿底抛出。

无趋势时，则应袖手旁观，暂时休息。

8. 价值的两重含义及价值变化

前面已经讲过，经过实践检验，价值的内涵包括两个意义：一个是投资理念的价值；另一个是投机理念的价值。

投资理念的价值，是指股票价值被市场低估。例如企业本身经过资产重组的脱胎换骨，企业经营战略转移，利润增加，以及宏观面上的利好等。这时候，精明的长线买家便会主动买入，而真正的价值发现，往往是少数人的先知先觉。也就是说，少数投资者（包括机构投资者）采用多种方法咨询以及实地考察，经过深入分析，认为价值被低估，此时价格必然在低位，而低吸筹码，等到大多数人认为价值被低估时，一般股价已经涨了许多。笔者认为，广大的股民朋友们由于种种条件的限制，一般不会在低价位启动之前就已经入市买卖，而根据崇氏四度空间图形发出的价值区域，结合波浪理论，可以在价位发生变动后及早跟上，搭顺风船，所以，我们提倡用投资理念来选择市场，选择股票。

投机理念的价值，是指主力、机构、庄家进场以后，必然经过吸筹、提升、派发三个阶段。在吸筹、震荡提升过程中，投资者利用崇氏四度空间技术分析方法，用投机理念去操作。高抛低吸，在吸筹阶段利用崇氏四度空间分析方法在价值区域之上抛出，在价值区域之下买入，既安全又不怕被套，震荡提升过程中，更可以高抛低吸，在派发阶段仍可高抛低吸，只是风险已大，注意只做两次即可，不可超过三次。

总之，崇氏四度空间图中的价值区域是买卖关键的核心。判断的方法有：

第一种方法，根据基本分析、公开得到的信息、股票的每股赢利、每股净资产、公积金、企业的发展前景等来决定股票的内在价值，当价格远远低于价值时买入。

第二种方法，认真分析崇氏四度空间的走势图，价值区域一目了然，无所遁形。

(1) 价位与价值。崇氏四度空间的分析方法，可以找出市场价值所在，以利于投资者高抛低吸。

图 2-22 平衡市图形。从图中可以看出，买卖双方力度均衡，某只股票价值上升到 6.55 元以上买家缩手，高价位受到市场拒绝，成交疏落，卖方必须减低售价，根据同一理由，该股票跌到 6.35 元以下，买家涌现，争相抢购，但卖家决不愿意低位出售，因此，该股票价格自然回升，在低价位的成交量自然不多。

只有在买方及卖方均认为合理的情况下，成交量才会增加，举例来说：6.30~6.50 元是买卖双方均认为合理的价位，成交活跃，可以认为是该股票的价值。

每当升越 6.55 元时，是卖出的时机，下降到 6.30 元时是买入的良机。

上述分析，是假设价值本身没有出现结构性的变动，仍然可以依赖作为衡量价位的尺度。

```
价格
6.80 ─
     │
6.70 ─
     ─ C
6.60 ─ C
     ─ BC        ⎫
6.50 ─ ABD       ⎪
     ─ ABCD      ⎬ 价值区域
6.40 ─ ABCD      ⎪
     ─ AE        ⎭
6.30 ─ AE
     ─ A
6.20 ─
```

图 2-22　平衡市图

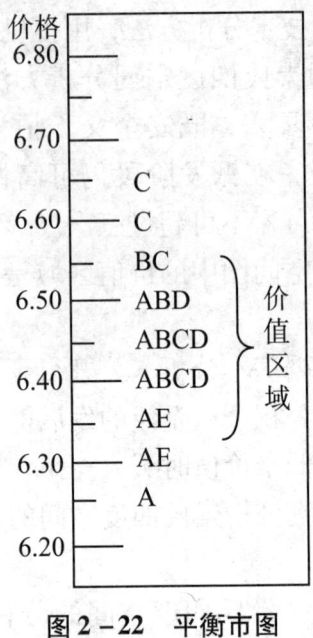

(2) 价值的变化。价值发生变化有两种情况，第一种是单边市，强势单边市图形中明显的价值上移或下移，这种情况在单边市、强势单边市的图形中一目了然；第二种是平衡市图形价值的上移或下移，也就是说某一周的平衡市价值区域高于前一周的平衡市价值区域或低于前一周平衡市价值区域。

现以1998年9月7～11日的上海综合指数为例解释另一种形势（见图2-23）。9月7～9日之间综合指数在1165～1180点之间形成一个钟形曲线，当时市场接受的指数是1165～1185点之间，而1160的点位只出现一次，表明投资者认为指数偏低而使大盘向上延展，注意单独的C、D字母，并且在1205～1220点之间形成另一个钟形曲线，这是典型的单边市，它表明市场的平衡力量受到破坏。市场对大盘的价值需要重新估计。

商品价值出现变化，在崇氏四度空间的图中可以清晰分辨，对于精明的投机者来说，可以提供极好的买卖机会。

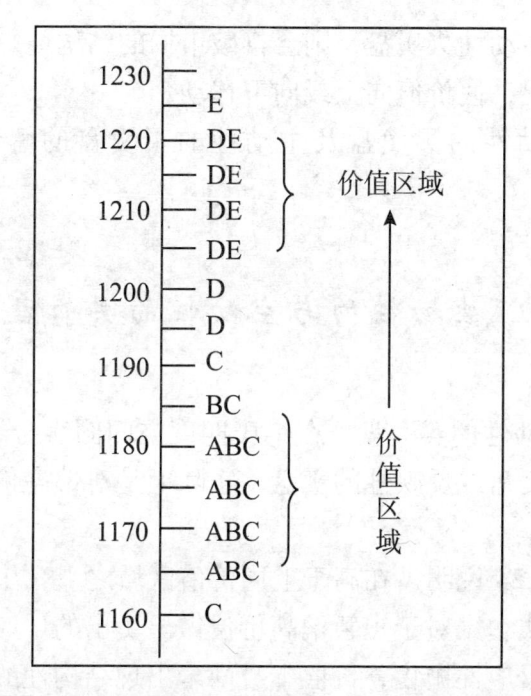

```
1230 ─
      ├─ E
1220 ─├─ DE  ⎫
      ├─ DE  ⎬  价值区域
1210 ─├─ DE  ⎪        ↑
      ├─ DE  ⎭
1200 ─├─ D
      ├─ D
1190 ─├─ C
      ├─ BC
1180 ─├─ ABC ⎫
      ├─ ABC ⎬  价值区域
1170 ─├─ ABC ⎪
      ├─ ABC ⎭
1160 ─├─ C
```

图 2-23 上海综指 1998 年 9 月 7~11 日走势图

  出现单边市或者强势单边市的时候，表示长线投资者认为价值需要重估。此种情形可以从价位上落幅度的延展观察市势平衡是否受到破坏。出现平衡市时，从上下连贯的崇氏四度空间图的平衡市价值也可看出长线投资者在向上或者向下的价值移动中的动向。

  其中需要交代的包括两个方面。

  第一，要分辨买卖者的身份，短线炒家注意短期利益，在价值范围内高抛低吸，微中取利，此类买卖不会造成市势的转变。

  长线买卖者，则会选择机会出手，认为价值偏低，从而进场吸货，是使市势转变的原因。

  第二，要分清楚价位上落幅度延展的理由，如，被动性的买方、卖方可以使钟形曲线向上或向下延展，但主流性向上或向下不变。其影响力只属于短暂性质。

相反，主动性买卖盘，则会打破市场的结构性平衡，出现市势逆转的情况，使价值向上或向下移动。

至于被动性的买卖盘及主动性的买卖盘的解释将在后面介绍。

9. 被动性的与主动性的买卖盘

（1）被动性的买卖盘。在崇氏四度空间图表分析的范围内，作为被动性卖盘或反映性的卖盘，实际上是对偏高价位做出反应意义不大。

以图 2-24 说明，在高于上周价值区域之上，出现幅度向下延展，是长线卖家对于短暂偏高价位做出卖出的反应，称为被动性买盘，或反应性抛售，价值本身尚未出现结构性的变化。

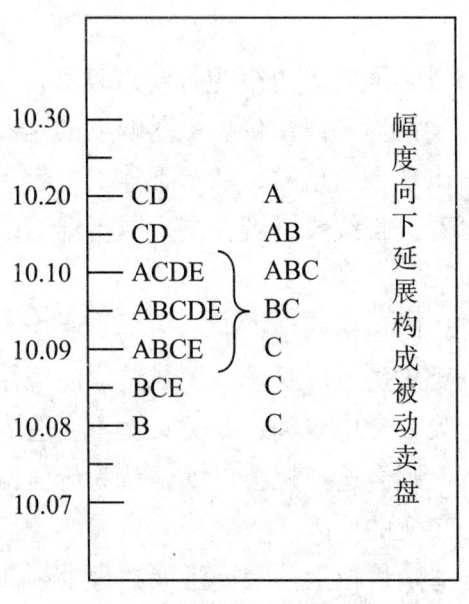

```
10.30 ─
        
10.20 ─  CD       A      ┐
         CD       AB     │ 幅
10.10 ─  ACDE     ABC    │ 度
         ABCDE ⎬  BC     │ 向
10.09 ─  ABCE    C       │ 下
         BCE     C       │ 延
10.08 ─  B       C       │ 展
                         │ 构
10.07 ─                  │ 成
                         │ 被
                         │ 动
                         │ 卖
                         ┘ 盘
```

图 2-24　幅度向下延展图

二、崇氏四度空间的分析方法

(2) 主动性的买卖。 被动性买卖盘，只反映了投资者认为价值仍未出现结构性变动，在高于上周价值区域的地方卖出，及在低于价值的区域买入。

在上述情况下产生了开市后幅度延长，只属被动性的买卖盘意义不大。但如图 2-25 所示崇氏四度空间周图，上周的价值区域在 10 元左右，而本周如果价值不变，在 A 位应反身向上，而 AB 段构成在上周价值区域之下，实际情况刚巧相反，AB 段长线投资者没有入市吸货，相反，在低于上周价值的区域继续卖出，C 段向下延展，此种情况，称为主动性卖盘。

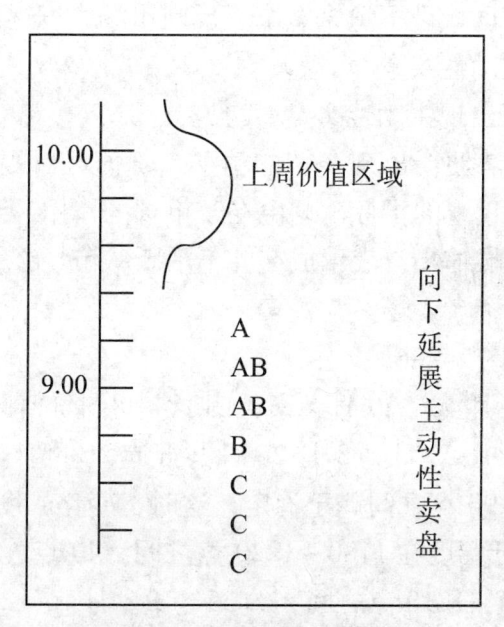

图 2-25　幅度向下延展图

主动性卖盘反映市势出了结构性的变化，价值区域向下移动，股票价值要重新评估，既然价值要向下调低，目前价格与将来价值比较，自然偏高，结论是，搭顺风车，依照主动性卖盘入市方向卖出。

10. 市势逆转三部曲

当股票升势持续一段时间后，崇氏四度空间图形出现上下幅度缩小，且在图形上形成平头，显示上挡压力重重，而出现主动性卖盘后，市场逆转向下时，形成头部，大势结束升势，转而寻找新的下挡支撑及新的价值区域。基本上在市势见顶或者到底之前可以发现下列三部曲：

(1) 价值区域上下愈来愈窄，反映市场力度逐渐减弱；
(2) 有被动性买盘/卖盘；
(3) 继而出现主动性买盘/卖盘。

接着，市势便会出现逆转的情形，价值区域幅度逐渐变窄，是第一个值得重视的指标。理由在于市场的作用，主要是促进成交，而价值区域缩小，表示成交并不活跃，市场必然求变，才可以吸引新的投资者入场参与买卖。

例1（见图2-26）：

1998年2月16~20日，崇氏四度空间图价值区域在1230~1235点，从2月23日到3月27日共五周，价值区域从1205下移到1185~1190点之间趋于稳定，这时，变化幅度越来越窄，3月2~6日高低幅度在1180~1220点之间，40点，3月9~13日的幅度在1175~1210点之间，约35点，3月16~20日高低幅度在1180~1205点之间，约25点。从40点缩小到25点之间，3月18日的C和3月25日的C表示被动性买盘认为偏低而进场，但改变不了大的趋势，而3月27日的"E"和3月30日到4月3日的一周，长线买家出场，使价值区域上移，从而展开一轮升势，最高到1422点。

二、崇氏四度空间的分析方法　　　　　　　　　　·41·

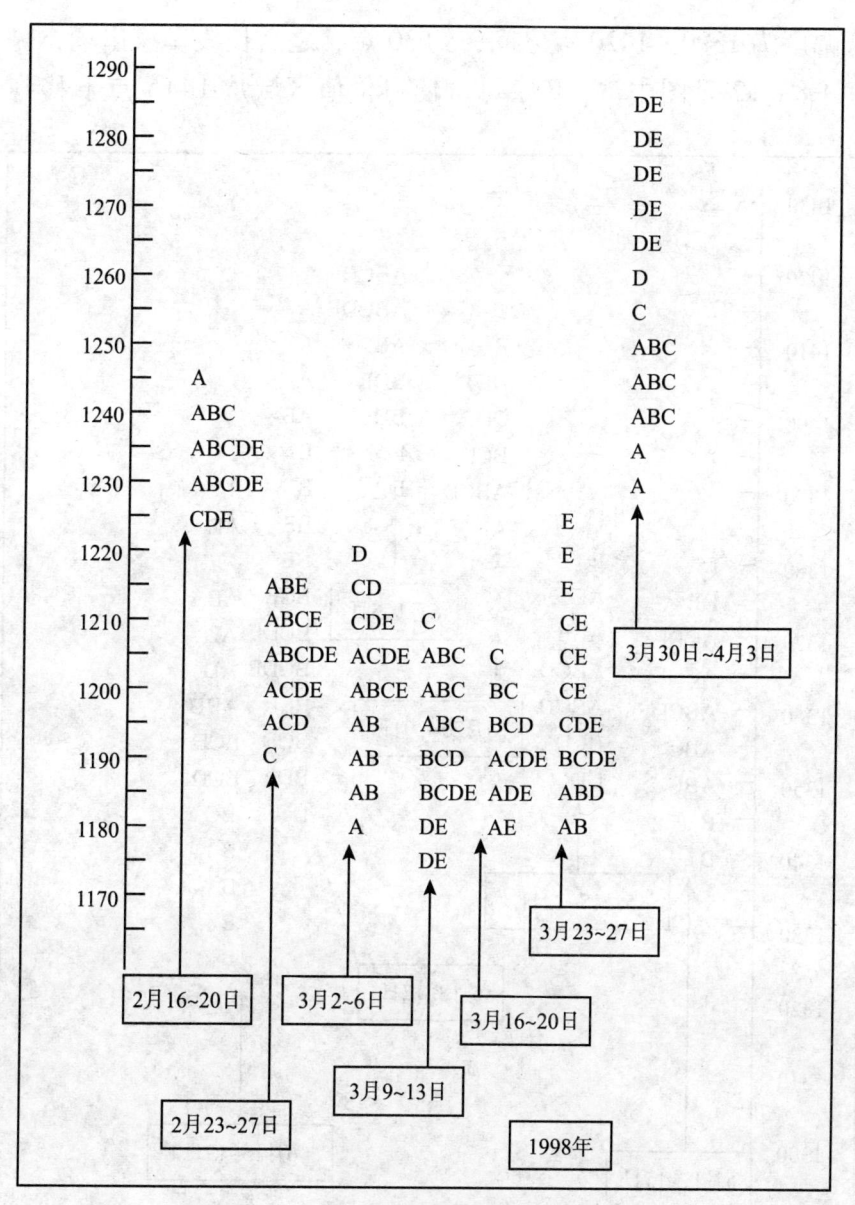

```
1290
            					DE
1280						DE
						DE
1270						DE
						DE
1260					D
					C
1250				ABC
       A				ABC
1240   ABC				ABC
       ABCDE				A
1230   ABCDE
       CDE				A
					E
1220       D			E
       ABE  CD			E
1210   ABCE CDE  C		CE     ┌──────────┐
       ABCDE ACDE ABC  C   CE  │3月30日~4月3日│
1200   ACDE ABCE ABC  BC   CE  └──────────┘
       ACD  AB  ABC  BCD  CDE
1190   C    AB  BCD  ACDE BCDE
            AB  BCDE ADE  ABD
1180            A   DE   AE   AB
                    DE
1170
┌────────┐    ┌──────┐  ┌────────┐  ┌────────┐
│2月16~20日│   │3月2~6日│ │3月16~20日│ │3月23~27日│
└────────┘    └──────┘  └────────┘  └────────┘
                 ┌────────┐
                 │3月9~13日│
                 └────────┘
   ┌────────┐                        ┌──────┐
   │2月23~27日│                       │1998年│
   └────────┘                        └──────┘
```

图 2-26　市势底部逆转崇氏四度空间图

例2（见图2-27）：

1998年5月25～29日沪市崇氏四度空间图高低幅度为1370～1410点之间，约40点，6月1～5日，崇氏四度空间图高低幅度为 1390~1420 点之间，约 30 点，之后长线卖家出场，见 6 月 8~12 日图中 A、B 字母，使得价值区域从 1415 点下移到

```
1430 ─
1420 ─              ABCD
                    ABCDE   A
1410 ─      E       ABDE    A
            DE      BDE     A
1400 ─      CDE     BDE     AB
            BCD     E       B
1390 ─      ABCD    E       B      E
            AB              BE     AE
1380 ─  E           A       BE     AE
        DE   E      A       BCE    AE
1370 ─  ACDE ABE            BCDE   AD
        ACDE ABCD           BCDE   AD
1360 ─  ABCDE ABCD          BCD    ABD
        ABC   BCD           BCD    BCD
1350 ─  ABC   CD            BD     BCD
        B                   D      BC
1340 ─  B                          B
                                   B
1330 ─                             B
                                   B
1320 ─
1310 ─
1300 ─
```

5月11~15日 5月18~22日 5月25~29日 6月1~5日 6月8~12日 6月15~19日

1998年

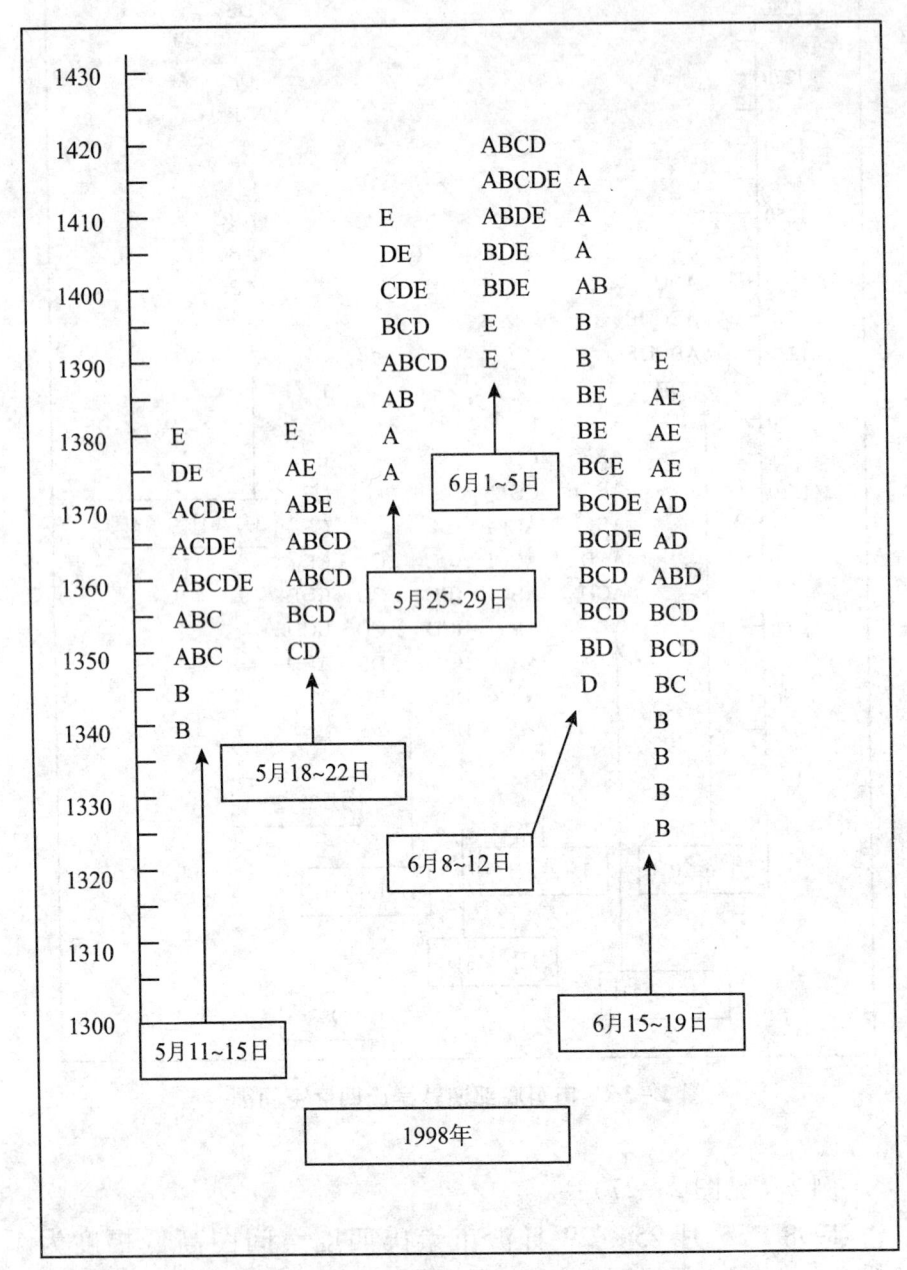

图 2-27 市势顶部逆转崇氏四度空间图

1365点左右，其后，虽有反弹，但终究结束了一轮升势，而开始向下运行。

以上两个例子，说明在大势逆转时，崇氏四度空间给出明确的信号，按此操作，才能稳操胜券。

11. 开市形态种类

崇氏四度空间的创意来源于期货市场，其标准图形为每日一图形，以30分钟为一个时间单位，根据国内股市的实际情况，股票市场上以每半日、日、周为一个时间范围画崇氏四度空间图来说足够赢得时间和利润了。下面以每周为一个时间跨度，来阐述这一理论：

崇氏四度空间的分析方法有三个方面：图形结构；市场逻辑；时间。其中以图形的结构最为简单，资料最充足，只要按图索骥，顺势而行，担保不会出错。问题在于投机市场讲究的时机、千载难逢的入市机会稍纵即逝。

基于上述理由，入市时间必须及早掌握，对于市场的运行规律，以及时间上的限制，也要知晓。

实际上每周一的开市，对于有经验的投资者，已经掌握了非常重要的资料。

以开市初段的图形分析大势的方法大致上可以分为四大类（见图4-28）。

（1）一往直前形态类；
（2）虚则实之的一往直前形态类；
（3）开市方向失败形态类；
（4）无方向感的形态类。

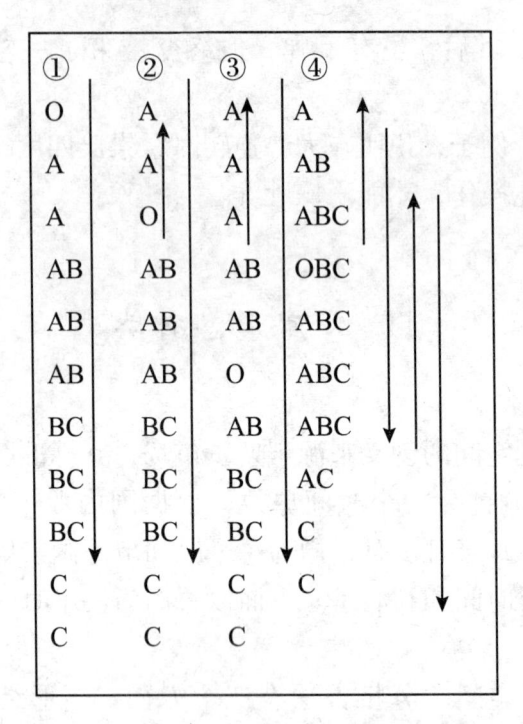

①	②	③	④
O	A	A	A
A	A	A	AB
A	O	A	ABC
AB	AB	AB	OBC
AB	AB	AB	ABC
AB	AB	O	ABC
BC	BC	AB	ABC
BC	BC	BC	AC
BC	BC	BC	C
C	C	C	C
C	C	C	C

图 2-28　四种不同的开市形态的示意图

12. 市场出发的信息

　　崇氏四度空间的分析方法，主要作用是找出价值区域所在，然后实行高抛低吸策略，高于价值时抛出，反之则买入。

　　找寻真正价值所在，市场本身所发出的资讯是最直接准确的，而且成本最低廉。

　　将市场成交的价位及时间，透过崇氏四度空间的画图方法可以利用每周的钟形曲线图，分析每周、每日、每半日的交易过程，何人、何事、何价、何时，四个问题一目了然。

　　事实上，崇氏四度空间图表展示的是第一手资料，任何投资者均可唾手可得，绘画方法非常简便，只要持之以恒，用心思索，对于大市的趋势，自然能够掌握起落的节奏。

成交量是另一个值得注意的资讯，崇氏四度空间图形已包含成交量信息。

从股市分析的方法来分类，基本上分两大类：第一类称为基本分析方法，它主要是从宏观方面、微观方面去分析经济金融形势等对股市的影响；第二类称为技术分析方法，目前技术分析方法较多，其中包括K线系统、波浪理论、江恩理论等具有完整体系的分析方法以及几百种指标。如"KD"平均线、RSI相对强弱指标、趋势线、角度线等，而崇氏四度空间理论集中了基本分析和技术理论分析两个方面。基本面的影响自然反映在崇氏四度空间图中。

除市场本身发出的资讯以外，其他的消息，可以不去理会。假如事关重要，自然会价位上显示出来，万种行情终归市，无须挂虑。

事实上，某些消息利多，或是利空，不用费神去推敲，市势便是最好的指标。至于他人的意见，可以充耳不闻，假如自己勤做功课，认真去思考大市的趋向，自然会胸有成竹。别人的意见，只会有破坏作用，最好不理。

13. 价值区域与成交量

市场逻辑这个问题，通常可以利用价值区域及成交量的不同组合，找出答案：一是走势向上；二是走势向下。

譬如市势欲向上升，成交量与价值区域同时作出反应，成交量增加而价值区域向上移，表示市势非陈强劲。至于其他的组合方式的意义如表2-1所示。

表2-1　　　　　　　走势方向：向上

成交量	价值区域	市势分析
增加 减少 不变	向上	非常强 升势转慢 强，升势不变

续表

成交量	价值区域	市势分析
增加 减少 不变	重叠/向上	颇强 升势变慢 平衡中 颇强平衡中
增加 减少 不变	不变	倾向平衡 平衡中转弱 倾向平衡
增加 减少 不变	向下	不明朗 弱 弱 倾向平衡
增加 减少 不变	重叠/向下	颇弱 颇弱 平衡中转弱

表 2-1 可以作为判断走势的工具之一。

上面介绍市势向上，不同的成交量与价值区域，可以协助分析市势的强弱，细心分析，市场的动向较易于掌握。反过来说，假如价位欲向下行，辨别市势强弱必须利用另外一套准则，市势尝试向下，成交量增加，而价值区域亦向下移动，表示下跌市势强。此时切勿抢反弹，否则屡买屡套，就像皮球从高处落地，要反复弹跳几次，一次比一次弱，最后在地上停稳，才是进场买入的良机。切忌在反弹中追高，而这往往是一般投资者的通病（见表 2-2）。

表 2-2　　　　走势尝试的方向：向下

成交量	价值区域	市势分析
增加	向下	非常弱
减少		跌市转慢
不变		弱，跌市持续

续表

成交量	价值区域	市势分析
增加	重叠/向下	颇弱
减少		跌市转慢　平衡中
不变		颇弱　平衡中
增加	不变	倾向平衡
减少		平衡中转弱
不变		倾向平衡
增加	向上	不明朗
减少		强
不变		强，倾向平衡
增加	重叠/向上	转强
减少		颇强
不变		平衡中转强

表2-1、表2-2可以作为参考，但它不是一成不变，事实上，没有两个市势会以完全相同的方式出现。历史是经常重复的，但不是简单的重复，投机市场千变万化，分析市势必须详细考虑市场发出的各种资讯反复推敲，才可以得到正确的答案。

14. 成 交 量

崇氏四度空间的分析方法，当市势处于平衡的时候，在控制区域上下的TPO数目，可以分辨出庄家是买入还是卖出。

单独的TPO不计算在内，如图2-29所示。

图中①价值区域为1195点，在其上有6个TPO，（1200点的B、C、D、E，1205点的D、E）而在其下有3个TPO（1190点的A、B、D），所以，显示机构庄家倾向于出货。果然，从图中②可以看出长线卖家出场，使价值区域下移到1175点。

另一个辨认价值区域的方法，则以成交量最多的价位作为控制区域。然后再将上下的成交量分别计算相加得出总和，便可轻易分析机构、庄家、大户在表面平淡的市况究竟是倾向于抛出或者是买入。

值得注意的是，假如市势出现单边市和强势单边市，机构庄家的动向已经非常清楚，无须费神去计算 TPO，或者关注成交量的问题。

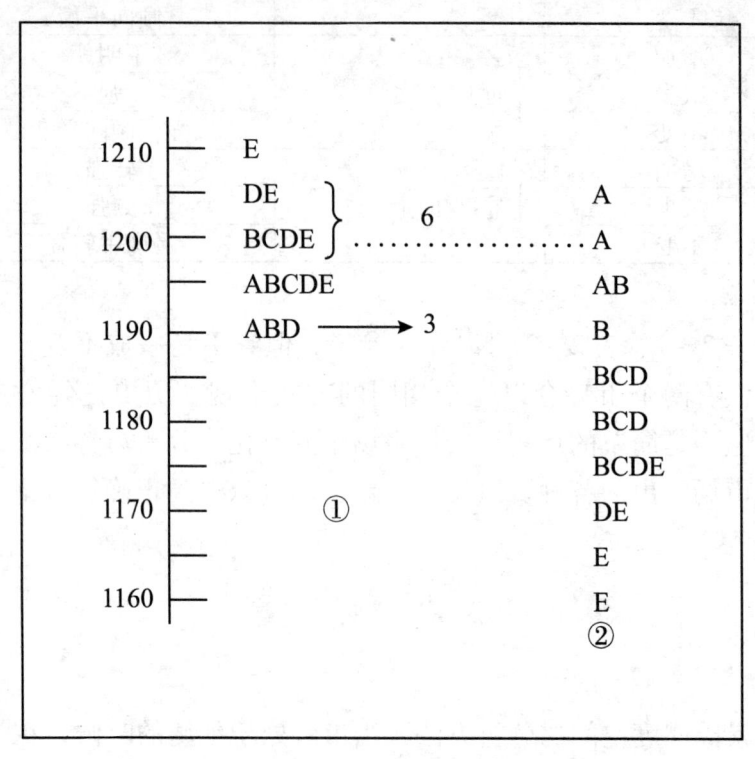

```
1210 ┤  E
     │  DE    ⎫              A
1200 ┤  BCDE  ⎬ ······6······ A
     │  ABCDE                 AB
1190 ┤  ABD ────→ 3           B
     │                        BCD
1180 ┤                        BCD
     │                        BCDE
1170 ┤       ①                DE
     │                        E
1160 ┤                        E
                              ②
```

图 2-29　判断庄家进出图

15. 需要说明的几个问题

（1）崇氏四度空间分析方法，作为股市的全新理论，有它独特的地方，如长线买卖者和短线买卖者区别明显，主动性买卖盘和被动性买卖盘一清二楚，这些均便于投资者掌握机构、庄家的动向,从而争取主动、获取收益。更突出的优点是能找出价值区域这个关键的地方,解决高抛低吸的标准问题,使得投资者心明眼亮,只要遵守纪律,不主观行事,一定能取得胜利。

(2)崇氏四度空间理论作为独自成体系的分析方法,它包括了基本分析和技术分析两个方面,而其他的理论则偏重于技术分析,基本分析是股市中重要的方面,所谓看大势挣大钱就是这个道理。

(3)崇氏四度空间由于是所有参与这个市场的投资者(包括机构、庄家),共同发出的信息所汇成的图形,自然,每个参与者都对股市的基本面有自己的看法,对个别股票也有自己的观点,这一切都反映崇氏四度空间图形中。因此,崇氏四度空间理论是证券市场理论界的一大突破。它突破了传统基本分析游离于技术分析之外的处境,解决了基本面对市场的影响程度问题,影响是大是小,从崇氏四度空间图中一目了然,从而使基本分析从定性分析走向定量分析,这是一个革命,随着时间的推移,此方法必然会越来越受到投资者的喜爱。

值得庆幸的是,市场上已有一整套较完整的波浪理论,而波浪理论恰恰可弥补崇氏四度空间的长期预测的不足。基于实践经验,崇氏四度空间理论与波浪理论联合使用,可做到双剑合璧,取胜的概率会大大增加。

三、波浪理论

波浪理论（Wave Principle）是技术分析大师艾略特（R. N. Elliott）于公元1939年发表的价格分析工具，也是目前运用最多，且最难掌握的股市分析工具。

艾略特认为不管是股票或商品价格的波动，与大自然的潮汐一样，具有相当程度的规律性，价格的波动，如同潮汐一样，一浪跟一浪，而且周而复始。

基于上述理由，艾略特于1946年出版的第二本著作索性命名为《大自然的规律》。

虽然波浪理论，具有其不可理解的神秘性，艾略特甚至将其称为自然规律，归结为自然神秘的力量，但是，回顾上海及深圳股市的走势，又不能不承认其理论的适用性。

1. 波浪理论的基本形态

依据波浪理论的论点，一个价格的波动周期，包括五个上升波浪与三个下降波浪，总计有八浪。如图3-1所示。

第1～第5浪为上升浪，A、B、C三浪为下降浪，总共八浪。其中每一个上升的波浪，称之为"推动浪"如图3-1中的1、3、5浪。每一个下跌波浪，是为前一个上升波浪的"调整浪"如图3-1中的2、4浪。第2浪为第1浪的调整浪，第4浪为第3浪的调整浪。A浪、B浪、C浪为下降波浪，其中B浪是A浪的调整浪。

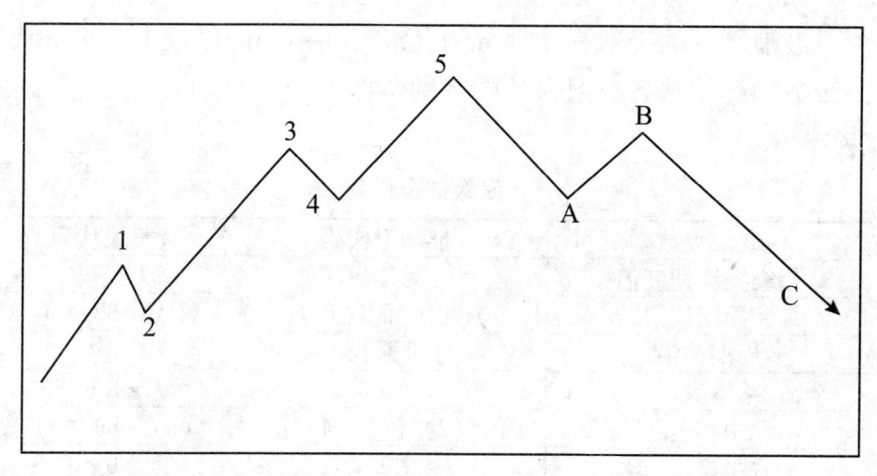

图 3-1　波浪理论的八浪

对整个大循环来讲，第1～第5浪是一个"大推动浪"，A、B、C三浪则为"大调整浪"。

在每一对上升的"推动浪"与下降的"调整浪"组合中，大浪又可细分小浪，也同样以八个波浪来完成较小的波动周期。图3-2中则涵盖了144个细小的波浪。

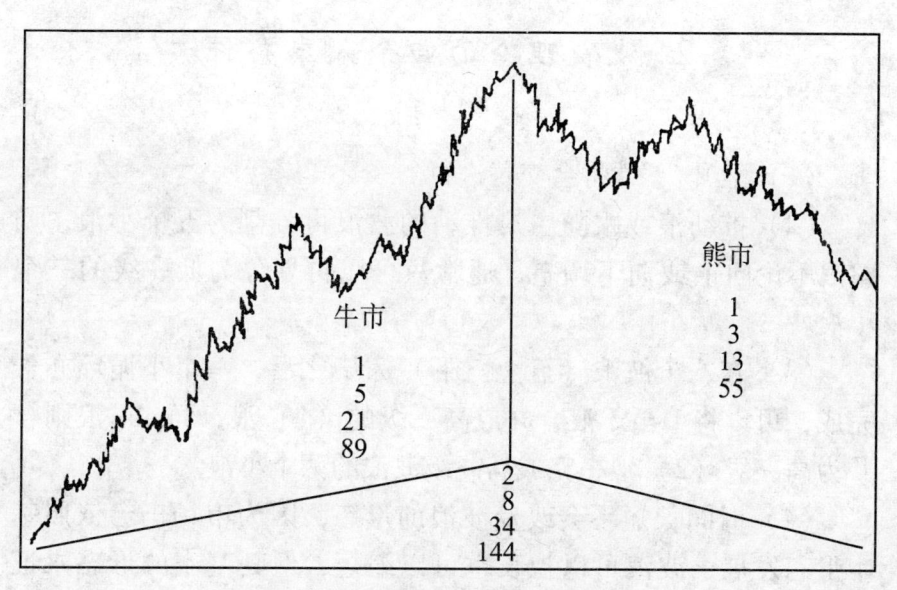

图 3-2　波浪理论大循环周期图

波浪循环的级数一共划分为九级，在不同的级数中，每一波浪级数的标识法各有习惯性的区别，如表 3-1 所示。

表 3-1　　　　　　　　波浪级数及代码

波浪级数	推动浪代码	调整浪代码
超级大周期波浪	无代码	无代码
大周期波浪	（Ⅰ）（Ⅱ）（Ⅲ）（Ⅳ）（Ⅴ）	（A）（B）（C）
周期波浪	Ⅰ Ⅱ Ⅲ Ⅳ Ⅴ	A B C
基本大浪	1 2 3 4 5	a b c
中型浪	（1）（2）（3）（4）（5）	（a）（b）（c）
小型浪	1 2 3 4 5	a b c
细浪	①②③④⑤	无代码
细微浪	无代码	无代码
最细微浪	无代码	无代码

初学者应避免复杂的浪级划分，一般以日 K 线，周 K 线为主分析波浪即可。

2. 波浪理论的四个基本条件

（1）上升/下跌将会交替进行。

（2）推动浪或跟随主浪推动的波浪再分割为五个小浪，调整浪不论向上或向下调整，通常只可以再划分为低一级的三个小浪。

（3）在八个波浪（五上三下）完毕之后，一个小循环亦告完成，可以将 1 至 5 浪合并成高一级的（1）浪，而 abc 浪则合并为高一级（2）浪，完成高一级波浪的两个小浪。

（4）时间长短不会改变波浪的形态，因为市场仍会依照基本形态发展，波浪可以拉长也可以缩短，但其基本的形态永恒不变。

简单地说，一个完整的升跌循环，包括 144 个波浪（见图 3-2）。

3. 波浪理论的基本规则（数浪规则）

（1）第 3 浪不可以是最短的浪。一般情况下，第 3 浪是最长的浪。

（2）第 4 浪的底不可以和第 1 浪的顶重叠，也就是说 4 浪的低点不能低于第 1 浪的高点。

（3）第 2 浪和第 4 浪经常以不同的形态出现（交替出现），也就是说，"调整浪"的形态是以交替的方式出现。若第 2 浪是"单式"调整浪，那么第 4 浪便会是"复式"调整浪，若第 2 浪是"复式"则第 4 浪便会是"单式"，如图 3-3 所示。

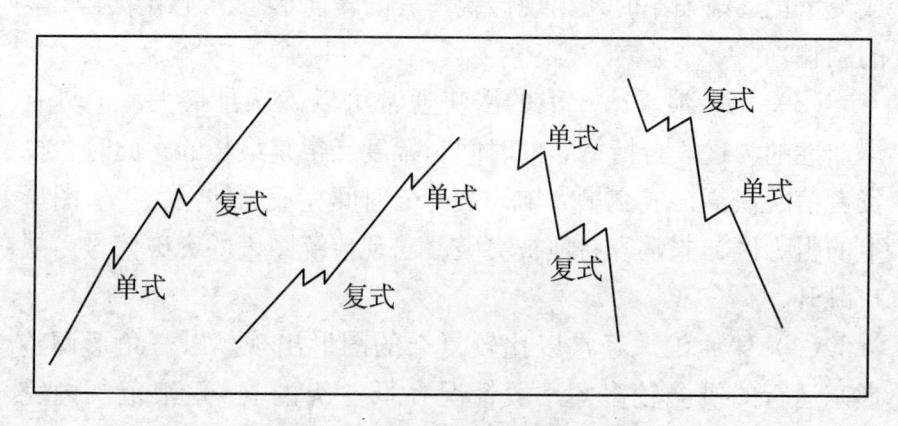

图 3-3 单式浪与复式浪的区别

（4）第 4 浪多数在第 3 浪的低一级的（Ⅳ）浪范围内完结。

（5）如果第 3 浪和第 1 浪等长，第 5 浪可能出现延长波浪。

以上前两条是铁律，即必须遵守，后面三条的概率较大，但不是绝对的。

4. 各种波浪的基本特征

每一波浪的基本特征如下：

(1) 第 1 浪。几乎半数以上的第 1 浪是属于打底的形态，其后的第 2 浪调整幅度通常很大，由于此段行情上升，出现在空头市场跌势后的反弹，缺乏买方的主动投入，包括市场气氛的空头思维，经常使之回转较深。

另外，半数的第 1 浪，出现在长期盘整底部完成之后，而此时的第 1 浪上升幅度较大，涨幅第 1 浪通常是 5 浪中最短的行情。

(2) 第 2 浪。这一浪通常下跌的幅度相当大，有时几乎将第 1 浪的升幅吃掉，当行情跌至接近底部时，市场发生变化，而成交量也逐渐缩小时，出现传统图表的转向形态，才结束第 2 浪的调整。

(3) 第 3 浪。第 3 浪的涨势通常可以确认是最大、最具有爆炸性的，这段行情持续的时间与幅度经常是最长的，此时，投资者信心恢复，成交量大增，大部分时间完成延伸浪，一些图形上的阻力区，非常容易地被突破，出现传统图表的突破信号，缺口跳升。

(4) 第 4 浪。经常以比较复杂的图形出现。以三角形调整形态运行的机会较多，一般情况在低一级的（4）浪范围内完成，浪底不会低于第 1 浪的顶，如图 3 - 4 所示。

(5) 第 5 浪。在股票市场上，第 5 浪的涨势通常小于第 3 浪，而且常常有失败的情况，即所谓的"双顶"M 头（见图 3 - 5)，在第 5 浪中，第二、三类的股票常是市场内主导力量，其涨幅常大于第一类股票（绩优蓝筹股或大型股）。

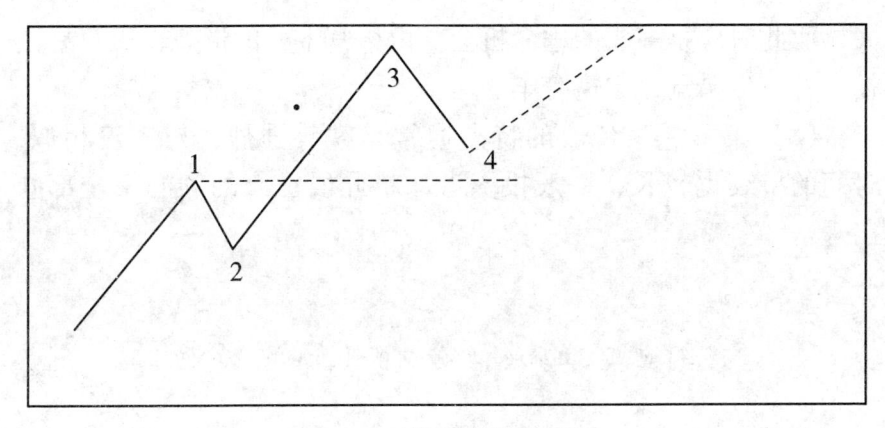

图 3-4 第 4 浪的表现图

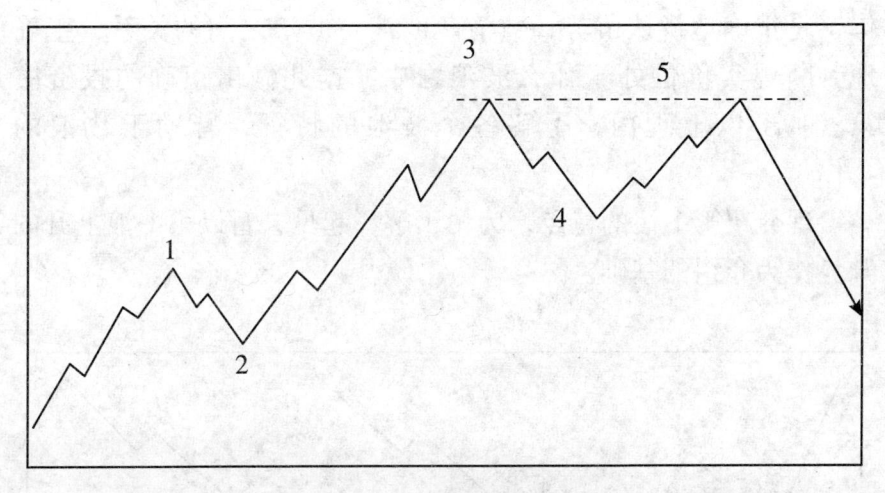

图 3-5 "双顶"M 头图形

(6) 第 A 浪。A 浪中，市场中的投资者大多数认为行情尚未逆转，只视为一个暂时回转的调整，实际上，A 浪的下跌，在第 5 浪通常发现量价背离，技术指标的背离等警示信号，平坦调整形态的 A 浪之后，B 浪将会以向上的之字形形态出现。如果 A 浪以之字形态出现，则 B 浪多数属于平势调整浪。

(7) 第 B 浪。B 浪升势较为情绪化，出现传统图表中的牛市陷阱，市场人士误认为上一个上升浪尚未完结，但成交量不大，而此时应是多头的逃命机会。由于其上升的形态，很容易使投资者产生错觉，惨遭套牢。

（8）第C浪。C浪的特点通常是跌势强烈，与3浪相似，时间的持续也较长，一般投资者均将此段已有的利润又全部吐出来。

5. 对波浪的具体分析（预测功能）

（1）第1浪的特性。利用波浪理论分析走势，最重要的工作，是正确地辨认市势，数清楚波浪与波浪之间的关系，正确地判断现实价位处于什么波浪之中，据此做出正确的投资决策。基于以上理由，了解各个波浪的特征，有助于数浪的工作。

现介绍第1浪的特点，为便于解释起见，暂以第1浪上升的升势作为介绍的基础。

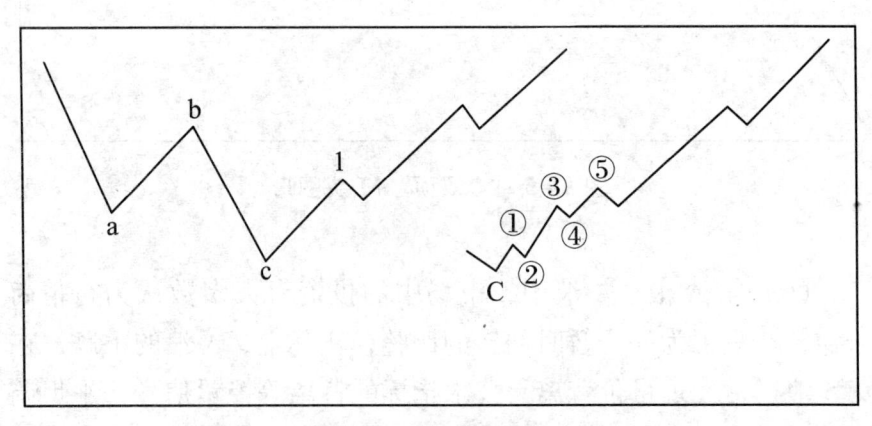

图3-6 第1浪示意图

事实上，第1浪也可以向下走，遇到向下走的推动浪，可将下述概念按相反方向解释。

第1浪的开始，意味着调整市势已经完结，因此第1浪实际上是市势转变的标志。

第1浪可以再划分为低一级的五组波浪，例如每小时走势图上所显示的波浪。

通常而言，当市势出现三个波浪的调整走势，其后出现第1浪足以证明市势向下调整完毕，价位将会掉头上升。

当第1浪开始运行的时候，初时可能不易辨认，但第1浪一旦走完全程，便会构成可靠的信号，其他推动浪将会逐一露面，构成十分可靠的市势规律。

假如第3浪属于延伸浪，第5浪倾向于与第1浪的长度相同，因此，第1浪可以用于预测第5浪见顶的上升目标。大多数的第1浪属于营造底部形态的一部分。跟随这一类第1浪出现的第2浪，调整幅度较大，但无论如何，回吐的比率不可以大于第1浪的100%。

（2）第2浪的特性。第1浪走完之后，第2浪接着出现，其调整幅度不应大于第1浪运行的长度，通常第2浪的终点，会在下列三个地区出现。

A. 可能是调整第1浪升幅的38.2%、50%、61.8%；

B. 多数以三个浪形态运行，假如行走的波浪形态可以判断为平坦形或之字形，C浪的长度极可能与a浪相同（此ac浪为低一级的abc浪）；

C. 第2浪也可能回吐至第1浪内的第Ⅳ浪，在其他动力指标的分析系统，当第2浪运行至尾声的时候，此时动力应出现过分抛售的情况。动力指标系统包括相对强弱指数，随机指数等。

第2浪的出现，经常考验投资者的判断能力，部分第2浪的调整幅度很大，使投资者感到迷惑不解，怀疑新的推动浪是否已经开始，如图3-7所示。

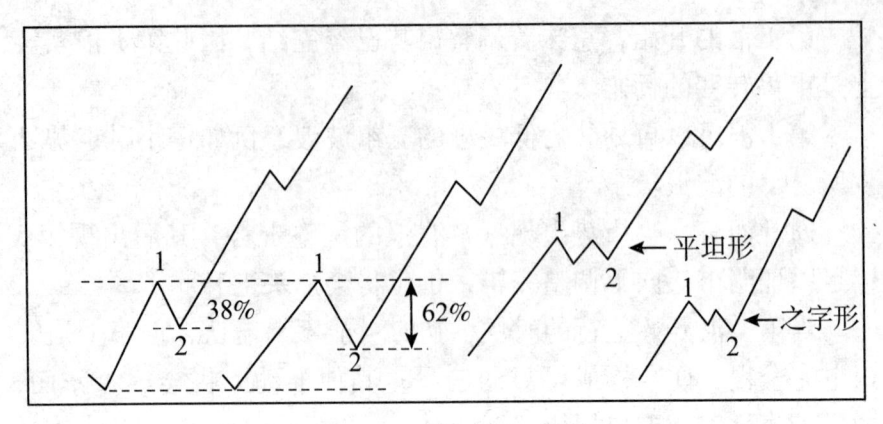

图 3-7 第 2 浪示意图

基于上述理由，第 2 浪的调整幅度，经常会达到第 1 浪的 62%（即 0.618）。

事实上，只要第 2 浪的低点不曾低于第 1 浪的起点，仍然可以接受为第 2 浪。

在即市的走势图内，如果第 1 浪较为短促，第 2 浪经常会调整接近第 1 浪的 100%。

(3) 第 3 浪最具爆炸力。推动浪中，第 3 浪力量最强，也是最具爆炸力的一个波浪。通常而言，大部分升幅都在第 3 浪的行程中出现（见图 3-8）。

出现突破性缺口是第 3 浪常见的现象，从缺口可协助确认第 3 浪的存在。

第 3 浪可以再划分为低一级的五个波浪。

根据数浪规则两条不可违反的铁律，第 3 浪永远不可以是最短的一个推动浪。简而言之，第 3 浪必须等于或长于第 1 浪或第 5 浪。

实际情况显示，第 3 浪通常都是推动浪中最长的一个波浪，第 3 浪可以和第 1 浪的长度相同，在这种情况下，第 5 浪便可能成为延伸浪。

三、波浪理论

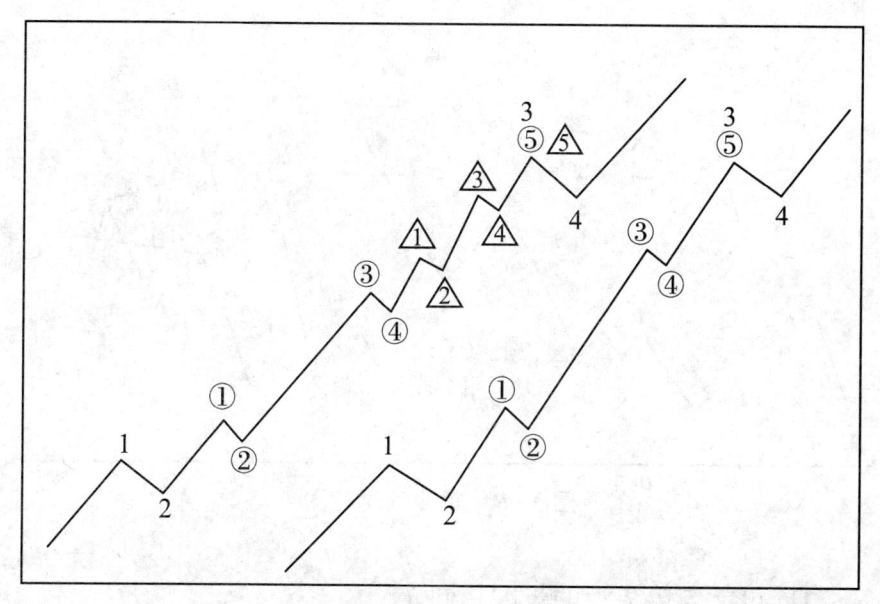

图 3-8 第 3 浪示意图

第 3 浪经常比第 1 浪长，第 3 浪长度相当于第 1 浪长度的 1.618 倍（一个普通的神奇数字比率是 1.618）。

在确认第 3 浪开始运行之后，任何买卖都应顺势而行，在低位买入，持仓等待。

第 3 浪是最具有爆炸力的波浪，上升幅度事前并无限制，第 3 浪可以是第 1 浪的 1.618 倍，也可以攀上 2.618 或其他神奇数字倍数，主观性的逆市而行，试行摸顶都是自讨苦吃。要知道任何技术分析都着重顺势而行，摸顶游戏绝不值得鼓励。成交量在第 3 浪大幅度增加，成为另一种可靠的证据。

(4) 第 4 浪变幻莫测。第 4 浪的终点有下列四个可能性（见图 3-9）。

A. 调整第 3 浪的 38.2%；

B. 回调至低一级的第④浪范围之内，也就是第 3 浪中的④浪；

C. 如果以平坦形或之字形出现，c 浪与 a 浪的长度将会相同。

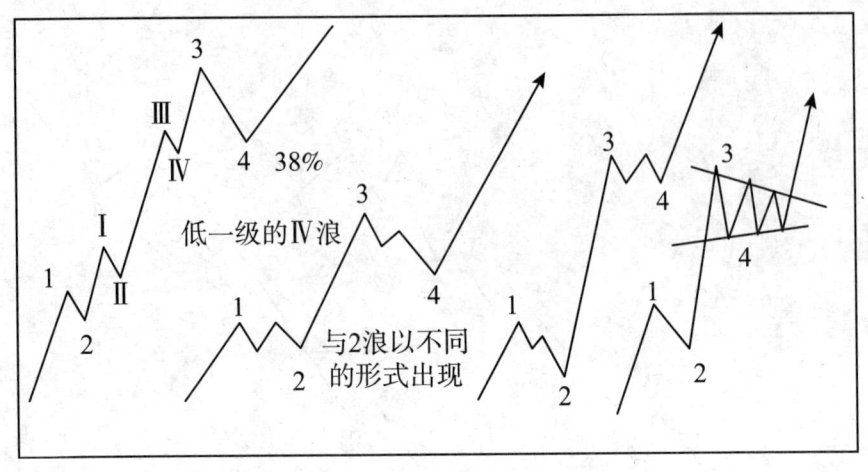

图3-9　第4浪示意图

D. 可能与第2浪的长度相同。

数浪规则另一项铁律规定，第4浪的底不可以低于第1浪的顶，唯一例外的是第5浪的斜线三角形运行的时候，此种情况可以出现。

第4浪经常以三角形形态运行，其中包括四种三角形：上升三角形、下跌三角形、对称三角形及扩散三角形（喇叭三角形），如图3-10所示。

第2浪与第4浪的关系，在于两者会以不同的形态出现，简而言之，如果第2浪属于平坦调整浪，第4浪会以三角形或之字形运行。

另一方面，如果第2浪以之字形运动，第4浪则可能以平坦形或三角形运动。

第4浪运行至尾声的时候，动力指标通常会出现极度抛售的情况。

通常来说，第4浪倾向于以较为复杂的形态露面，当一组五个波浪上升市势完成之后，根据第4波浪的特性，该组三个波浪的第4浪，构成下一次调整市势可能见底的目标（见图3-9）。

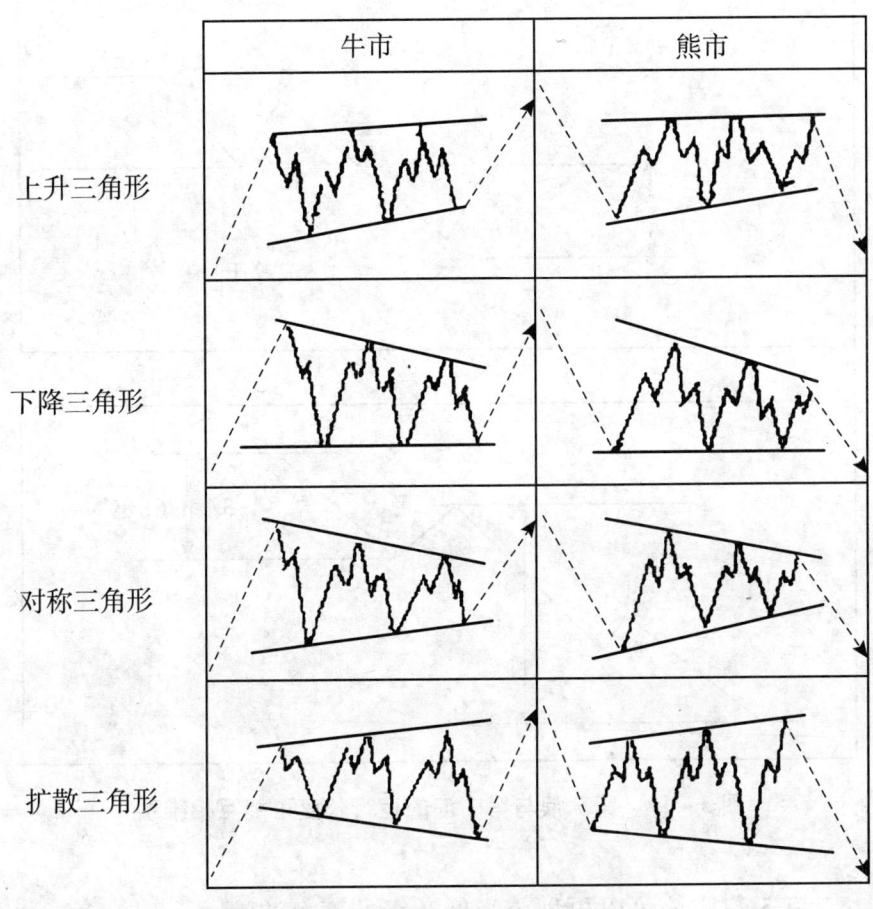

	牛市	熊市
上升三角形		
下降三角形		
对称三角形		
扩散三角形		

图 3-10 三角形调整浪的四种形式

（5）第 5 浪力度较弱。第 5 浪的上升目标，通常可以应用下列两个途径做出准确的预测：

A. 假如第 3 浪属于延长浪，第 5 浪的长度将会与第 1 浪的长度相同。

B. 第 5 浪与第 1 浪的运行长度可能以神奇数字比率 61.8% 互相维系（见图 3-11）。

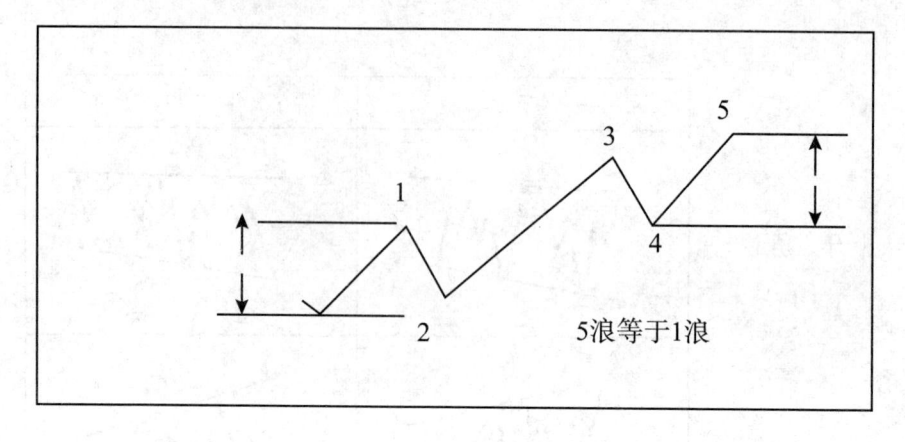

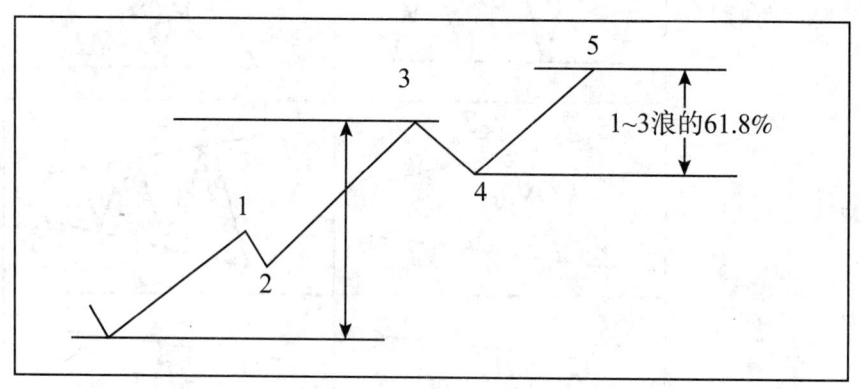

图 3-11　第 5 浪与第 1 浪的运行长度可能互相维系

第 5 浪应该可以再划分为低一级的五个波浪。

以上升力度分析，第 5 浪经常远逊于第 3 浪，成交量也较第 3 浪萎缩，在动力指标的走势图内，第 5 浪的价位上升，而相对动力减弱，自然构成背离的现象（顶背离与底背离）。由于第 5 浪的力度有减弱的倾向，有时会形成斜线三角形的形态，俗称上升楔形的消耗性走势。

在上升楔形三角形内，第 4 浪将会与第 1 浪重叠，这是唯一可以接受的越轨走势（数浪规则规定第 4 浪的底不可以低于第 1 浪的顶），如图 3-12 所示。

斜线三角形走完全程之后，市势预期急转直下，以极快的速度调整至斜线三角形开始运行的地方。

另外值得注意的地方，第 5 浪有时会出现失败的形态，即顶点不能升越第 3 浪的浪顶，形成 M 头。

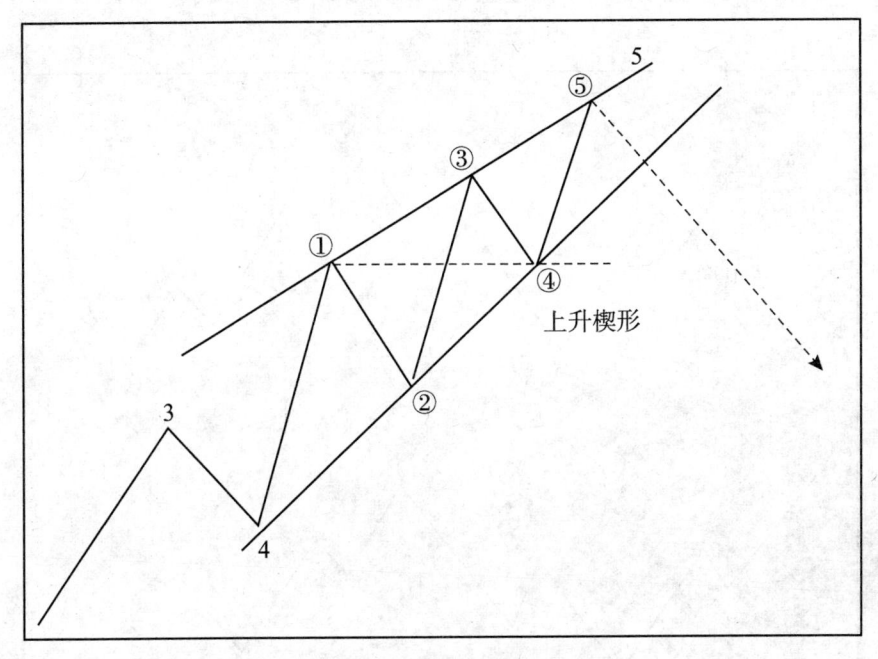

图 3-12　第 5 浪示意图

（6）A 与 B 浪。A 浪是 3 个调整浪的第 1 个波浪。

如果 A 浪只能划分为低一级的三个波浪，其意义可从两个方面分析：

第一，向下调整力度较弱；第二，整个调整市势可能以平坦形态出现，换言之，B 浪的上升，可能收回 A 浪绝大部分失地。

正常而言，A 浪多数可以再划分为低一级的五个波浪，反映整个调整市势会以之字形运行，在此情况下，根据顺流五个浪的基本原则，主流趋势将会依照 A 浪的方向行走，而 B 浪的回吐为 A 浪的 38.2%、50% 或 61.8%。

不论之字形或平坦形的调整市势，B 浪永远以三个浪的组合出现，B 浪不可能再划分为低一级的五个波浪。

如果 A 浪以三个波浪的组合运行，B 浪可以以不规则的形态而稍为超越 A 浪的起点，图 3-13-1 所示为不规则平坦形示意图。在此类形态中，B 浪可能为 A 浪的 1.236 倍或 1.382 倍。

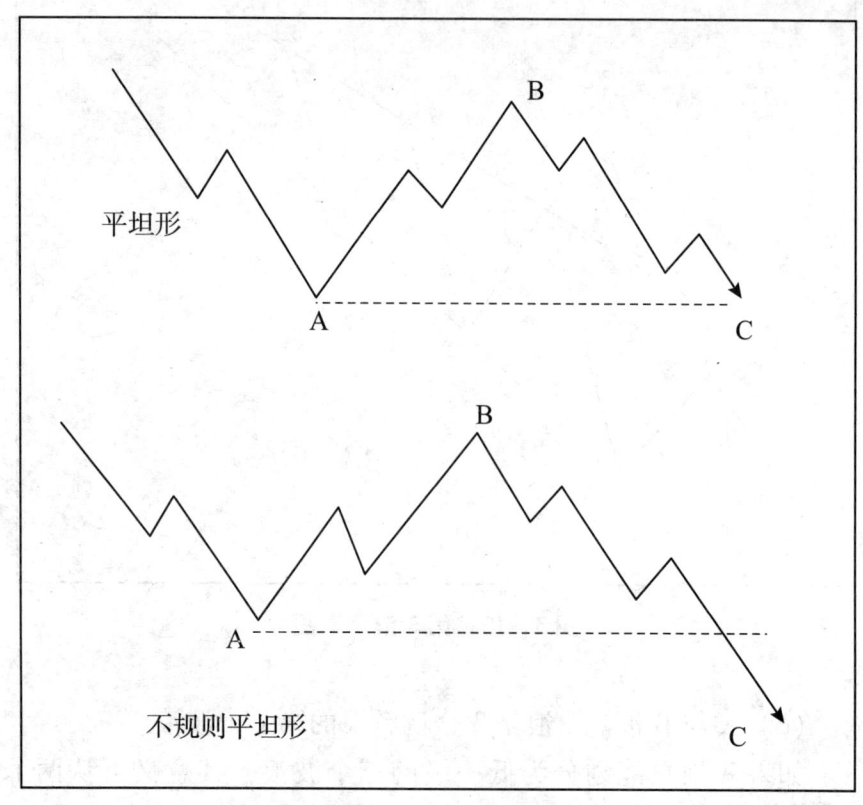

图 3-13-1　不规则平坦形

分析调整波浪市势的时候，技术分析者要小心处理。举例来说，三个波浪可能构成平坦形调整的 A 浪，但也可以代表之字形（A、B、C）的整个调整波浪。

基于上述分析，由于一组三个波浪的走势，可能代表平坦调整浪的 A 浪或整个之字形调整浪。因此，可以预期市势最低限度会回升至 A 浪的起点，或超越 A 浪起步的地方，后者表示调整市势以不规则调整形波浪出现，或新的波浪已经开始运行，如图 3-13-2 所示。

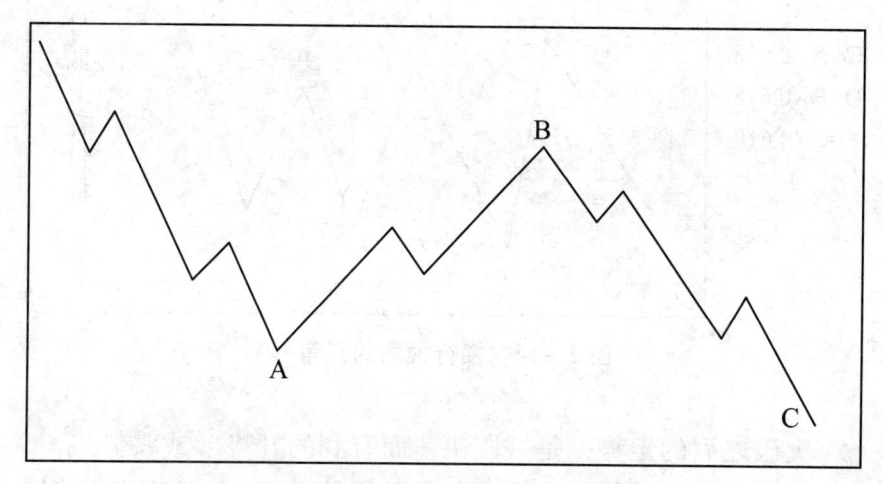

图 3-13-2 A 浪及 B 浪示意图

综合来说，如果出现三个浪的调整市势，基本可以预测最低限度会有三个波浪以相反方向运行。

（7）三角形形态（见图 3-10）。三角形在波浪理论的领域内，别具意义。

斜线三角形只在第 5 浪或第 A 浪出现，而横行性质的三角形出现的范围，则只限于第 4 浪，B 浪或 X 浪。

横行性质的三角形共分四类，分别为对称三角形、上升较性、下跌三角形及扩散三角形（喇叭三角形）。其中以对称三角形的形态最为常见（见图 3-14）。

对称三角形以两条趋向线互相靠拢。

三角形的五个波浪，通常以神奇数字比率 0.618 互相维系。例如：如图 3-14 所示。

a～e 五个波浪都只能划分为低一级的三个波浪，三角形属于一种整理形态，市势停留一段时间内，充分洗盘换手后，将会依照原来的方向突破。

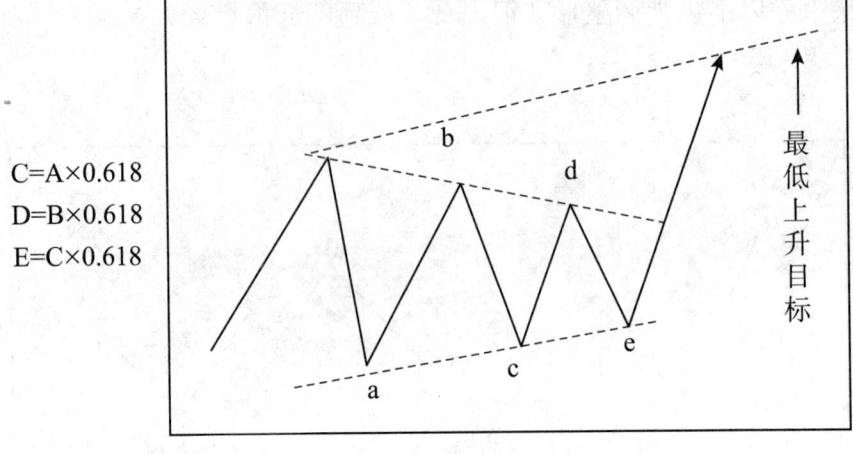

$C = A \times 0.618$
$D = B \times 0.618$
$E = C \times 0.618$

图 3-14　横行性质的三角形

突破之后的走势，是一段快速而有利的升势（或跌势）。

上升目标，最低限度是三角形最阔的距离，至于其他可能出现的上升幅度，应当参照整个波浪形势的技术性走势。

举例而言，三角形之后出现的波浪如果属于第 5 浪，自然与 C 浪的运行有所区别。

由于三角形在第 4 或 B 浪出现，因此，三角形一旦走完全程，原来的主流趋势也近尾声，可以预期市势将会依照原来的主流方向急冲一段之后，便会来一个 180 度的大转变。

（8）C 浪。C 浪是调整波浪的终点。

C 浪应该可以再划分为低一级的五个波浪，因此，C 浪也可以看作是顺流五个波浪，逆流三个波浪的叛徒及 C 浪的五个波浪代表整个调整市势走完全程，市势将会回头上升。

在平坦的调整浪内，C 浪系数会低于 A 浪常见的神奇比率为 1。也就是说，A 浪与 C 浪的长度相同。

假如整个调整市势以不规则调整浪形态出现，C 浪必会跌破 A 浪的底，在这种情况下，C 浪的长度通常为 A 浪的 1.618 倍。

另一方面，A、B、C 浪以之字形运行的时候，A 浪与 C 浪长度会倾向一致，而且，C 浪的底点自然会低于 A 浪的浪底。

6. 波浪理论预测功能的实际应用

上一节讲了波浪理论的浪与浪之间的比例，也就是预测功能。由于波浪理论较适合于参与者众多得市场，也就是说，用于上海或者深圳股市大盘指数的研判较为准确。

实例一：

上海股市 1996 年 1 月底综合指数 512 点之前，已经走完了一个完整的八浪的循环。

对于综合指数 512 点为一个新的循环低点，基本上大多数分析家看法相同或者相近。下面用预测功能具体分析上海大盘的后势。

第一种计算：

在这个循环中，从股票发行之日的"0"算起，上升五浪走完最高点为综合指数 1558 点，显然这是上海股市的第一大浪。之后走出了一个长达数年的调整浪。应该算第二大浪。从综合指数 1558 点调整到 512 点结束，在综合指数 512 点之后，从波浪理论来分析，是应该走第三大浪了。下面用预测功能来预测第三大浪的高点。

按照第三浪的预测：

第三大浪的顶点 = 第二大浪的底 + 第一大浪升幅 × 1.618
  = 512 + 1558 × 1.618
  = 512 + 2521
  = 3033

代入相关数字后得出第三大浪的顶点大约在 3000 点左右。当然，3000 点是第三大浪分为 5 个子浪走完后可能达到的点位。以上为当时的预测，即 2000 年的预测，实际后面已经最高走到 6000 多点。

第二种计算：

当上海大盘在1996年2月至1997年5月走完上升五个浪型后，很显然，这是第三大浪中的第1个子浪，之后，经过长达两年的调整，结束于1999年5月的1047点，也就是说512～1510点为第三大浪中的第1个子浪，1510～1047点为第三大浪中的第2个子浪，之后，应展开第3个子浪的上升。

按照上述公式：

$$第3个子浪的顶点 = 1047 + (1510 - 512) \times 1.618$$
$$= 1047 + 998 \times 1.618$$
$$= 2662$$

第3个子浪的顶点预测2600点左右结束上升。

上海股市经过分析预测，第三大浪的顶点可能在3000点左右，第三大浪中的第3个子浪目标位是2600点左右。

以上的预测在现实中尚未走完，到2000年4月14日，上海股市已经见到综合指数1840点，正在运行第三大浪中的第3个子浪。

笔者认为：从以上的分析和预测中可以看出，中国股市是一个欣欣向荣的市场，国家经济的不断发展，为股市的长期升势奠定了基础，美国股市走出了一个长达几十年的牛市，中国股市为什么就不能呢？

当然，具体的操作另当别论，从崇氏四度空间高抛低吸的理论来说，相对高点卖出股票，相对低点买入股票，是广大投资者应该不断学习和实践的目标。也就是说，虽然预测可能会达到3000点，并不等于一直持股不动，在第三大浪中的第1、3子浪的高点应该抛出股票，在第2、4子浪的底部再买回股票。

实例二：

上海股市在走出第三大浪中的第1个子浪后达到综合指数1510点之后，应该走第2个子浪调整。

当时预测：

第 2 子浪的低点 = 第 1 子浪的顶点 − 第 1 子浪升幅 ×0.382
　　　　　　　= 1510 − 998 ×0.382
　　　　　　　= 1129

第 2 子浪的低点 = 第 1 子浪的顶点 − 第 1 子浪升幅 ×0.5
　　　　　　　= 1510 − 998 ×0.5
　　　　　　　= 1011

第 2 子浪的低点 = 第 1 子浪的顶点 − 第 1 子浪升幅 ×0.618
　　　　　　　= 1510 − 998 ×0.618
　　　　　　　= 893

经过计算得出可能的低点：1129 点、1011 点、893 点。

在事后实际调整见低点 1025 点，与调整 0.5 时的预测 1011 点只差 14 点。

另外，回调 0.382 的综合指数 1129 点位置附近，多次出现反弹行情，可见波浪理论的预测实用价值很大。

这里需要指出的是：预测终究是预测，实际上的走势到顶或到底，应该以崇氏四度空间图给出的到顶或到底信号为准。股市市场的预测是一个模糊概念，就像模糊数学一样，不能精确到与实际完全一致。但这并不妨碍我们的分析和预测，不妨碍波浪理论的预测功能。把波浪理论和崇氏四度空间理论结合运用，双剑合璧，效果极佳。

7. 波浪理论的整体回顾及未来展望

中国股市已经走过了 32 年，现用波浪理论从头到现在进行一次梳理是十分必要的（见图 3 – 15）。

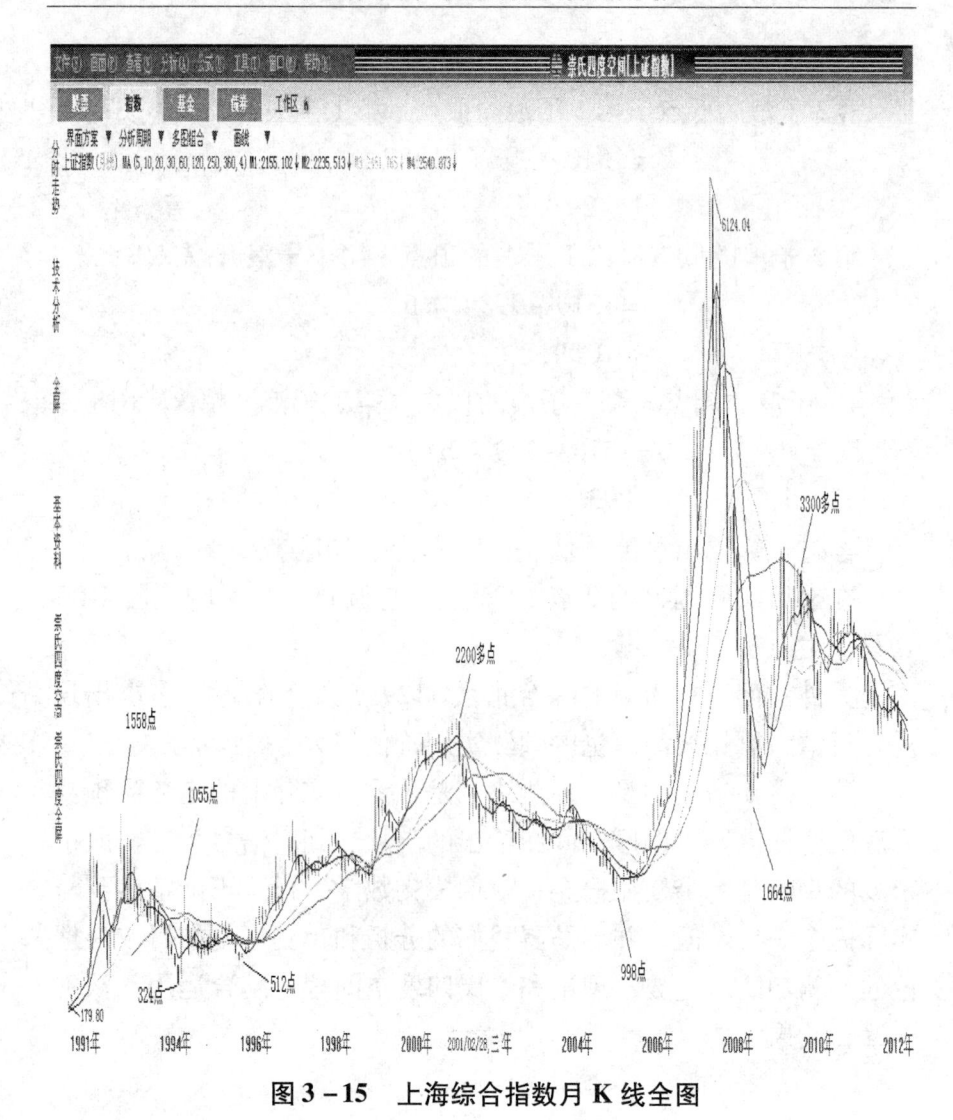

图 3-15 上海综合指数月 K 线全图

  中国股市从 1990 年的 12 月上交所深交所成立以来，从股票软件上可看到上证综指从 98 点一路走来，那么波浪如何划分呢？笔者运用波浪理论从头分析。
  首先，从波浪理论的起点论，应该不是 98 点，而是 0 点，也就是在上海 1988 年发行大飞乐、小飞乐、豫园、电真空等老八股时，发行第一只股票时算起为 0 点。到上交所成立时，由于有柜台交易时间，显然数据是不全的，但是应该有一个上升1浪和2浪调整，那么上证综指从98点起到1400多点为上升的3浪，之后从1400多点回调到400多点为下调的4浪，而后5浪上升为1558点，至此上证综指走了一个包含1至5浪构成的高一级别的第一浪。

之后是第二浪的调整，其中从1558点到324点为二浪中的A子浪，324点至1055点为反弹的B子浪，1055至512点为C子浪。

之后走第三浪，那么从512点至2200多点为三浪中的1浪，2200多点至998点为三浪中的2浪，998点到6124点为三浪中的3浪第①子浪。

6124点到目前为上升第三浪中的3浪中的第②子浪调整。

目前这个3浪中的第②子浪调整为6124点至1664为下跌A浪，由于A浪是5浪结构，按波浪理论的5-3-5之字形调整规律，故1664点到3300多点为B浪反弹，从3300多点到目前（截止到2012年9月25日星期二）均为第三浪的3浪中的第②子浪的C浪下跌调整，此C浪下跌楔形中，应走为5浪结构，目前尚未走完。

如果调整完毕，则应可能走出两种走势：

首选为第三浪中的3浪的第②子浪结束，之后为第三浪中的3浪的第③子浪，这是一个波澜壮阔的上升浪。

次选为第三浪中的3浪的第②子浪尚未结束，之后为X浪三段式反弹，再接一个三角形整理，和之前的第三浪中的3浪的第②子浪走势组合成一个复杂的第三浪中的3浪的第②子浪调整。之后再走爆炸性的第三浪中的3浪的第③子浪。

到底现实中如何演变，让我们拭目以待，但是上海综指6124点绝不是中国股市的高点，更高的8000点，1万点，中国股市是肯定看得到的。

四、波浪理论和崇氏四度空间

1. 波浪理论与崇氏四度空间的关系

用波浪理论分析走势，重点在于列出全部可以成立的不同数浪方法，然后利用不同的工具，将概率较低或不可能成立的数浪方法逐一剔除，从中选出最有可能成为事实的数浪方法，即正选方案。

实际上，各个波浪的组织，数浪的规则，及上升/下降的目标都可以提出线索，对于列为第一可能成立的数浪方法（正选）是否需要修改做出提示。

因此，其他机会较次的数浪方式随时以后备身份出场，替代被事实证明不可能的正选地位。以波浪理论分析走势，客观而开放的头脑最为重要。

市场永远是对的。任何错误或预测走势与事实不符，出错的永远是图表的分析者。当原先处于正选地位的数浪方式受到市场否决之后，波浪理论的分析者必须在第一时间改以其他数浪方式（次选）作为分析基础，顺势而为，此乃千古不变的定律。

波浪理论的三个方面为波浪形态，浪与浪之间的比率、时间。而崇氏四度空间的分析系统，同样可以划分三个方面，市势图形，买卖逻辑，时间。

从他们的特性可以看出，时间是共有的，波浪理论有长期预测功能，而崇氏四度空间能找出价值区域，崇氏四度空间分析方法的不足恰恰可以用波浪理论来弥补，这也是本书之所以将两种方法结合在一起的道理所在。

崇氏四度空间分析方法从理论上可以分为七种市势，而笔者认为，只分为三种即可，分别为强势单边市、单边市、平衡市，平衡市出现机会占市场的85%，而单边市（包括强势单边市）占市场的15%（注：平衡市中包括了5%的无趋势市，可以不理）。

在平衡市中，中间区域为价值区域，高于价值抛出，低于价值买入，十分方便，问题在于当价值区域出现向上、向下移动的时候，就不容易分析了，崇氏四度空间理论本身注意图形的延长部分，而利用波浪理论则轻而易举地解决了价值区域上、下移动的问题，使得在实际操作中得心应手。例如：当第1浪与第2浪形成的平衡市可能会有一个向上延伸的部分，而成为单边市（见图4-1）。

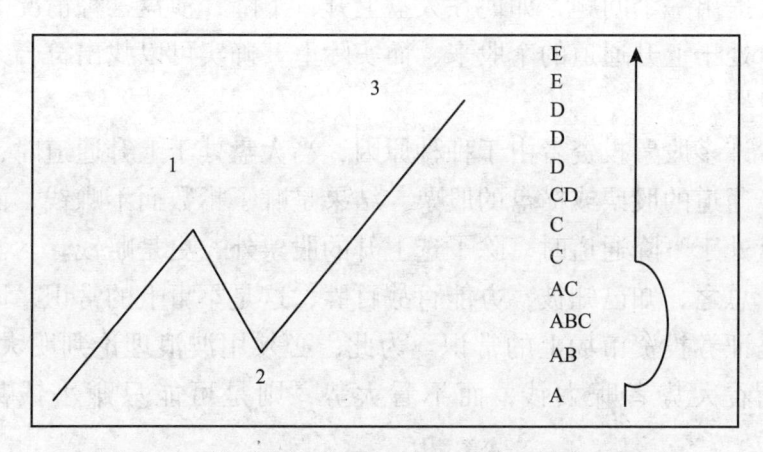

图4-1 波浪图与崇氏四度空间的互补关系图形

此时投资者只需按兵不动，持仓等待到出现另一个价值区域后又开始高抛低吸即可。

2. 大盘与个股的关系

股票市场随着时间的推移，上市公司愈来愈多，齐涨齐跌的局面越来越少。因而，当大盘变化时，个股的表现是不同的，为此列出表4-1。

表4-1　　　　　　大盘情况与个股情况对照表

大盘情况	个股情况		
处于上升通道	处于上升通道	处于下降通道	横盘整理
处于下降通道	同上	同上	同上
横盘整理	同上	同上	同上

从图4-1可以看出，当大盘处于上升通道时，而个股分为三种情况，即上升，下降，横盘。综合起来，总共有九种情况，这就提出一个问题，如何在大盘上升，下降，横盘三种情况下都找出处于上升通道的个股来，而实际上，确实可以找出符合条件的股票。

许多股票投资者由于种种原因，当大盘处于上升通道时，选下降通道的股票或横盘的股票，结果是赚了指数而不赚钱，而在大盘处于下降通道时，除了选上升的股票外，更是赔钱。

总之，知己知彼，方能百战百胜，这是军事上的常识，同样也是证券投资市场上的常识。为此，必须用波浪理论判明大势，所谓看大势者赚大钱，而不看大势，则是可能只赚小钱甚至赔钱。

战，有可战之战，切不可盲目参战。

3. 如何用崇氏四度空间选股

上面列出了大盘与个股之间的关系。由于个股分为九种情况，所以，选择上升的股票就是十分重要的了。

崇氏四度空间的公式是：价格＋时间＝价值，价值两个字，有两重意义，一是投资理念的价值；二是投机理念的价值。

首先，投资理念的价值，是指股票的价值，是指如果一只股票的价值被远远地低估，从较长的时间来看，由于种种原因，经常是被低估的股票，例如股票市场长期低迷，某只股票由于股东的变化，经营方向的转变，或者由于资产重组，使股票发生了质的变化，业绩的大幅提高等。选择股票是一门学问，所谓"丑小鸭变成天鹅"，就是一旦价值被发现，价格自然上涨。如图4-2所示，如果发现某一只股票的价格远远低于价值就会被先知先觉者发现，而此时，正是投资者千载难逢的好机会。

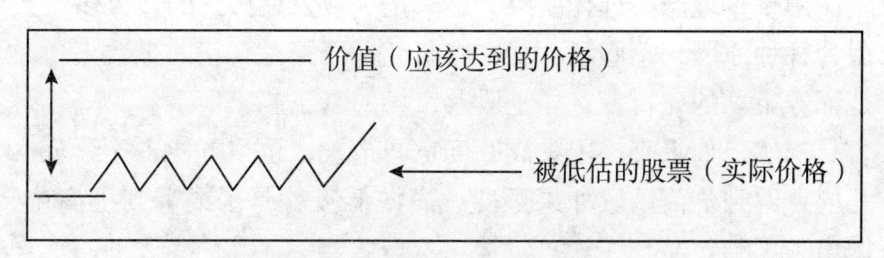

图4-2 价值与价格背离图

如何找出低于价值的股票呢？从基本分析入手，从公开得到的信息，如报纸、广播等新闻媒介、上市公司的每年中期报告、年终报告等，都可以找到具有投资价值的股票，这就看投资者在分析上下的工夫了，所谓功夫不负有心人！

而用崇氏四度空间分析技术选股，就轻松容易多了。

通过崇氏四度空间的个股图形，可以看出，当某只股票的价值区域缓慢上移或者长期横盘价值区域不变而突然向上移动，都是股票价值可能被低估，而先知先觉的投资者也就是所谓长线买家大量低吸所致。用崇氏四度空间选股，可以不费力气，也不用考虑基本情况，因为价值区域的上移，就是证明该股票的价值被低估。结合波浪理论，此时往往是第一浪的开始。

如果投资者拥有自己的电脑及相应的软件，则上述方法更是轻而易举的事。当然，如果没有电脑也没有关系，通过基本分析，对上市公司的中报、年报深入研究，找出5~7只价格低于价值的股票。例如：市盈率偏低，收益可能增加等，然后用崇氏四度空间分析方法，画出相应的崇氏四度空间图形，则从价值区域的变化来判定所选择的股是否正确。如果正确就可以按照崇氏四度空间的方法开始高抛低吸。

以上讲的是用基本分析的方法与崇氏四度空间分析方法相结合的形式来选择远远低于价值的股票。当然，上述分析需要多下一些工夫。

用投资理念去选择股票，这只是少数人能做到的，大多数人因为种种原因，不愿意下工夫去研究，而正是真正的少数人，才是证券市场的先行者，才是股票市场的真正赢家！

当然，如果直接用崇氏四度空间选股，也很方便，连续观察几周，看到价值区域如果不变，高抛低吸就是了或者到了高位，抛出去了结。

上面分析的是股票价格低于价值的情况，低得越多越好，当然，这个价值是投资者心目中的价值，在图形上是看不到的，这也是投资理念的价值。例如：1996年年初的深发展和四川长虹两只股票的价值，当时被严重低估了。

投机理念的价值，我们也叫图形的价值区域，当崇氏四度空间图形上钟形曲线最宽的部分即价值区域出现，只要高于价值抛出，低于价值买入即可。只要严格遵循崇氏四度空间理论的操作原则，则绝无被套之忧（见图4-3）。

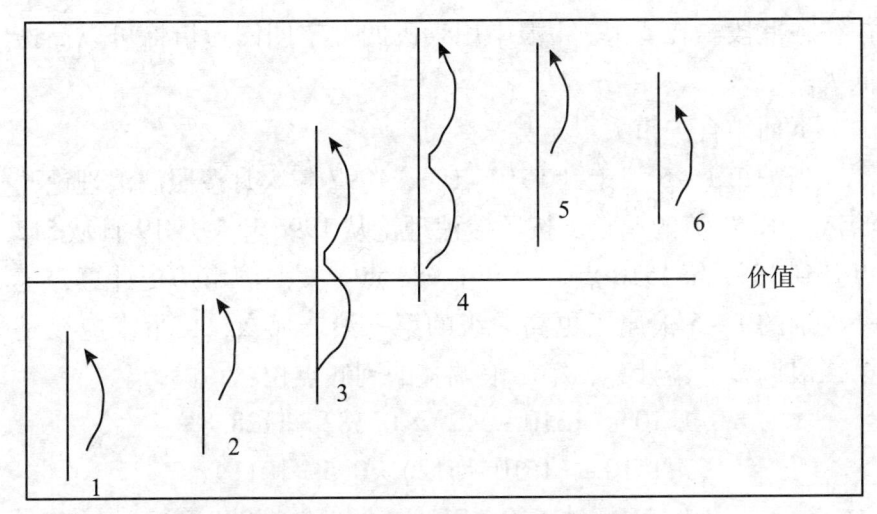

图4-3 崇氏四度空间钟形曲线图

当价格低于价值时，（此时价值是投资理念的价值）1、2部分，当3、4部分价值区域上移，高抛低吸即可，而当5、6部分已经高于价值了，价位自然回落。当6的价值区域低于5部分的价值区域时，则坚决抛出，且不应再做此只股票了。因为价格已经高于价值了。这就是投机理念的价值变化情况。

因此，我们建议投资者应该用投资理念去选择股票，用投机理念去操作，这样才能稳操胜券。

4. 大盘崇氏四度空间图形的分析

在上面介绍了如何选股票之后，具体操作中坚持的原则是看大盘，做个股，看长期趋势做波段行情。首先，必须用波浪理论和崇氏四度空间分析方法，判断大盘处于哪一浪中，是上升、横盘、还是下跌，在波浪理论中，2浪，4浪，A浪、C浪是应该空仓（持币）观望的。但在崇氏四度空间理论中，A浪、C浪是应该坚决不做的。因为此时市场价格下跌常常较为凶悍，而损失往往在此段。在2浪、4浪中用崇氏四度空间图形恰恰可以高抛低吸。

下面结合沪市大盘走势来判断。

当沪市1~5浪走到1510点时，1997年5月按照波浪理论开始A，B，C浪的调整。按照波浪理论从1996年1月19日从512点升到1997年1510点，上升了988点。按照沪市历史计算，这一级别的1~5浪属于更高一级的第一浪。那么，接下来应该是第二浪调整，经计算，第二浪调整的到底点位：

$$1510-(1510-512)\times 0.382=1128.8$$
$$1510-(1510-512)\times 0.5=1011$$
$$1510-(1510-512)\times 0.618=893$$

预测方法有三个，即调整0.382幅度的点位是1128点；调整0.5幅度的是1011点；调整0.618幅度的是893点。事实上，到1997年9月23日的1025点，崇氏四度空间图形显示到底（见图4-4）尔后开始反弹。

从图4-4可以看出，1997年9月22~30日的价值区域在1100点附近，而10月6~10日的价值区域上移到1120点左右，10月13~17日的图形出现了强势单边市。说明大盘到底，开始反弹。那么，单独出现的（9月22~26日的图形）4个"B"，表示长线买家出场，结果使大盘反身向上，开始了B浪反弹。

当大盘1998年6月到达1400点，从崇氏四度空间图形图4-5上可以看出，1998年6月1~12日的两周来看，上升遇阻，出现向下突破，证明反弹结束，价值区域从1415点左右下降到1370点左右，当大盘反弹道1370点以上时，是出货的良好时机。

四、波浪理论和崇氏四度空间

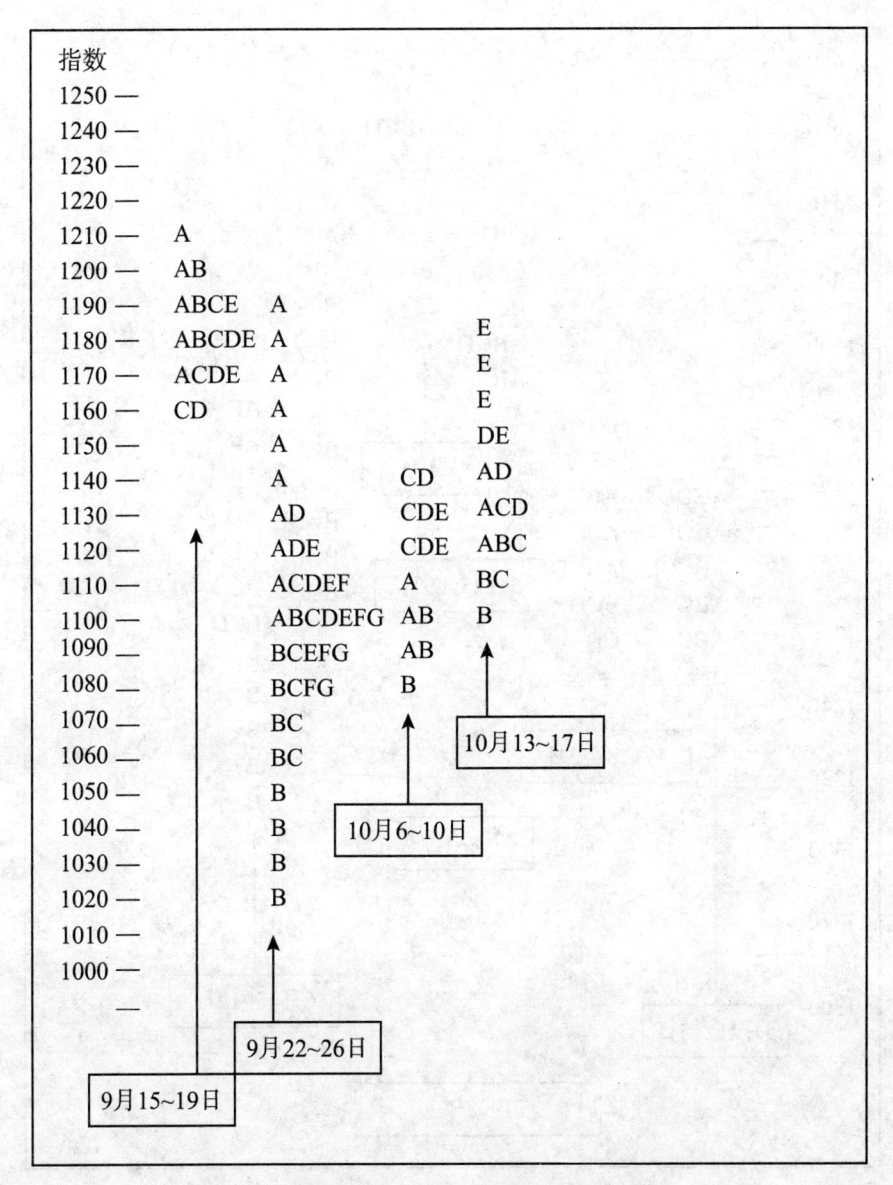

```
指数
1250 —
1240 —
1230 —
1220 —
1210 —   A
1200 —   AB
1190 —   ABCE    A
1180 —   ABCDE   A              E
1170 —   ACDE    A              E
1160 —   CD      A              E
1150 —           A              DE
1140 —           A       CD     AD
1130 —           AD      CDE    ACD
1120 —           ADE     CDE    ABC
1110 —           ACDEF   A      BC
1100 —           ABCDEFG AB     B
1090 —           BCEFG   AB
1080 —           BCFG    B
1070 —           BC
1060 —           BC
1050 —           B
1040 —           B
1030 —           B
1020 —           B
1010 —
1000 —
      —
```

图4-4 1997年上证指数崇氏四度空间图

随后股指一路下跌到1998年8月18日的1042点,而一路下跌只能持币观望。由于目前国内股市只能做多,没有做空的机制,故一旦大盘从顶部回落,只能耐心等待到底。

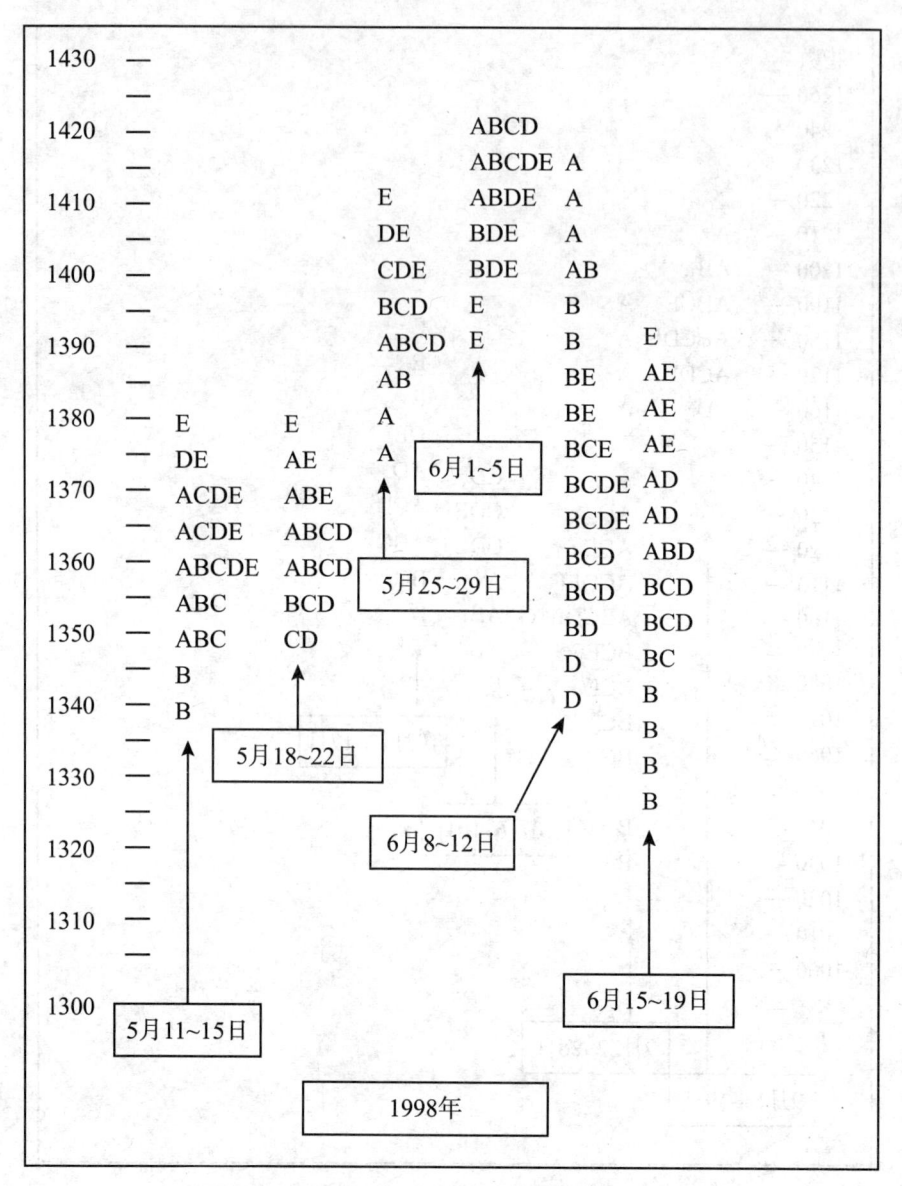

```
1430 —
     —
1420 —              ABCD
     —              ABCDE  A
1410 —       E      ABDE   A
     —       DE     BDE    A
1400 —       CDE    BDE    AB
     —       BCD    E      B
1390 —       ABCD   E      B      E
     —       AB            BE     AE
1380 — E     E      A      BE     AE
     — DE    AE     A      BCE    AE
1370 — ACDE  ABE           BCDE   AD
     — ACDE  ABCD          BCDE   AD
1360 — ABCDE ABCD          BCD    ABD
     — ABC   BCD           BCD    BCD
1350 — ABC   CD            BD     BCD
     — B                   D      BC
1340 — B                   D      B
     —                            B
1330 —                            B
     —                            B
1320 —
     —
1310 —
     —
1300 —
```

图 4 – 5 1998 年上证指数崇氏四度空间图

图 4 – 6 从 1998 年 8 月 17～21 日崇氏四度空间图形可以看出是一个单边市，显示大盘到底之后出现一波反弹，从崇氏四度空间连续三周的图形看，探底成功，大盘反身向上又展开一轮升势，到 1300 点。

四、波浪理论和崇氏四度空间

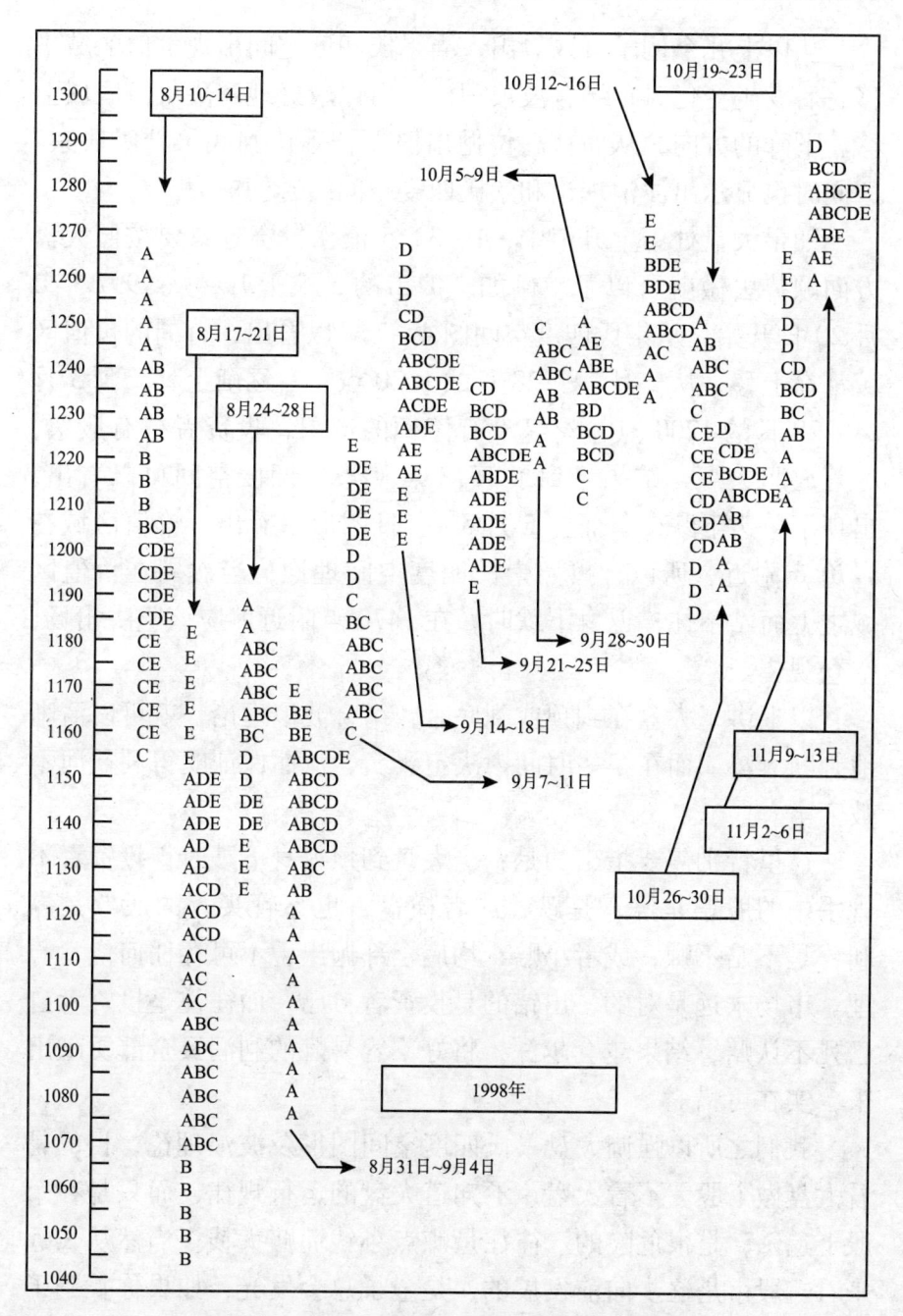

图 4-6 1998 年 8~11 月的崇氏四度空间图

从以上几个例子可以看出，当崇氏四度空间出现价值区域平移之后发生变化时，结合波浪理论，可以较好地解决价值区域上移、下降的方向，从而在高位抛出股票，等待到底再低吸股票。这同时也显示出波浪理论和崇氏四度空间结合的威力。

如果大盘处于上升浪中，1，3，5浪，投资者只要按照大盘方向顺势去做就可以了。例如，沪市的5浪上升，从1997年2月20日开始，从崇氏四度空间图4-7可以看出，每周的价值区域都在上移，从2月24～28日的1020点左右逐渐上移，到3月24～28日的1200点，丝毫没有停顿的迹象，投资者持有股票，尽管放胆去赢，结果，到了1510点从崇氏四度空间可以看出，出现了单边下跌市，而在5月5～9日图形中看出，价值区域在1470点附近，所以，按照崇氏四度空间理论，当次周在价值区域之上而站不住，返身下跌时，在1470点附近就应该坚决出场，空仓观望。

以上讲了大盘在到顶或到底时，结合波浪理论，就可以清晰地判断大势，而在第一时间内决定买卖，从而保证既得利益而不被套牢。

这里特别需要指出的是：当大盘到顶返身下跌时，投资者不管手中的股票是涨，是跌，或者横盘，也不管买入的股票是赢利，是不赔不赚，或者小赔，均应全部抛出，不可存任何侥幸心理。市场永远是对的，出错的是投资者自己，而往往是投资者自己死不认赔，结果越套越深，将好不容易赚的利润又全部贡献出来，实在可惜。

我们之所以强调大盘崇氏四度空间图形及波浪理论，目的是看大盘做个股。不看大盘，不知道大盘的运行规律，而只是在个股上追杀，是很危险的。往往是赚点小钱而赔大钱。当然从长远来看，股市是逐步向前发展的，是金子总会发光，如果你找到了远远低于其实际价值的股票，此时在价值之下任何价格都是应该坚决买入的，像1996年的深发展、四川长虹，谁说不是金子呢？

四、波浪理论和崇氏四度空间

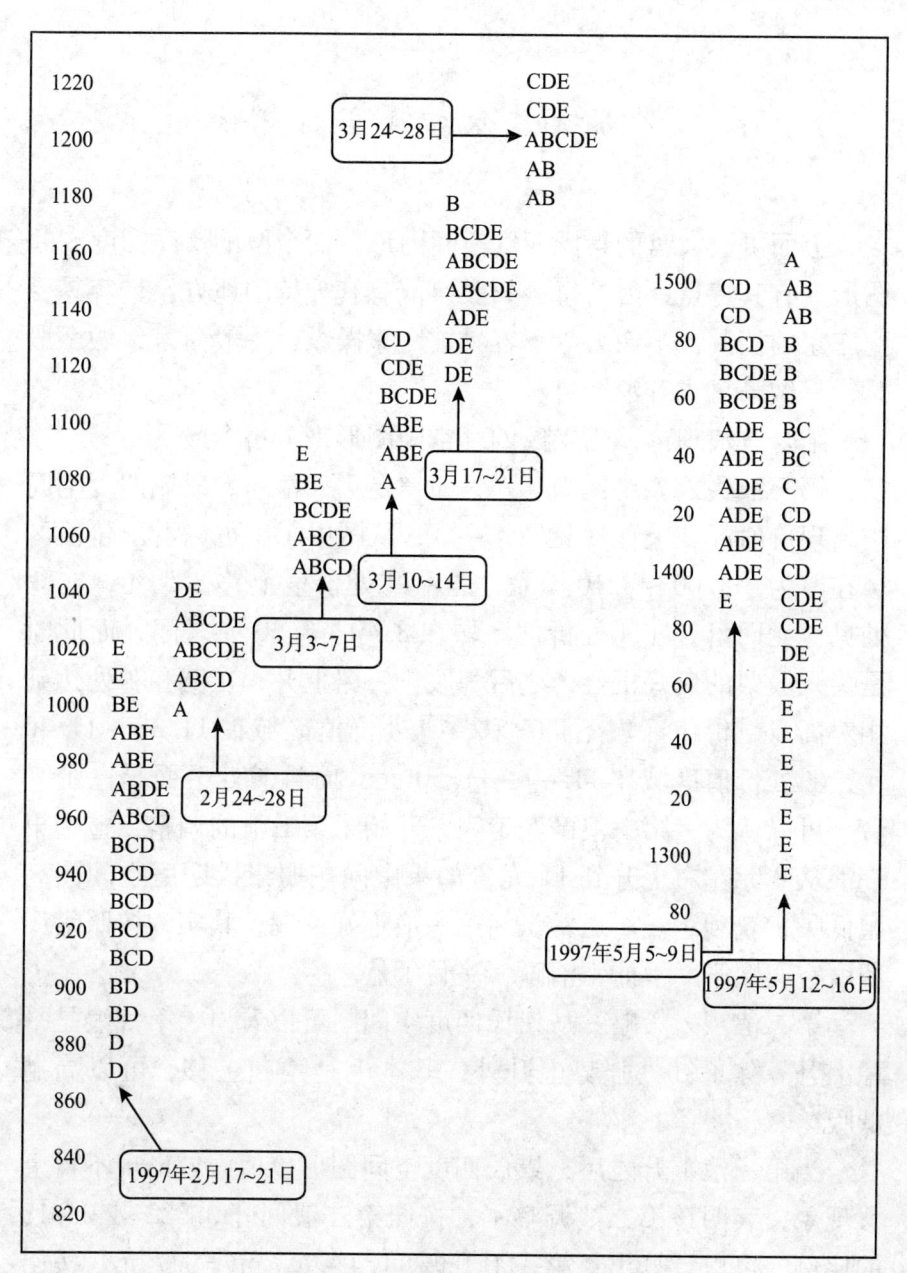

```
1220                          CDE
                              CDE
1200           ┌─3月24~28日┐→ ABCDE
                              AB
1180                   B      AB
                       BCDE
1160                   ABCDE              A
                       ABCDE       1500  CD   AB
1140                   ADE               CD   AB
               CD      DE           80   BCD  B
1120           CDE     DE                BCDE B
               BCDE                 60   BCDE B
1100           ABE                       ADE  BC
        E      ABE                  40   ADE  BC
1080    BE     A   ┌─3月17~21日┐          ADE  C
        BCDE       ↑                20   ADE  CD
1060    ABCD                             ADE  CD
        ABCD  ┌─3月10~14日┐         1400  ADE  CD
1040    DE        ↑                      E    CDE
        ABCDE                       80        CDE
1020 E  ABCDE ┌─3月3~7日┐                      DE
     E  ABCD     ↑                  60        DE
1000 BE  A                                    E
     ABE                            40        E
 980 ABE                                      E
     ABDE  ┌─2月24~28日┐             20        E
 960 ABCD       ↑                             E
     BCD                           1300       E
 940 BCD                                      E
     BCD                            80        E
 920 BCD
     BCD                      ┌─1997年5月5~9日┐
 900 BD                             ↑
     BD                                  ┌─1997年5月12~16日┐
 880 D                                         ↑
     D
 860  ↑
 840 ┌─1997年2月17~21日┐

 820
```

图 4-7 大盘处于上升浪中图形

5. 个股的崇氏四度空间图形

上面讲了大盘的崇氏四度空间图形，而个股的崇氏四度空间图形更有其特点，因为每一只股票都有其独特的地方，且容易受到庄家的控制，不像大盘不容易被庄家操纵，一般而言，做个股时，只做第三主升浪即可。

结合波浪理论，用崇氏四度空间图形来分析个股。

第一浪买入策略：当某一只股票走第一浪时，崇氏四度空间图出现价值区域上移（见图4-8），从图中①出可以看出价值区域在改为"8.00~8.10"元，图中②处价值上移8.5元，在③处见9元回落。在④处价值区域在8.40~8.30元之间，而此时是买入股票的良好机会，之后，股价一路上升，在⑨和⑩处达到相对高点，价值区域不再上移，⑨处价值区域在11.30~11.40元，⑩处价值区域在11.40~11.50元，而且⑩处上面是一个平台。可以认为，第一浪已经走完，开始了第二浪的调整，整个第一浪从8元左右上升到11元，如果中间按照崇氏四度空间图高抛低吸，获利不浅。通常认为第一浪不好掌握，其实，按照崇氏四度空间图第一浪非常清晰，一目了然。

第二浪买入策略：从崇氏四度空间图可以看出，第一浪是平稳上升。除了⑥处强势上升外，基本上是不断上移，可以高抛低吸。

当第一浪上升之后，崇氏四度空间图形价值区域出现不再上移现象，表明该第二浪调整了，按照第二浪回吐0.382或0.618的比例，可以计算出，第一浪升幅11.4-7.7元=3.7元，按回调0.382的9.99元和0.618的9.11元。

$$11.4 - 3.7 \times 0.382 = 9.99 \text{（元）}$$
$$12.4 - 3.7 \times 0.618 = 9.11 \text{（元）}$$

四、波浪理论和崇氏四度空间

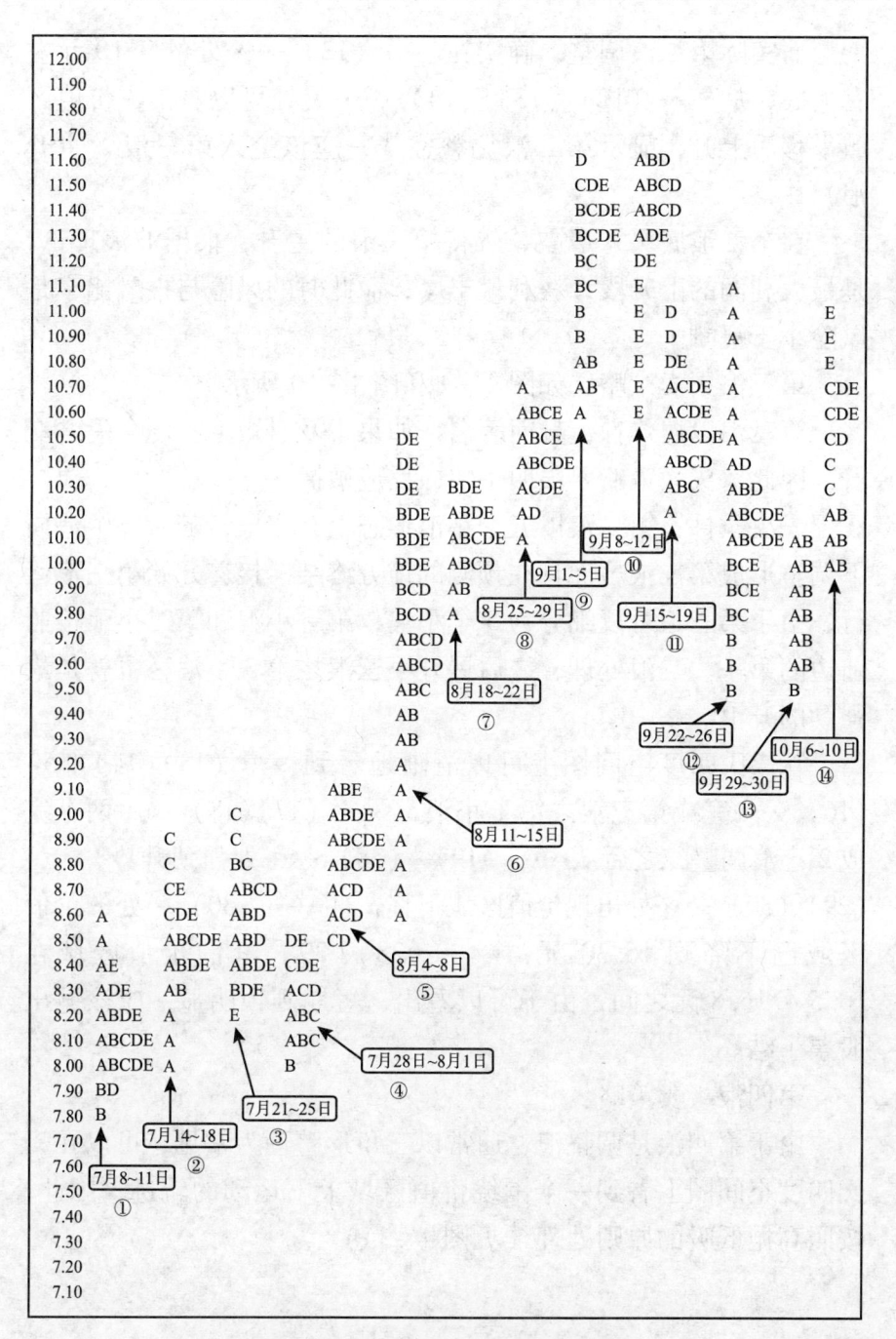

价格										
12.00										
11.90										
11.80										
11.70										
11.60						D	ABD			
11.50						CDE	ABCD			
11.40						BCDE	ABCD			
11.30						BCDE	ADE			
11.20						BC	DE			
11.10						BC	E	A		
11.00						B	E	D	A	E
10.90						B	E	D	A	E
10.80						AB	E	DE	A	E
10.70				A	AB	E	ACDE	A	CDE	
10.60				ABCE	A	E	ACDE	A	CDE	
10.50			DE	ABCE			ABCDE	A	CD	
10.40			DE	ABCDE			ABCD	AD	C	
10.30			DE	BDE	ACDE		ABC	ABD	C	
10.20			BDE	ABDE	AD		A	ABCDE	AB	
10.10			BDE	ABCDE	A	9月8~12日	ABCDE	AB	AB	
10.00			BDE	ABCD		⑩	BCE	AB	AB	
9.90			BCD	AB	9月1~5日		BCE	AB	AB	
9.80			BCD	A	8月25~29日 ⑨		BC	AB		
9.70			ABCD			9月15~19日	BC	AB		
9.60			ABCD			⑪	B	AB		
9.50			ABC	8月18~22日			B	B		
9.40			AB	⑦						
9.30			AB				9月22~26日	10月6~10日		
9.20			A				⑫	⑭		
9.10			ABE	A			9月29~30日			
9.00		C	ABDE	A	8月11~15日		⑬			
8.90		C	C	ABCDE	A	⑥				
8.80		C	BC	ABCDE	A					
8.70		CE	ABCD	ACD	A					
8.60	A	CDE	ABD	ACD						
8.50	A	ABCDE	ABD	DE	CD					
8.40	AE	ABDE	ABDE	CDE	8月4~8日					
8.30	ADE	AB	BDE	ACD	⑤					
8.20	ABDE	A	E	ABC						
8.10	ABCDE	A		ABC	7月28日~8月1日					
8.00	ABCDE	A		B	④					
7.90	BD		7月21~25日							
7.80	B	7月14~18日	③							
7.70		②								
7.60	7月8~11日									
7.50	①									
7.40										
7.30										
7.20										
7.10										

图 4-8 个股崇氏四度空间图形

而实际第二浪调整,确实在……(12)……处的 9.10 元左右见底,从……(12)(13)(14)……三处可以看出,价值区域平移后上升,显示第二浪调整完毕,应该进入第三浪(主升浪)中。

在第二浪底买入股票,等待第三浪的主升,根据波浪理论,是最大利润的上升段,获利最丰厚,而此时的风险与报酬比率是风险小于报酬。

第三浪买卖策略,如图 4-9 和图 4-10 所示。

第三浪以爆炸性上升而著名,如果不及时跟上,便会失之交臂,因此,买卖策略要眼明手快,反应敏捷。

先决条件:第一浪以五个小浪形态上升完毕,随后三个浪向下调整形成第二浪,而且在预测的地方终结,接着开始第三浪运行,由于第三浪可以细分为 5 个小浪,第一小浪和第二小浪按照前边的第一、二浪处理,之后展开第三浪之第 3 小浪,也就是最强劲的升浪。

从崇氏四度空间图上可以清晰地看到……(13)(14)(15)(16)……完成第三浪之第 1 小浪,……(17)(18)……两个完成 2 小浪调整,之后从……(19)~(28)……处强劲升势。……(29)、(30)……处出现价值区域下移,且……(30)…处的价值区域已下降到 16.30 元,……(28)(29)处的价值区域在 16.5~16.8 元之间,由于可以看出,短期到顶明显,应该抛出股票了结。

第四浪买卖策略:

由于第四浪是调整浪,通常以三角形整理为常见,可以在崇氏四度空间图上看到一个围绕价值区域上下运动的轨迹,因此,按照高抛低吸的原则处理(见图 4-11)。

四、波浪理论和崇氏四度空间　　　　　　　　　　　　　　　　　　　　　·87·

价位									
16.00									
15.90								CDE	
15.80								CDE	B
15.70								CDE	AB
15.60								CDE	AB
15.50								CDE	AB
15.40								BCE	AB
15.30								BCE	AB
15.20								BCE	ABE
15.10								BC	ABE
15.00								BC	ABE
14.90							㉕	BC	ACE
14.80								B	CDE
14.70							CD	B	CDE
14.60							CD	B	CD
14.50							CD	B	CD
14.40							CD	B	CD
14.30							CD	A	C
14.20							㉔	A	C
14.10							BCDE	A	C
14.00							ABCDE	A	C
13.90						E	ABCDE		C
13.80						E	AB	㉖	C
13.70						E	A		C
13.60						DE			
13.50						DE			㉗
13.40						D			
13.30					㉓	D			
13.20					C				
13.10					CD	BC			
13.00					CDE	BC			
12.90			⑲		CDE	BC			
12.80				⑳	CDE	BC			
12.70			E	A		ACDE	AB		
12.60			E	AB	E	ACDE	AB		
12.50			E	AB	DE	ABCE	AB		
12.40			E	AB	DE	ABC	AB		
12.30			E	ABC	DE	B	A		
12.20			DE	ABCD	CDE				
12.10			DE	ABCD	CD				
12.00			CDE	CDE	C	㉑			
11.90			ABCD	E	C				
11.80		⑯	ABCD	E	BC				
11.70			ABCD	E	CE	E			
11.60		D	ABCD	E	ACDE	CE	ABC		
11.50		D	AB	ABCDE	AB				
11.40		CD	⑰	⑱	AB	ABCD	AB		
11.30		CDE	AB	DE	A	B	AB		
11.20	⑮	CDE	AB	CDE			B		
11.10		ABCDE	AB	ACDE					
11.00	AE	ABCDE	AB	ABCDE					
10.90	ACDE	ABCE	ABCD	ABCDE					
10.80	ACDE	ABCE	ABCDE	A					
10.70	ABC		ABCDE						
10.60	AB		BCDE						
10.50	AB		BCDE		11月03~07日				
10.40	AB	10月20~24日	CDE						
10.30	B								
10.20									
10.10			10月27~31日						
10.00	10月13~17日								

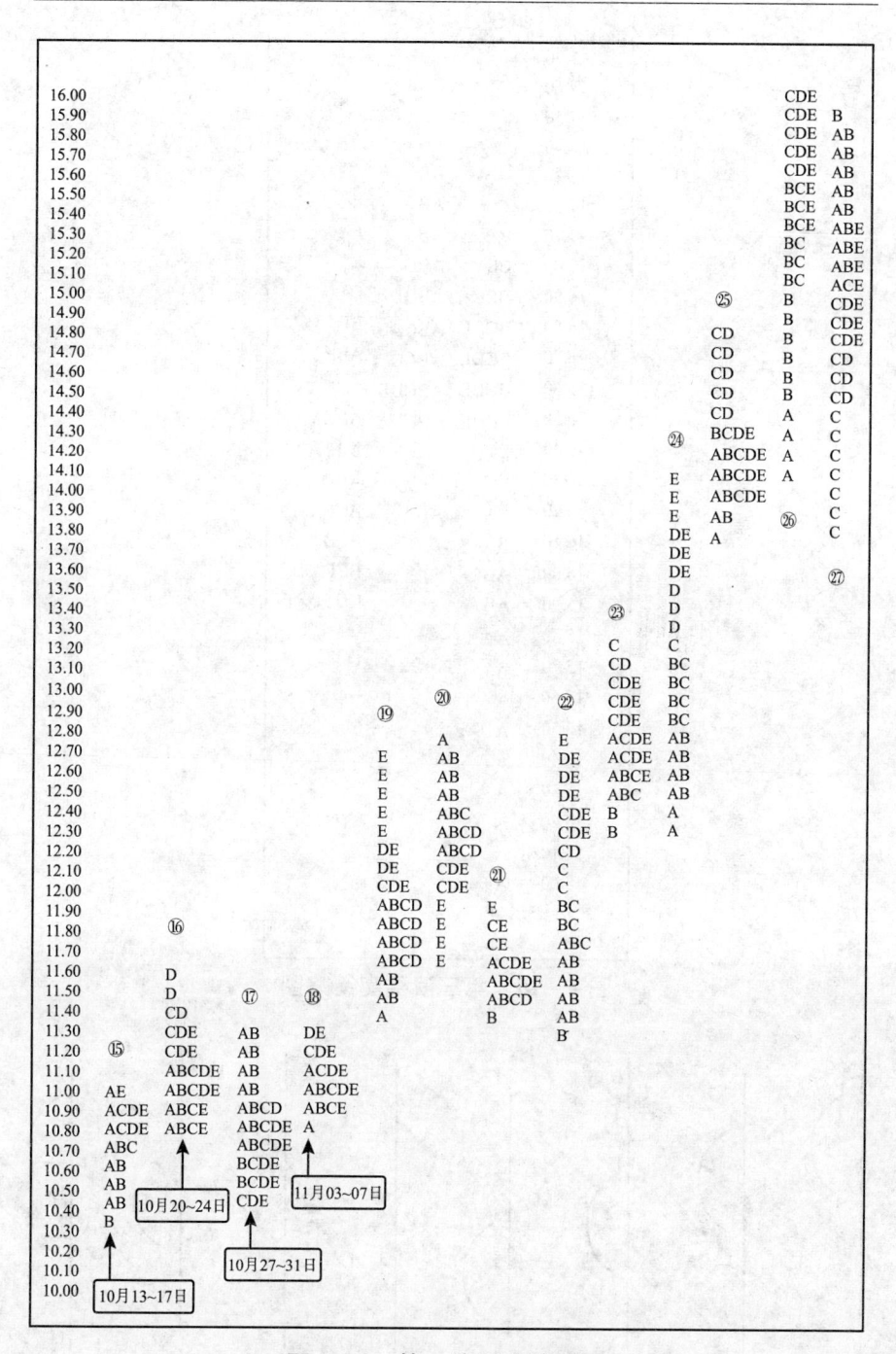

图 4-9　第三浪买卖策略图

17.70			
17.60			
17.50			
17.40		AB	
17.30		AB	
17.20		AB	E
17.10	E	AB	E
17.00	CE	ABD	E
16.90	BCE	ABDE	E
16.80	BCDE	ABCDE	BE
16.70	BCDE	ABCDE	ABE
16.60	BCDE	ABCDE	ABE
16.50	BCDE	ABCE	ABE
16.40	BCDE	ABCE	ABE
16.30	BC	ABE	ABDE
16.20	BC	AB	BCD
16.10	B	A	BCD
16.00	AB		BCD
15.90	AB		CD
15.80	A	㉙	C
15.70	A		C
15.60	A		C
15.50	A		
15.40	A		㉚
15.30	A		
15.20	A		
15.10	A		
15.00	A		

㉘

图 4-10　第三浪买卖策略图

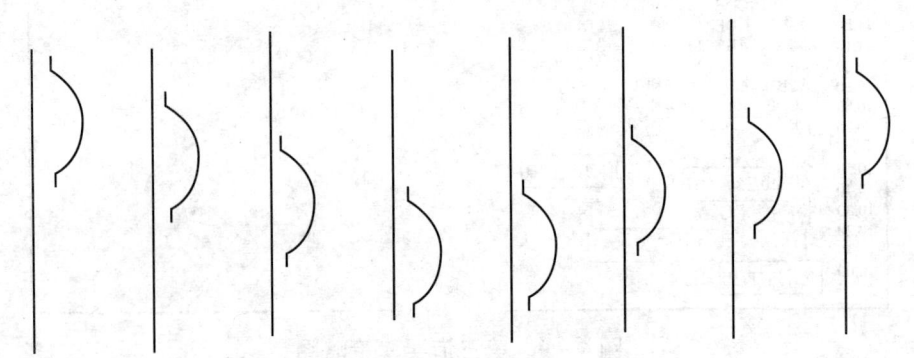

图 4-11　第四浪调整示意图

根据波浪理论，第四浪通常在第三浪内的第④小浪底部完成调整，再结合崇氏四度空间图形，可以较准确把握高抛低吸。

第五浪买卖策略：

根据波浪理论，第五浪可以有两种走势，一个是第三浪走出单边上扬的波度达到第一浪升幅的 1.618 倍以上，而此时第五浪倾向于和第一浪等长，因此，参照第一浪的崇氏四度空间图处理。第二个是第三浪如果没有走出爆炸性的浪性，而只比第一浪略长，而此时第五浪极有可能走出较强的延伸浪，此时可以参照第三浪的崇氏四度空间图来处理。因此，第五浪的崇氏四度空间图形略去。

值得注意的是：当第五浪走完，崇氏四度空间图形出现见顶信号，价值区域下移时，必须卖出全部股票，而且无论你手中持有的股票是盈利，还是亏损，是绩优股还是题材股，这是必须坚决执行的铁律。

B 浪的买卖策略：调整浪中 A 浪与 C 浪从理论上应该坚决观望，实际上也应该持币等待。B 浪的反弹，可以整体上看，个股的 B 浪反弹，可以参照第一浪的崇氏四度空间图来处理。

以上讲的是个股的崇氏四度空间图形及买卖策略。原则上，在确定大盘的波浪是属于第一、第三、第五、B 浪时，可大胆地做个股的高抛低吸。而且，在大盘的第一、三、五升浪中，每一浪均有强势板块及个股，可以做三个板块及个股。因为大盘每一升浪中，例如第一浪，个股很可能就走完个股的 1、3、5 浪的全部升幅。事实上，也确实如此。

6. 崇氏四度空间图形运用的总结

从以上分析可以得出结论，结合波浪理论，可以很容易地解决崇氏四度空间图形的价值上下延伸问题，这比单纯地在崇氏四度空间图形上找出长线买卖家，利用该办法解决多空双方力量的判断来得准确和方便。

具体运用上需注意几个问题：

（1）在上升过程中，前一个崇氏四度空间图的价值区域一般情况下是下一个崇氏四度空间回挡的支持位置，如图4－12所示。

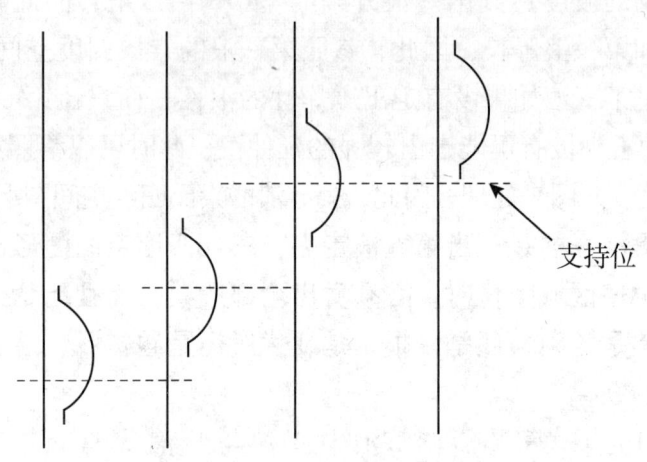

图 4－12　支持位图形

（2）在下降过程中，前一个崇氏四度空间的价值区域一般情况下是下一个回调的阻力位置，如图4－13所示。

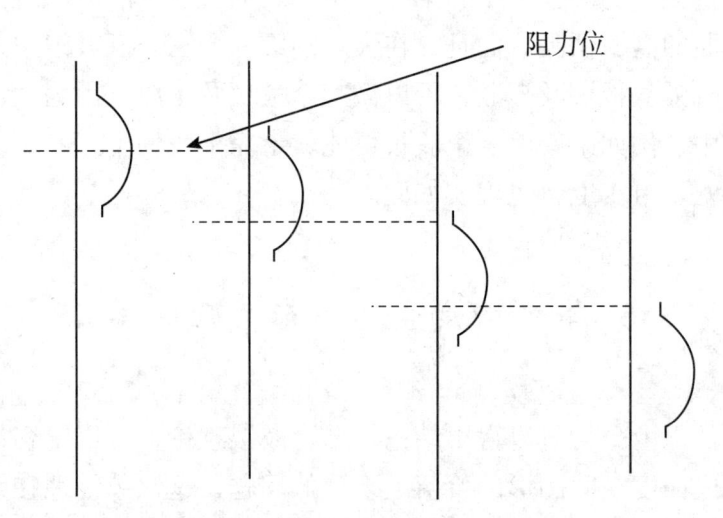

图 4－13　阻力位图形

（3）在下降调整到位反弹过程中，在前面下降过程中形成的价值区域是上升的阻力位置，如图 4-14 所示。

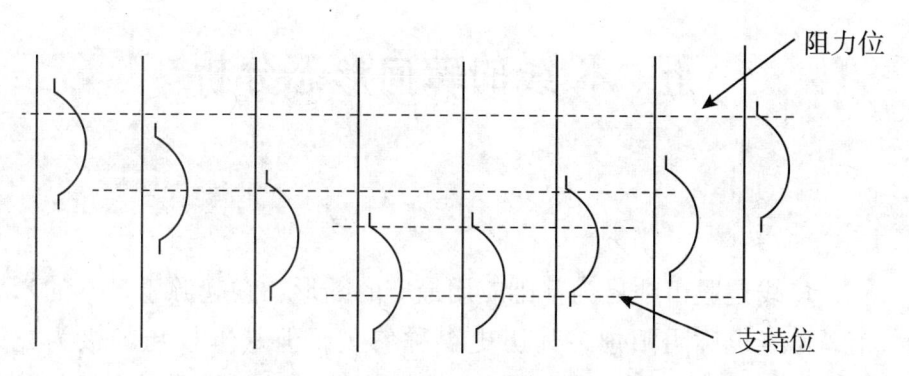

图 4-14　阻力位与支持位的关系图

（4）在用波浪理论预测出相应点位时，当崇氏四度空间在相应点位出现价值区域平移时，也就是达到统一时，按照计划来买卖；当崇氏四度空间出现价值区域平移时，而并未达到预测的点位时，应以崇氏四度空间图形为准。执行到顶或到底的买卖策略。因为预测是主观的东西，崇氏四度空间图形给出的信号是客观的反映。因此，绝不能主观，而必须按照崇氏四度空间给出的信号执行。

（5）崇氏四度空间是市场自身发出的信号，是参与股票市场所有投资人（包括机构、大户、散户）共同行为的真实反映，是所有影响股市信息的综合反映。因此它不存在其他技术分析存在的死角和盲区，这也正是崇氏四度空间图形被广大投资者喜爱和使用的真正原因。"一旦拥有，别无所求"。

五、K线的转向形态分析

K线是股市中最为基础应用最广的图形，它起源于日本的米市，K线也称阴阳烛，其历史堪称悠久，但基本技巧却极为先进，比起西方柱状图分析，有过之而无不及，K线同时记录每日的开盘、收盘、最高、最低的价位在内，比西方的价位图多出开市的价位资料。

K线是最古老的分析技巧；崇氏四度空间是最新的技术走势分析。两者之间，却有雷同之处，第一，崇氏四度空间讲究何人、何事、何时、何价四个分析重点，分析的方法是将每日开市时间及交易价位，分成30分钟为一小节，去观察价位的变动，因此，崇氏四度空间的图表实际上记录了每日不同时间内，价位的变动情况，自然包括开盘、收盘、最高、最低的价位在内。

比崇氏四度空间早200多年面世的K线，也同时包含了开盘、收盘、最高、最低的价位在内，而且，以其独到之处的绘图方法给人以清晰明了的感觉。

实际上，K线图表，同时显示出开盘、收盘及最高、最低价位之间的关系，与崇氏四度空间有相似处，但画图方面远较崇氏四度空间简便，每日收市后，根据市场资料（广播、报纸）便可以手工画图，不要依赖先进的电脑，就可以独自进行，没有电脑的广大投资者来说，实在是太方便了（遗憾的是许多个人投资者，尤其是中小散户，却热衷于听消息，听股评，而不愿自己动手实际画图，结果是对股市始终不明白，如入云里雾里，不得其要领，投资结果可想而知）。

为了便于理解崇氏四度空间分析，本章只讲 K 线的转向形态。

1. 星 的 形 态

星的形态分为早晨之星，黄昏之星、十字星、射击之星。

（1）早晨之星。不论是什么流派的图表分析，主要作用有两个：第一，观察投资者情况的变化；第二，了解市场资金的流向。

K 线的图表，除了趋势及形态分析之外，对于有显著预示作用的图形，可以定下恰如其分的专有名称。

图 5-1 是早晨之星，在大势下降过程中，出现在底部，预示大势将会反转。

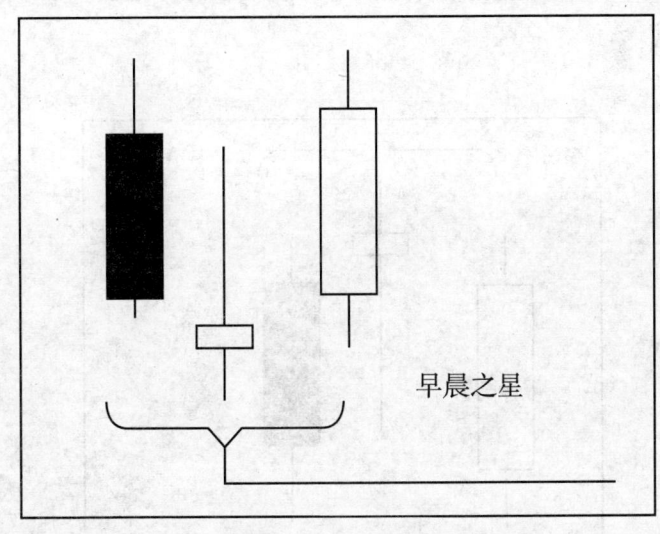

图 5-1　早晨之星

早晨之星是由三个交易日的 K 线图组成，三个 K 线的次序如下：

第一日，在下跌市势中，出现一根实体修长的阴 K 线。

第二日，跳空下跌 K 线长度实体缩短，形成星的主体部分，上影线较长，可以是阴 K 线也可以是阳 K 线。

第三日，出现一个阳 K 线，回升至第一个 K 线范围之内。

上述三个 K 线图的组合，代表市势可能见底回升。

（2）黄昏之星。夕阳无限好，只是近黄昏。

黄昏之星出现之后，太阳便会落山，因此黄昏之星的图形，代表市势可能见顶回落，黄昏之星的图形正好与早晨之星相反。

见图 5-2 第一日，市势继续上升，并且出现一个实体较长的阳 K 线。第二日，K 线实体缩短，可以形成阳线或阴线，构成星的部分，上下影线较长。第三日，出现阴 K 线，而且下跌至第一根 K 线的区域之内，此种见顶三部曲，称为黄昏之星。如果套用崇氏四度空间的分析方法，亦有类似的见顶回落三部分，分别为：波动幅度逐渐缩小；先出现被动性卖盘；再出现主动性卖盘。

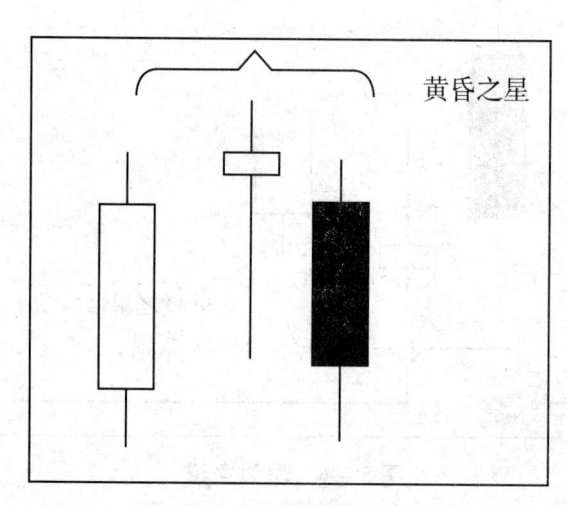

图 5-2　黄昏之星

（3）十字星。早晨之星和黄昏之星，都可能成为大盘转向的讯号，如果同时出现十字星，则所发出的转向讯号，准确性会大大提高（见图5-3）。

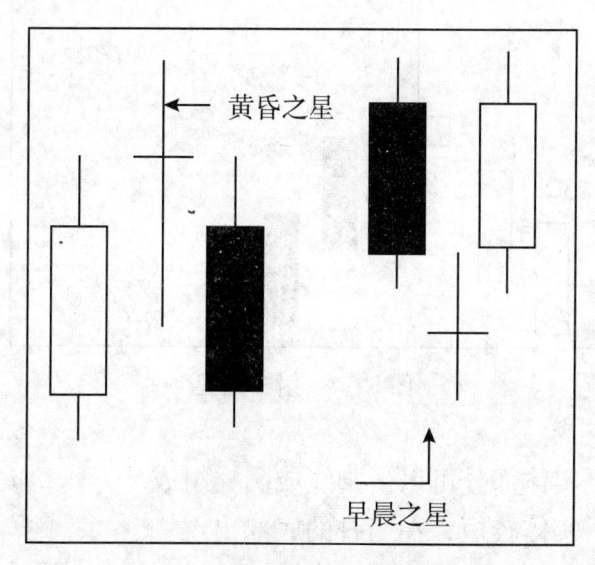

图5-3 十字星

第一，第一个K线与星的部分出现跳空缺口，而星的K线与第三个K线，也出现跳空缺口，指的是K线实体的缺口，如考虑影线，则是关闭缺口。

第二，第三个K线的收市价格，深入第一个K线的实体部分（见图5-3）。

顾名思义，十字星的本身呈现十字架的形状，在于开盘价和收盘价处于同一个价位（或相差很小）。因此，实体由一条横线代表，再加上波动幅度，便成为一个十字星。此图形分析单独一个十字星，已经有转向的意味，加上前后的K线，使转向的可靠性提高。

（4）射击之星。第四种星称为射击之星，射击这个动作，可以联想用弓箭的情形，图5-4是射击之星示意图，单独一颗射击之星，只是发生大盘可能见顶的信号，可靠性远远低于"黄昏之星"，而结合前后 K 线，则可信度就可提高。

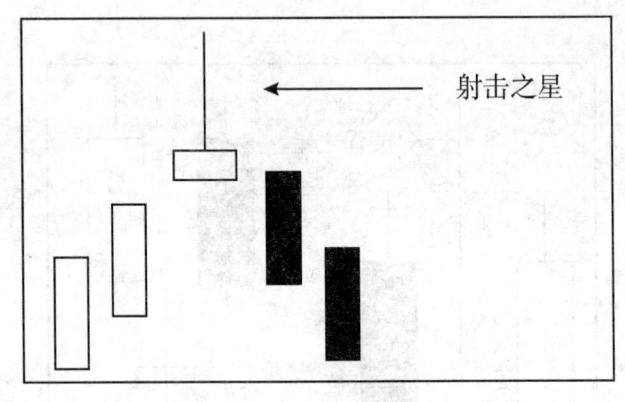

图 5-4 射击之星

第一，实体部分可以由阳线或阴线组成。
第二，实体较短，在当日的底部出现。
第三，实体上面，出现一支箭，构成射箭的动作。
第四，市势发展的情形，实际上以低价开盘，向上急升，然后回落至开盘价左右收盘。

综合而言，射击之星表示市势已经失去上升的持久力，因此随时可能见顶回落。

2. 锤头与吊颈

本节介绍的转向形态，称为锤头，或者吊颈，两者的图形完全一样。

锤头代表市势可能见底回升，而吊颈属于见顶的讯号在底部预示后市向好，在顶部预示后市向淡。锤头与吊颈的图形有三点值得注意（见图 5-5）。

五、K线的转向形态分析

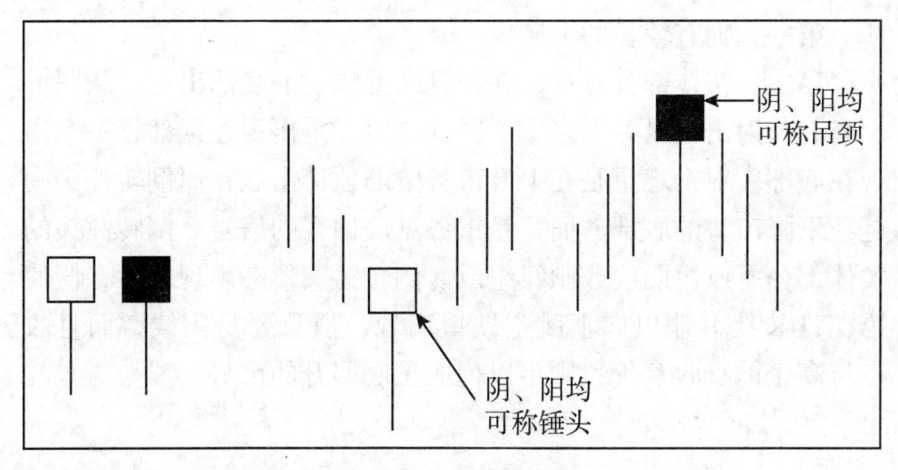

图 5-5 锤头与吊颈

第一，实体部分，在当日高低幅度的顶部出现，可以由阴线或阳线组成。

第二，下影线长度，最少是实体部分的两倍或两倍以上。

第三，上影线可有可无。如有必须十分短，如无上影线图形更加正规。

还有一种介于射击之星与锤头两者之间的形态，称为倒转锤头，属于见底回升的转向形态（见图 5-6）。

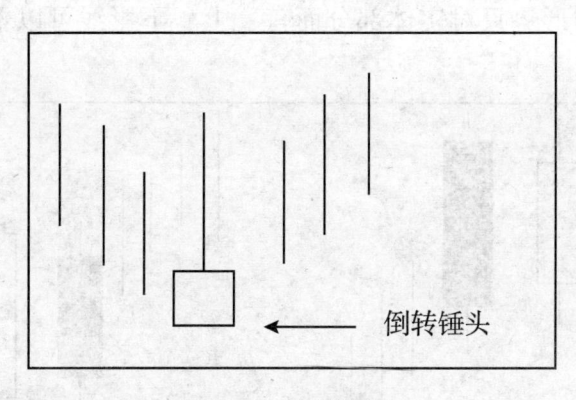

图 5-6 倒转锤头

从图 5-6 中分析有两个特点：

第一，拥有较长的上影线。

第二，实体部分较小，在当日高低幅度的底部出现。从图形上来看与射击之星差不多，不同的是，一个出现在顶部，一个出现在底部。射击之星是在上升市势中的顶部出现；而倒转锤头则是在下降市势的底部露面，是市势见底回升的信号。倒转锤头的实体部分可以由阴线或阳线组成。倒转锤头形态出现之后，假使第二日 K 线并非以向上跳空缺口出现，但只要是阳线，而且收盘价高于前日收盘价，则足以构成见底回升的市势。

3. 穿头破脚

这一节介绍的转向形态，由两个 K 线组成，名为穿头破脚。构成穿头破脚的形态必须有下面几个条件：

第一，事先有明显的上升，或下降的趋势，短期的升/跌市势也可以接受。

第二，第二个 K 线的实体部分长度必须足以包含第一个 K 线的实体。详见图 5-7。形成穿头破脚的形态。值得注意的是，穿头破脚的形势只对实体部分而言，上、下影线可以不理。

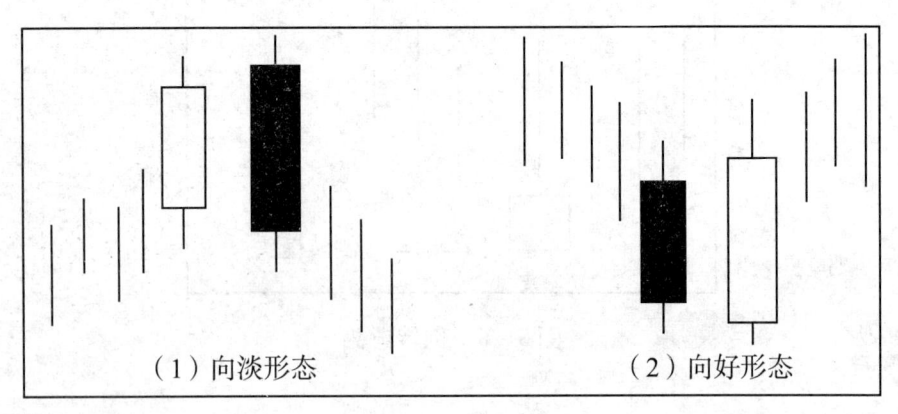

(1) 向淡形态　　　　　　　　(2) 向好形态

图 5-7　穿头破脚

第三，上升市势当中，第一个阳 K 线之后必须出现一个较长的阴 K 线，合并而成穿头破脚的形态。

第四，下跌市势当中，第一个阴 K 线之后必须出现一个较长的阳 K 线，构成市势较好的穿头破脚形态。

假如穿头破脚的形态之内，第二个 K 线的实体长度远大于第一个 K 线实体且成交量愈多，转向机会愈大。

4. 乌云盖顶与曙光初现

乌云盖顶，顾名思义，属于一种见顶回落的形态。曙光初现，属于一种见底回升的转向形态。

乌云盖顶的见顶形态，由两个 K 线组成。第一个 K 线属于强劲的阳 K 线，第二个 K 线开盘价比前一日的高价高，但收盘价却在当日波动幅度底部，而且深入第一个 K 线实体区域之内（见图 5-8）。

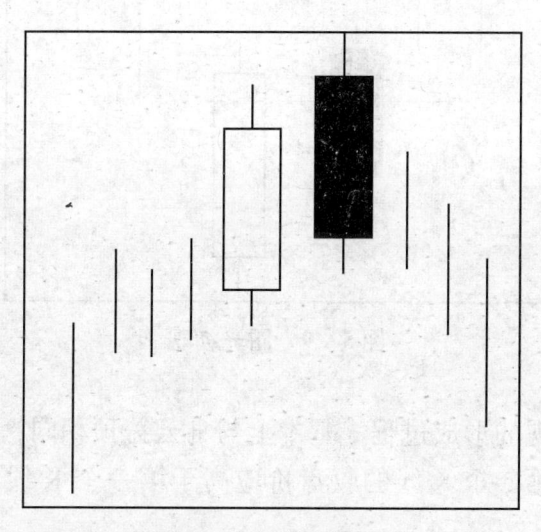

图 5-8　乌云盖顶

值得注意的有以下几点：

第一，第二个 K 线收盘价愈低，且在前一个 K 线实体的一半以下，则见顶回落的趋势愈明显。

第二，假如第二个 K 线在开市阶段，超越明显的阻力区域随后回头下跌，构成乌云盖顶的形态，表示多头已经不能控制大局，大市见顶回落的机会自然增加。

第三，第二个 K 线开市初段的成交量如果愈大，表示抛盘压力增加，这也是一个重要的转势信号。市势转向的机会也就愈大。

乌云盖顶和曙光初现的区别在于出现在不同的部位。例如前面所述，同样一个图形，在顶部出现，称为吊颈。而在底部出现，则叫锤头。射击之星反映市势可能见顶回落，同样一个图形，在底部出现，则构成倒转锤头的转向形态。上述图形，假如在底部出现，则称为曙光初现，表示市势可能见底回升（见图5-9）。

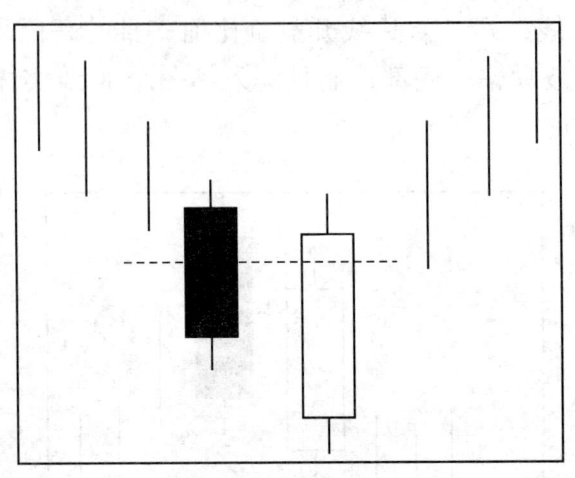

图 5-9 曙光初现

曙光初现的形成过程，基本上与乌云盖顶相同，但以相反的方向处理。第二个 K 线的收盘价应高于第一个 K 线实体部分的一半以上。

曙光初现的图形，足以构成转向形态，其一为第一个 K 线仍然向下，其二为第二个 K 线以向下跳空缺口开盘，之后出现强力反弹，填补缺口之后，继续上升超过上日的开盘价，深入阴线 K 线的实体一半以上，多头反击成功，市势返身向上。

5. 身怀六甲与十字胎

在 K 线图理论上，讲转向的形态，总共有 13 种，如果依照可靠性的高低排列次序，头七名分别为：

（1）早晨之星/黄昏之星；
（2）穿头破脚；
（3）十字星；
（4）射击之星；
（5）十字胎；
（6）乌云盖顶；
（7）曙光初现。

值得注意的地方有两个：第一，星形状态分别上居第一、第三及第四位置，可靠性极高；第二，上述七种形态，大部分已经介绍，唯一未露面的是十字胎的转向形态。十字胎，在日文的意思是怀孕。

事实上，"身怀六甲"本身已是转向形态之一，可以在顶部或底部出现，形成过程请参阅图 5-10。

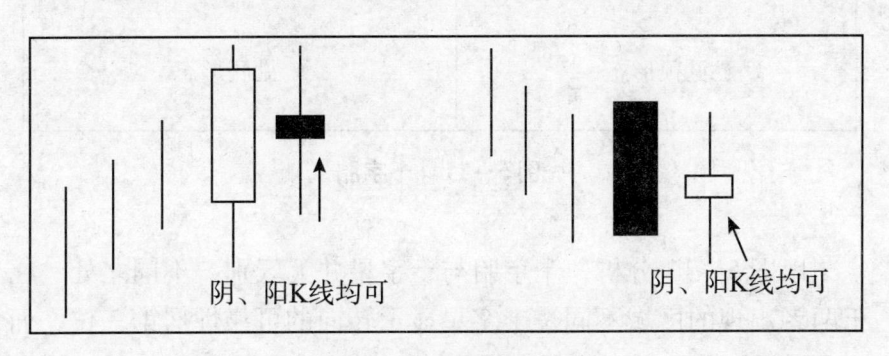

图 5-10　身怀六甲

举例说明：在上升市势当中，出现一个实体较长的阳 K 线之后，突然出现一个实体非常短小的 K 线，无论是阳 K 线还是阴 K 线，便构成身怀六甲的图形。表示上升力度转弱，市势有见顶回落的可能。

上面介绍的"身怀六甲"转向形态，可以由阴 K 线或阳 K 线构成，但通常是在见顶的身怀六甲形态，多数是出现一个阴 K 线。相反地，见底回升的形态，大部分时间由阳 K 线组成。

出现身怀六甲的形态，是代表原先的上升/下跌趋势会暂时停顿，或许可能成为大市转向的信号，也就是说，单独一个身怀六甲的形态，意义并不重大。

十字胎基本上是身怀六甲的其中一种形态，其实体部分，由于开盘价与收盘价处于同一水平，因此，只出现一条横 K 线，形成一个十字的形态（见图 5-11）。

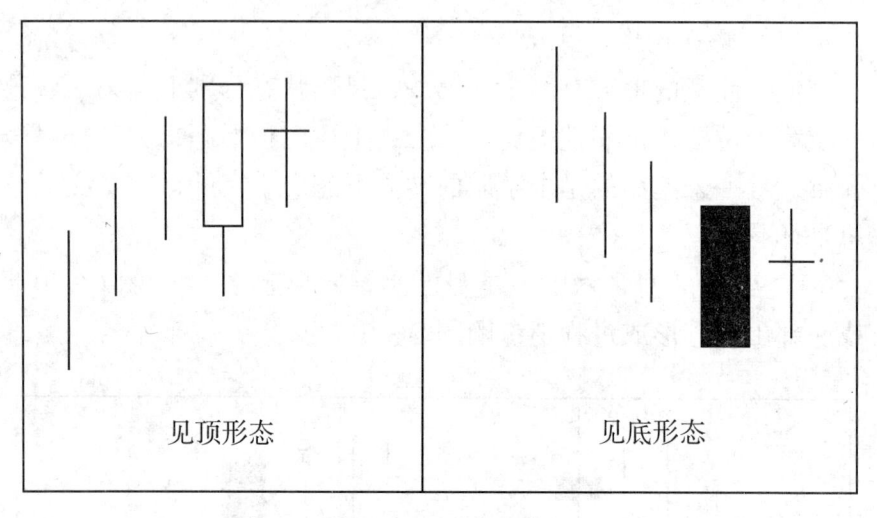

图 5-11 十字胎

以图 5-11 分析，十字胎与十字星并无区别，不同之处，在于两者出现的区域不同。十字星显示转向的可靠性居第三位，而十字胎的可靠程度处于第五位置。

事实上，无论在上升或下跌市势中，出现较长的实体的 K 线之后，突然出现十字胎，表示大市向上/向下的动力已经逐渐消失。大市在这段时间出现转向的机会，自然高于一切，此点与崇氏四度空间的分析方法相比，道理其实大同小异。

以上介绍了 K 线转向的几种情况，当然，从图形上看，还可以举出平顶、塔形顶、三顶等形态，从崇氏四度空间图形上可以看到，当价位区域不再上移，而出现平移时，结合 K 线形态，足以判断出到顶或到底。

至于其他 K 线的形态，就不再介绍了，结合崇氏四度空间的形态去具体操作就可以了。

六、投资的理念和策略

许多股市的投资者，虽然入了市，但却没有一个适合自己的策略，也没有一个正确的投资理念和持之以恒的追求。很多人都想要赚钱，但不知道如何去赚，也不知道自己的目标。

股市是一个风险较高的市场，许多投资者对股市一知半解，甚至于连股市的基本知识都知之甚少，就贸然闯入股市，如果入市时正好赶上上升浪，赚了点钱就忘乎所以了，以为赚钱如此容易，许多1996年初及年中入市的投资者都赚了钱，但到了12月份市场过热，必然回调，股市回落，结果是前面赚了，后面赔了，甚至赔了本钱。而入市时机不对，刚一入市就被套，心态一乱，结果割了套，套了割。其实，股市作为国家改革开放的新兴市场，自然有它的规律，一个健康发展的股市是中国改革所必需的。

从长远来看，投资股市，既可支援国家建设，又使资本升值，是一件利国利民的好事，历史是不断前进的，中国股市也会越走越好，对此，是不容置疑的。

但是，既然是市场，就有市场的规律，我们投资者就应该努力掌握市场规律，在市场中不断学习，从游泳中学会游泳，不亲身参与这个市场就无法掌握它的规律。

下面讲讲参与这个市场所应具备的一些理念和投资策略。

1. 投资第一原则：理性投资原则

我们大家都知道，支持股价的最终基础是上市公司的盈利情况，一个盈利几分钱的股票是不会涨到几十元钱的。当然，由于某些庄家炒作，短时间内可能使股价炒高，但绝不可能持久。所以，理性地分析上市公司的经营状况，找出低于价值的股票（如果能够找出远远低于价值的股票更好）。长期持有必有收获。

有一位投资者曾发表一文"投资三大原则"，第一，发掘潜在优良的股票，加以长期持有；第二，不断充实自己，绝不让报纸杂志或者其他专家影响自己的决策；第三，不要过分贪心，一定要以自有资金操作。

这三个原则，看起来简单，要做到确是非常难，就是因为即使找到潜力很大的股票，也无法拿住，往往是赚点小钱走人。理性的投资者，长期持有某一家产业前景良好的股票，在上市公司董事会以及经营者苦心创造的利润下，一定会有良好的回报，深发展从几元涨到40多元就是例子。

2. 投资第二原则：自有资金原则（不能借贷）

利用家庭闲置的资金，从事股票投资，是个最重要的前提。投资股票，属于一种"理财"的行为，如果把股票投资看做饭碗，靠它生存，并不是不可能，但是投资者必须有一套自己的操作方法及理念，而且心理承受能力非凡，否则，万一行情判断错误时，就会乱了阵脚，进退两难陷入绝境。

而利用闲置资金，其输赢之心可以不至于太重，也不必整天买入卖出，而且经验和统计可以证明，相对的中长期投资，其获利往往高于短线的进出者。

这里需要说明一点，不能借贷，利用自有资金从事投资，心理压力相对较小，如果借钱投入股市，万一债权人索回资金，便须冒赔本卖出的风险。

3. 投资第三原则：资金的管理与运作

一个成功的投资者，必须有一套适合自己的分析方法，如果你是一个长线投资者，你所使用的技术分析方法就必须是长线技术指标。反之，如果你是一个中、短线投资者，就应该使用中、短线的技术指标，而不能使用长线技术指标。许多投资者往往是做短线而使用中线技术指标，结果可想而知，肯定是失误较多，除此之外，更重要的是要有一套适合自己的投资理念的资金管理与运作的策略和方法。

资金管理与运作的策略与方法，简单易学，真正做起来却很不容易，原因就是牵扯到个人的心态问题。比如人类心理上的弱点——"贪"和"怕"，而贪和怕是许多技术高手失败的原因。至于一般投资者，其心理素质不是贪就是怕，因此，克服人类心理上的弱点，是每一个立志成功的投资者不能不面对的难题。

资金管理与运作要根据市场上波浪的变化，确定具体的策略。

（1）资金的运作。资金的运作要根据大钱分散小钱集中的原则来处理，例如以 100 万元为例，则可分为三部分，30 万元用于投资绩优股票，30 万元用于备用，剩下的 40 万元可再分为两部分，一部分追逐热门股票，一部分挖掘潜在的有真正价值且被低估的股票。这样，当走势如期运行时，30 万元可追加投资，做到进可攻，退可守。当然，具体的资金配备，应根据个人的不同而改变。100 万元资金，最多投入在 2~3 只股票，适当分散而不是极度分散。

如果只有数十万或数万，则只能相对集中在 1~2 只股票中运作。常常看到有些投资者用资金 10 万元，买入十几种股票，每只股票只有几百股，自己都不清楚哪个股票在涨，哪个股票在跌。

在波浪理论运作中，当 2、4 浪时最好休息观察，资金即使运作，也应该是使用资金总量的 1/2~1/3，切忌满仓操作。在 A 浪、C 浪中则应该坚决空仓观望，也就是说，在五浪走完后，应该全部抛出股票。此时，在大盘五浪顶部，不管你手中持有的股票是赢是赔都应该坚决出场，等待下轮。往往一些投资者该卖不卖，主观上存在幻想，结果向下调整，把手中既得利润又付之东流。

（2）资金的管理。在资金的运作中，对于每一套资金（或一只股票）所承担的损失程度，必须加以确定，以使风险的可能性降到最低，也就是说，一旦看错行情，必须止损，在 8%~10% 的范围内，必须斩仓出局，切忌一错再错，深度套牢。因为在损失了 15% 之后，必须有 17.65% 的投资收益，才能获得成本的平衡，损失了 30% 以后，必须有 42.9% 的收益才能平衡。而损失了 50% 以后，必须要有 100% 的收益，才能收回损失，如表 6-1 所示。

表 6-1　　　　　资金损失与获利平衡点的比较

原始资金损失（%）	获利平衡点（%）
5	5.3
10	11.1
15	17.6
20	25.0
25	33.3
30	42.9

续表

原始资金损失（%）	获利平衡点（%）
35	53.8
40	66.7
45	81.8
50	100.0
60	150.0
70	233.0
80	400.0
90	900.0

当然，如果顺风顺水，看对行情，则切忌"贪"，而一旦赢利资金到位时，必须考虑将资金重新分配，或者分批离场，以防到手的利润又由于不慎而回归市场。一些投资者在进入股票市场后，本有赢利，但不知进退，结果又将辛辛苦苦赚到的钱又吐出去，实在可惜。

4. 顺势操作理念

"顺势操作"，所有入市的投资者均都知道，但是这个"势"如何顺，却是困扰投资者的一个难题。

客观看待大盘，客观地看待个股，实在是一个很难做到的事情，但又必须做到，许多投资者掌握了一些分析方法，而又拘泥于主观意识，结果使自己的投资成果大打折扣。客观，就是一旦不合乎原先预测或出现异常，必须顺势而为，按市场方向顺势去做。对于个股，更是不能主观，尤其是听传闻，听信小道消息，结果上当受骗。

从波浪理论来看，顺流5个浪（上升），极具规律，但由于级别不同，掌握不精，也是时有迷茫，因此如何顺势，实在是必须注意的问题。

既然要投资股市，必须要掌握波浪理论，起码要对大盘要涨到多高有初步的判断能力，否则连100点都不敢期望时，更表示自己对大势有着回挡的恐惧，既有此恐惧，又何必入市操作呢？因此根据规律，一旦探底成功，调整浪结束，就应该根据大盘的趋向，进行正确的操作，把握节奏，利用崇氏四度空间理论高抛低吸，到了相对高点，崇氏四度空间图形给出到顶信号，清仓持币观望，以待下回。因为中国股市只能单向做多，没有做"空"机制。

1998年12月，当上海大盘涨到1258点时，各种指标均出现过热现象，加上当时国家不断推出股市降温措施，就应该清仓离场，等待下一次机会。结果大多数人盲目乐观，使得已经到手的利润又付之东流，而回挡到了855点以后，再次探底871点时，大盘返身向上，又应该顺势而为，一路执股，结果大盘走到1510点，出现到顶迹象，周K线的5周RSI到了90以上，已经超买过度了，又该急流勇退。正所谓：顺大势者挣大钱。逆势操作，如逆水行舟，成功率较低。

顺势之下，有时追买高价都有可能赚钱，书中的理论，都说技术指标在30以下买进信号较为正确，但实际的验证结果却是，只要大势向上，几乎所有买入信号都正确，管它过热不过热，而此时的卖出信号几乎都会出差错。针对某些个股超强的特例，技术指标可以在过热的情况下继续飙涨数倍的行情。此时，崇氏四度空间图形价值区域的不断上扬，是重要的研判关键，在这种情况下，连续出现多头的背离都是可以接受的。

相反，当大势下跌时，技术指标可以超卖再超卖，不要轻易言底，此时，底背离多次出现也是实际情况。

总之，顺势操作乃不变的真理，客观地看待大盘，客观地看待个股，这是投资者需不断修炼的心理过程。

5. 投资股市三段论——买、卖、歇（空仓）

　　许多投资者一旦入了股市，就像一个上足了发条的闹钟，一刻不停地买卖，顺市买卖赚了钱，逆市仍然买卖，结果赔了钱。几年下来，细一算账，多有亏损。原因何在呢？就是不懂休息，中国股市没有做空机制，只能高抛低吸，高抛才能赚钱，而股市涨跌之间是有一定规律的，不可能老是涨，天有阴晴，月有圆缺，人有悲欢离合，要在高点抛出，休息一下，耐心等待低点出现，再入场不迟。许多投资者不考虑股市的规律，本来已经在高点抛出，而不等相对低点站稳就抢反弹，结果屡买屡套。有的投资者手中不管什么时候都得有股票，且爱满仓操作，要是没有股票空仓，心中难受睡不着觉，非得买点股票被套心理才踏实，这实在是一种误区。如图6-1当球从空中下落时，受到地面的支撑反弹，其反弹幅度愈来愈低，最后落到地面上时才是投资者进场买便宜货的时机。而股市不像球落地，支撑是相对的，如图6-2所示，股价一底比一底低，如抢反弹，弄不好赚不到钱，还赔手续费，在此情况下，风险大于收益，则应坚持空仓观望。那么，底在何方，当崇氏四度空间图形的价值区域不再下移时，自然就会出现底部，到那时再进场也不迟。还有一部分股民总怕踏空，怕行情一来，追不上。其实大可不必，股票市场经过几年发展已经逐渐成熟起来，上市公司愈来愈多，1000多只股票和当年十几只股票是无法相比的。况且有涨跌停板制度，一旦到底均有迹象，就像汽车转弯一样，总得减速降挡，待转过弯后，才能加速升挡，入市良机很多，且散户资金有限，一个委托就可满仓，怕什么踏空呢？

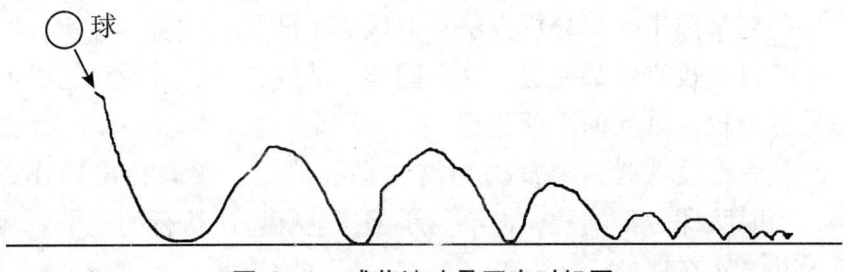

图 6-1　球落地才是买卖时机图

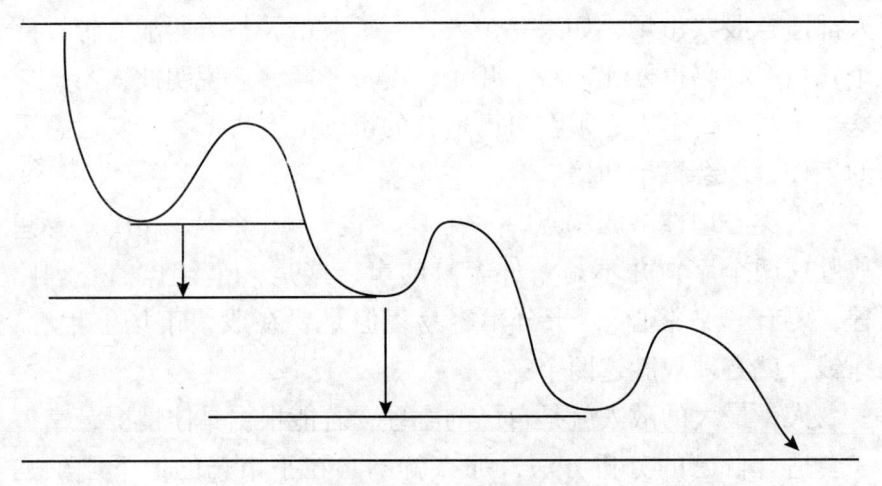

图 6-2　股市下跌

因此，提倡理性投资，掌握节奏，买了股票之后，耐心寻找卖点，一旦大盘及个股到了相对高点，尤其是大盘到了相对高点，卖出清仓，执行"歇"的战略，此时可以休息，分析总结经验，以利再战。

6. 战胜心魔

多年的统计表明，投资者最终失败，是输在自己的手上，输在自己的心态上。

明明掌握了一套分析方法，但该买不敢买，该卖不敢卖，实际上，每个投资者都能遇到这一问题，战胜自己，战胜自己的心态是一个较为难受的心理路程。

笔者在授课时，经常提到需注意的地方，明确指出操作方向，当时听课者都同意，但事后了解，能够坚决执行的投资者寥寥无几，实在遗憾。

做股票投资，还有一个心理是否适应的问题，并不是所有的人都适合股票市场，如果一个人，入了股市，整天胆战心惊，涨个几角，高兴得要死，跌个几角，夜不能寐，这说明此人不适应这个市场。一个人必须在自己适合的市场上去拼搏，干自己喜爱的工作，才会事半功倍。

人类心理性格的弱点，一个是"贪"，一个是"怕"，要想战胜这两个字，并不是一件容易的事，这是一个较长的心理路程，要有"平常心"，十分不容易，但是要在股票市场上生存，挣钱，就必须战胜这两个字。

人，最大的敌人就是自己的心理，若能根据具体情况，掌握一套适合自己的分析方法，那么就不必在乎市场的上下剧烈的变动。

胆量、个性永远是投资或者投机行为中最最重要的条件，否则，虽有极高深的技术能力，也无法赚钱，而胆量与策略，才是成为一个实战高手所必需的条件。

七、股市实战操作思路

广大投资者读完本书之后，就会产生一个问题，崇氏四度空间如何与波浪理论联系，在实战中如何处理具体问题，下面介绍一下在实战中须遵循的思路。

首先，根据看大盘做个股的指导思想，从长远着眼，在短线实战。作为投资者应先分清自己是长线投资还是中、短线投资，长线投资有长线的思路，中线投资还有中线的思路，短线投资有短线的思路，下面分别介绍。

（1）长线投资。所谓的长线投资，一般认为两年左右，因为经济活动有它的规律，有它的循环周期。循环周期理论，就是认为经济运行的波峰和波谷，有规律可循，包括底部循环周期，时间之窗和买卖信号三大部分（理论上的循环周期是指低点到低点的周期）。

经济学上分析宏观经济周期理论认为世界上的经济周期分为三种经济周期：

第一种，康德拉季耶夫周期，平均持续54年；

第二种，朱格拉周期，平均持续9年；

第三种，基钦周期，平均持续40个月（3年）。

其中，每个康德拉季耶夫周期包含6个朱格拉周期，每个朱格拉周期包含3个基钦周期。

根据3年左右的基钦周期（40个月），低点到低点之间3年左右，但其中高点出现并不规律，我们姑且按对称法则来分析，即一年半的上升和一年半的下跌，构成一个完整的基钦周期，所以长线投资相对应的时间是一年半到两年。作为长线投资者，只要选准几只股票，在循环低点买入，在循环高点卖出就可以了，对于每日的变化，可以不理。从技术分析思路上就是按照月K线来决定买与卖，用崇氏四度空间选择价格远远低于价值的股票，例如四川长虹，如从1996年初一直持有到1997年5月抛出，其利润可达几十倍。

（2）中线投资。在基钦周期40个月（3年）中，一升一降中再细分中国股市的周期，读者可以发现13周左右的循环周期，中线投资者根据波浪理论先判断大盘是处于第几浪中，用周K线、崇氏四度空间图形、周RSI技术指标寻找低点（底部区域），寻找在底部横盘价格低于价值的股票，然后，买入股票等掉大盘上升到相对高点时，用崇氏四度空间理论、波浪理论判断是否到顶，确认到顶后，全部抛出股票，空仓等到下一次低点再入场，在下跌过程中绝不抢反弹（指小级别的反弹）。

（3）短线投资。在较短周期中有13日，21日，34日小的周期，读者还是先研判大盘处于第几浪中（以日K线为准），利用崇氏四度空间图形来寻找相对的底部买入，相对高点卖出。

在短线投资中，崇氏四度空间解决了高抛低吸问题，可以大胆去做。但是，虽然是在做短线，我们主张是在看长线作短线的前提下，而不是不管长期趋势，埋头作短线。显然，如果不考虑长线，则风险相对比高，这也是许多短线投资者失败的原因。

总之，从大盘入手分析股票，在相对底部买入，在相对顶点卖出，而在下降趋势中，则宜持币观望，不见相对低点出现绝不进场。以上是掌握本书内容之后，具体操作的思路。这种思路在执行过程中，一定要切忌主观，尤其是当各种指标钝化或失真时，要相信崇氏四度空间图形所给出的信号。

八、基本面分析

前面的几章中已经提到股票内在价值的问题，如果找到股票内在价值远远高于现在价格，那么，在大盘相对低点买入持有，是非常重要的。因为股市的运动最终是向价值回归，高于价值则价格下跌，低于价值则价格上升。现就如何从基本分析入手来研判股票的内在价值。

（1）从企业财务指标体系中分析：

A. 每股收益；观察近3年的每股收益，越多越好，最好高于市场股票每股收益的平均值。

B. 净资产收益率；越高越好，年同比应呈上升状态。

C. 净利润增长率；通过该指标可以分析公司目前所运行的轨迹，是上升期、成熟期还是衰退期。

D. 每股公积金；公积金较多，一般情况下转增股的可能性较大。

E. 每股净资产；反映每股的实际含金量。

（2）从企业经营方向上分析：

企业主营业务应该明确，考察企业的主营业务是否符合国家的政策，在行业中的地位如何。

（3）企业的科技含量：

企业的高科技是否真正处于国内领先或国际领先地位，不能光从名字上或一般文字上了解，应该是去了解它是否是实实在在的高科技，是否是国家有关部门认可的高科技技术。

（4）考察企业的领导班子，尤其是董事长、总经理的人格、能力、自身素质、文化层次、拥有高科技技术的能力。

以上几条是基本分析的重点，在找出一部分复合上述条件的股票后再比较有关数据，从中找出 5~7 只股票作为预选，然后再从技术分析的角度考虑进出时机。

这种分析每年进行两次比较好，一次是年中报表分析，一次是年终报表分析。读者只要认真下工夫，就一定能找出价格低于价值的股票，进行投资。

关于股票市场大势的研究比较难，需要注意多方面的信息，例如国家宏观政策、金融政策、银行利率的走向等等，但每个人的精力是有限的，所以不可能顾及方方面面，**而崇氏四度空间的大势图形则轻松地给出了大势的运行方向**，不用费很大精力、花费很多时间，投资者即可自己对大势运行方向进行下一步的研判。

中篇　崇氏四度空间实战技巧

在上篇中，已经介绍了崇氏四度空间理论的原理、图形以及相关的波浪理论和K线转向形态。

本篇为实战篇，用实例进一步指导读者具体操作沪深股市，上篇提到的理论概念力求在本篇有所体现。

本篇中的图形为崇氏四度空间实战软件的具体图形，崇氏四度空间实战软件是崇玉龙老师亲自监制的充分反映崇氏四度空间理论的新版软件，软件界面独特，是目前国内革命性的界面，它的问世必然引起投资者的关注及全面推广普及，使投资者有了新的武器，在市场中应付自如，去夺取盈利。

九、沪市上证综合指数图形[①]

1. 沪市大盘横盘图形

沪市综指在 2009 年 11 月 2～6 日的周崇氏四度空间图形成向上的强势单边市后，长达 10 周的横盘整理，理论上可以围绕价值区域高抛低吸，但考虑到从 1664 点反弹到此，已是阶段性顶部，故应清仓观望，之后在横盘整理后大势向下，2010 年 1 月 25 日这一周形成了向下单边市，结束了整理，如图 9-1 所示。

2. 沪市大盘上升图形

沪市大盘从 2009 年 6 月 1 日起，走出一波向上的反弹，从图 9-2 中可以看出连续 9 周的价值区域不断上移，直到 3400 多点，价值区域不再上移，在图中右侧最后两周价值区域出现平移，也就是相对顶部价值区域平移，按照崇氏四度空间理论价值

---

① 下文以大盘简称代替。

区域平移卖出即可。另外由于此周是沪市大盘的走势图，在上升的图中可在具体的股票上高抛低吸，因为个股的上升有的不同步于大盘，大盘一直在升，但个股却不是齐涨，而是轮涨，故此可在个股上高抛低吸，当大盘出现见顶信号后，大盘的崇氏四度空间图价值区域不再上移，出现价值区域平移，应全部清仓，空仓等待下一次机会。

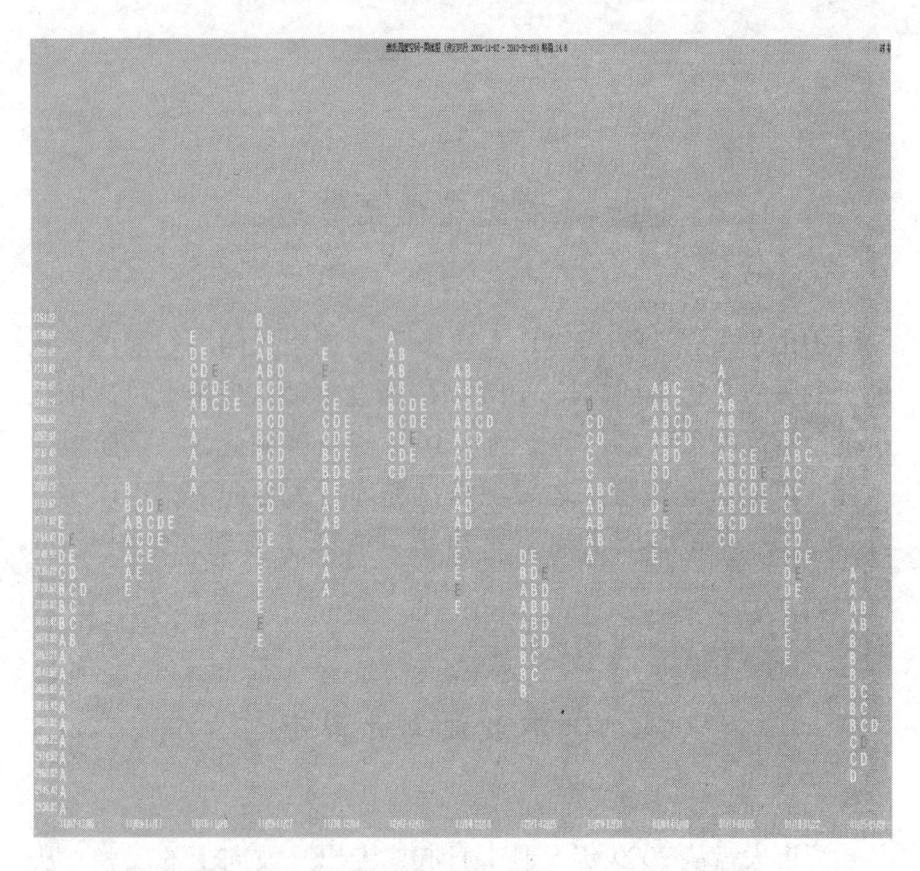

图 9-1　上证综合指数从 2009 年 11 月 2 日开始到
2010 年 1 月 28 日的周崇氏四度空间图形

九、沪市上证综合指数图形

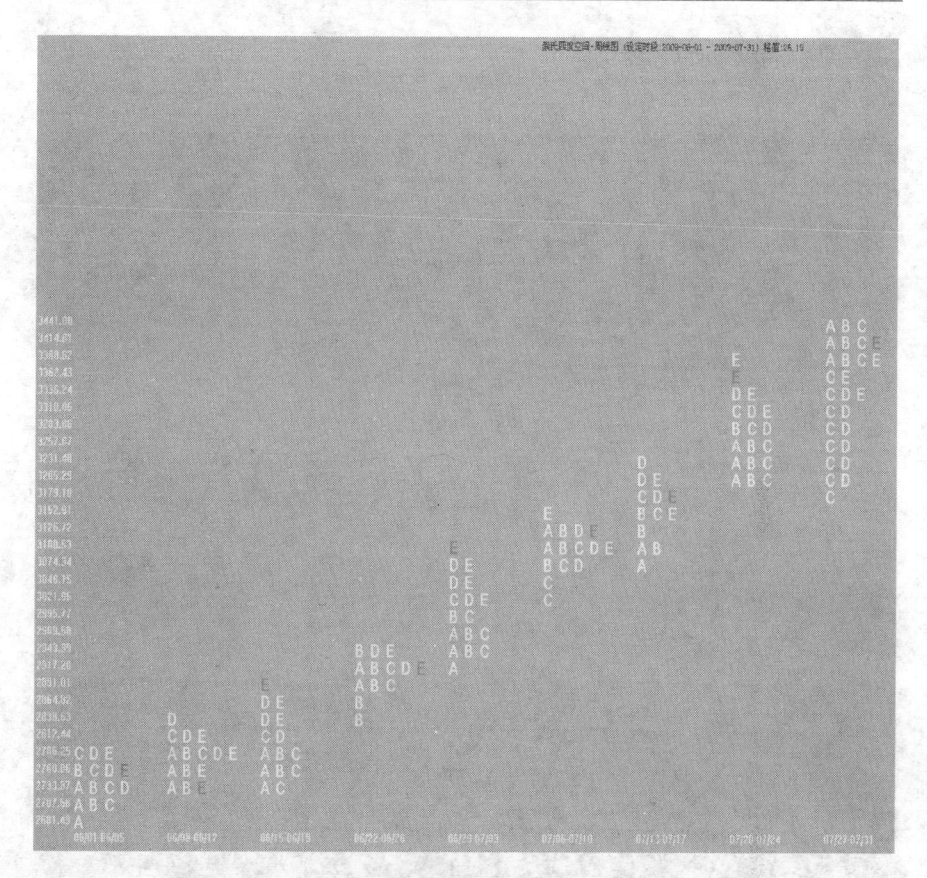

图9-2　上证综合指数从2009年6月1日开始到
2009年7月31日的周崇氏四度空间图形

3. 沪市大盘下降图形

图9-3 上面三周相对顶部价值区域横移之后，开始价值区域下移，此时投资者应在价值区域横移时，全部清仓，价值区域下移时空仓观望。

尤其是当图上第4周出现了向下的强势单边市时，更应毫不犹豫地清仓，因为此时清仓，已经损失了一些利润，但如果一直持有，则损失会更大，也就是说按照崇氏四度空间理论去做，切忌主观，主观乃兵家大忌。

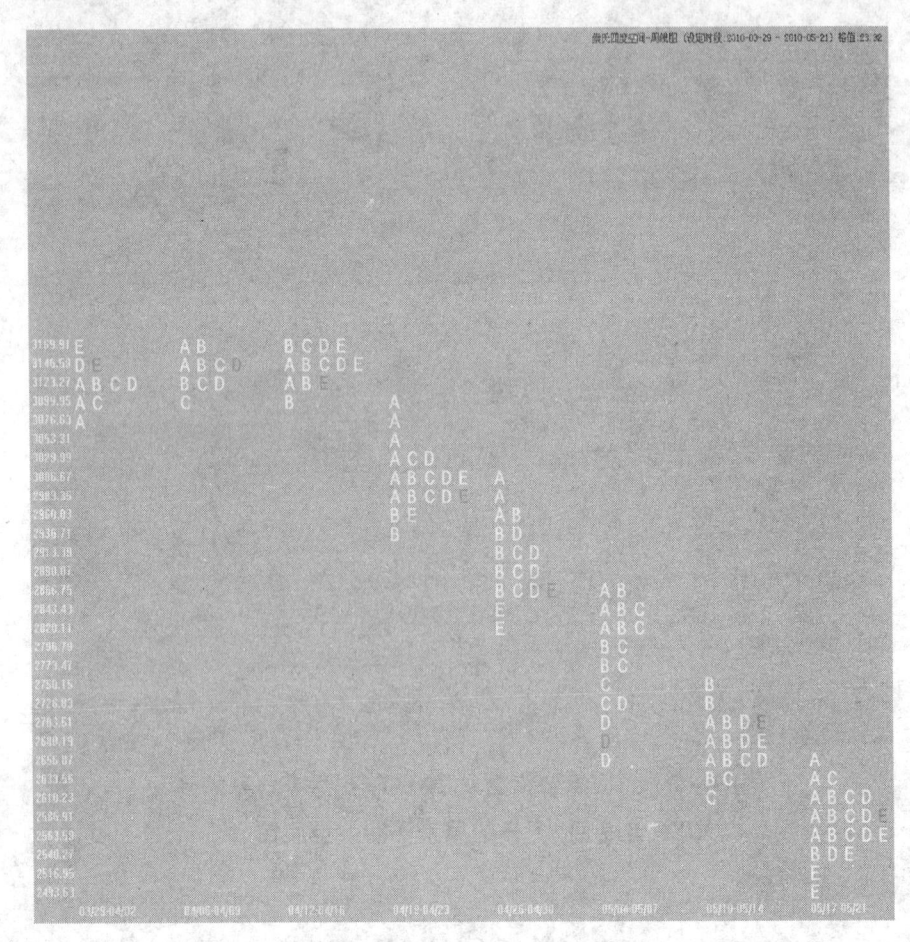

图9-3　上证综合指数从2010年3月29日开始到
2010年5月21日的周崇氏四度空间图形

4. 沪市大盘见底图形

　　沪市大盘在创下1664之后从图9-4中可以看出下面两周价值区域平移，之后大盘缓缓上升，价值区域缓缓上移，之后再次探底不破1664点，开始了一波反弹行情。

九、沪市上证综合指数图形 ·123·

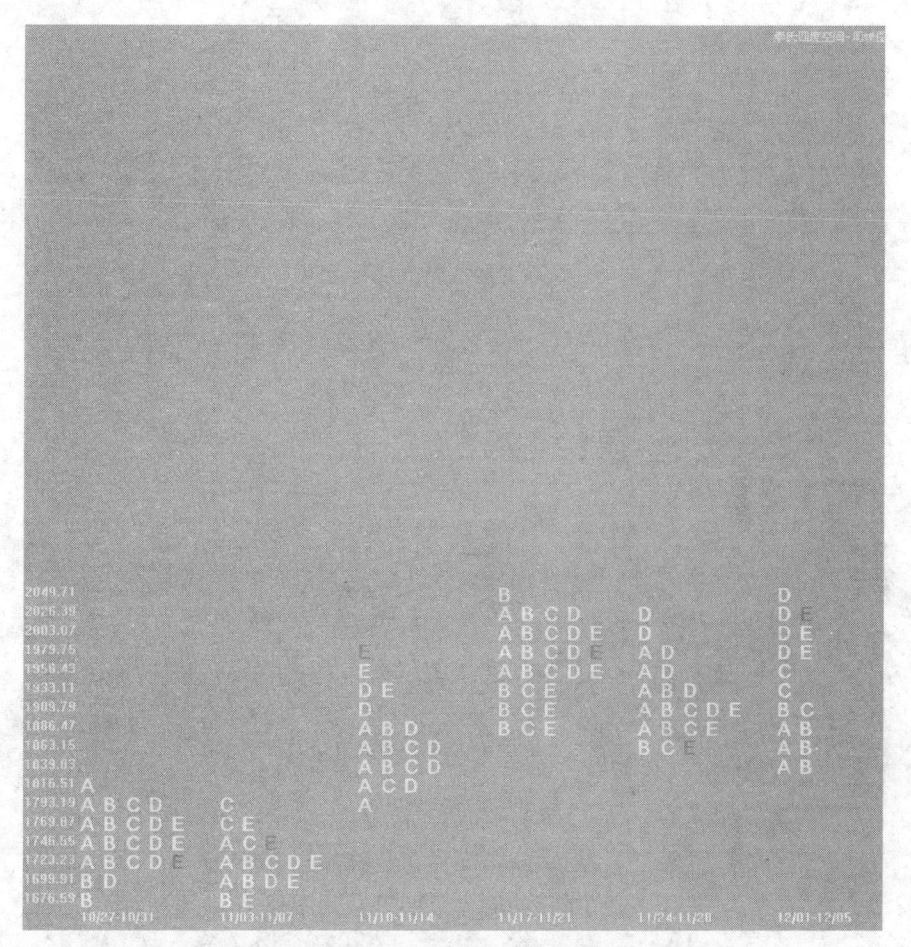

图9-4 从2008年10月27日开始到2008年
12月5日的周崇氏四度空间图形

5. 沪市大盘中途底部图形

在前面的1664见底图形之后,大盘展开了一波像样的反弹,在2009年2月16日至2月20日行程阶段性高点后,此周为一向下的单边市,预示回调,之后回调三周,第四周再次出现价值区域上移,之后反弹到3400多点,如图9-5所示。

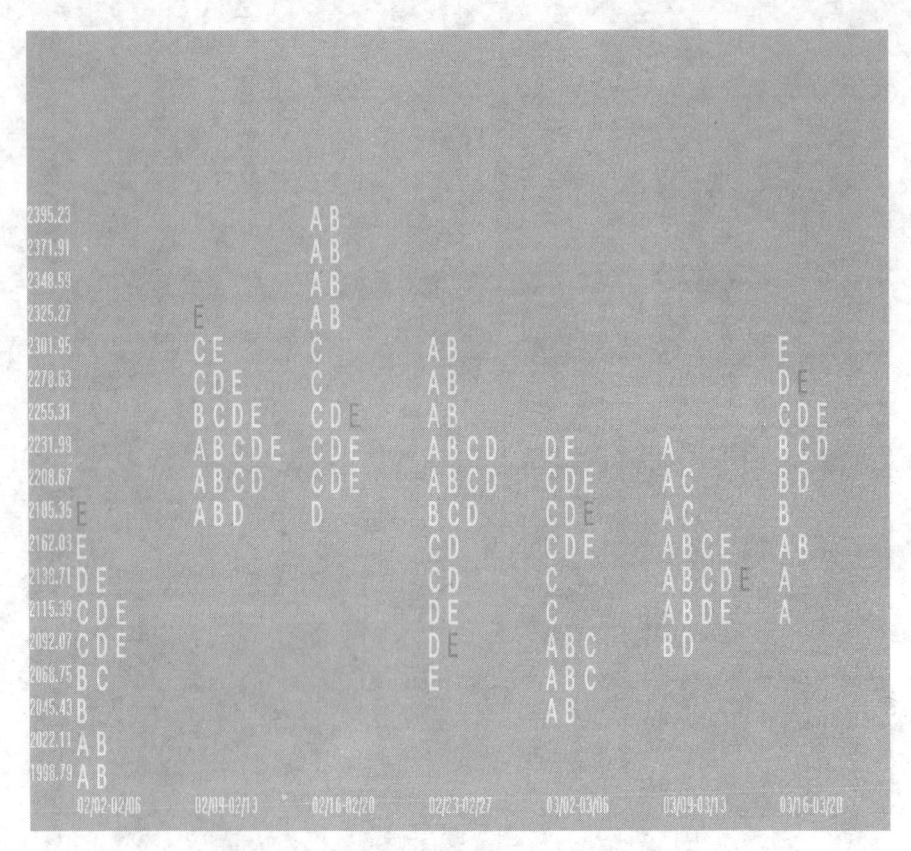

图 9-5 从 2009 年 2 月 2 日开始到 2009 年
3 月 20 日的周崇氏四度空间图形

6. 大盘反弹见顶图形

沪市大盘大级别 B 浪反弹经过前面提到的中途调整后，上升到 3400 多点，在顶部从 2009 年 6 月 22 日起，连续五周价值区域上移，2009 年 7 月 27~31 日和 8 月 3~7 日两周出现价值区域横移，且 8 月 3~7 日周五收盘于价值区域之下，预示着反弹结束，投资者应果断离场，如图 9-6 所示。

九、沪市上证综合指数图形 ·125·

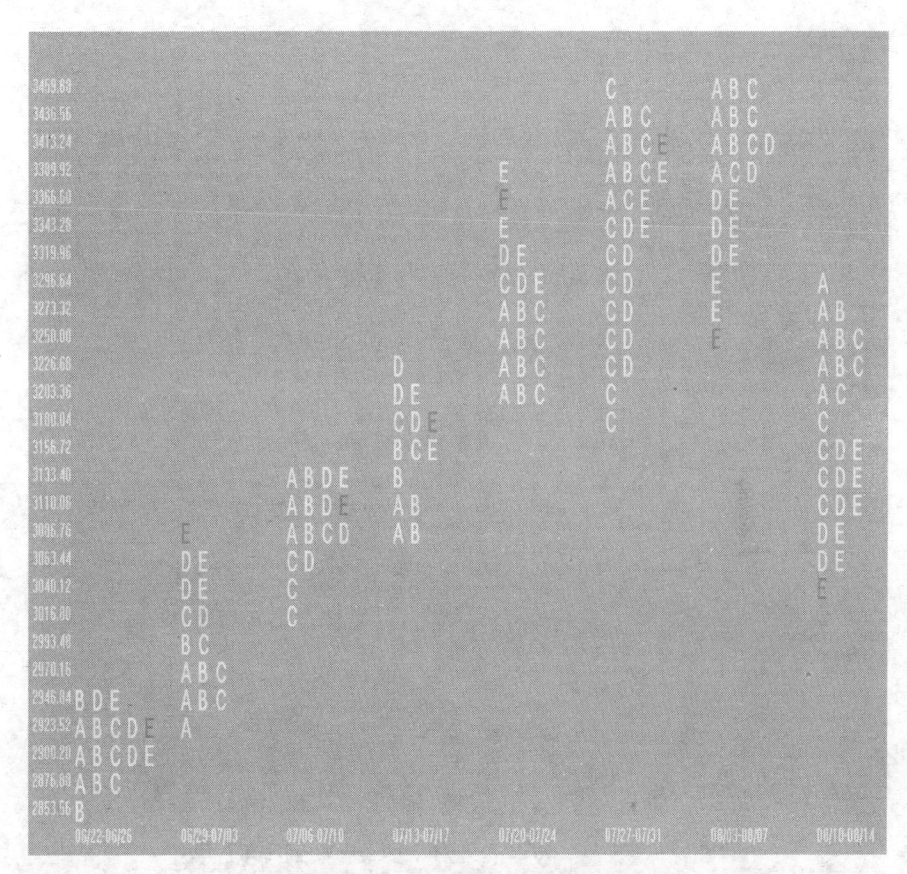

图 9-6　从 2009 年 6 月 22 日开始到 2009 年
8 月 14 日的周崇氏四度空间图形

7. 沪市大盘上升后见顶的图形

　　沪市大盘从 998 点上升到 6100 多点，此时可以看出价值区域在 2007 年 10 月 15 日这一周之后不再上移，而是先下移（10 月 22~26 日此周）在上移到 10 月 29 日至 11 月 2 日这周，并没有创出新高，形成了所谓的 M 头图形，据此从波浪理论可以看出是上升的 5 浪结构走完，因此，投资者应从容离场，观望，之后沪市大盘一路走低到 1664 点才止跌回升，如图 9-7

所示。

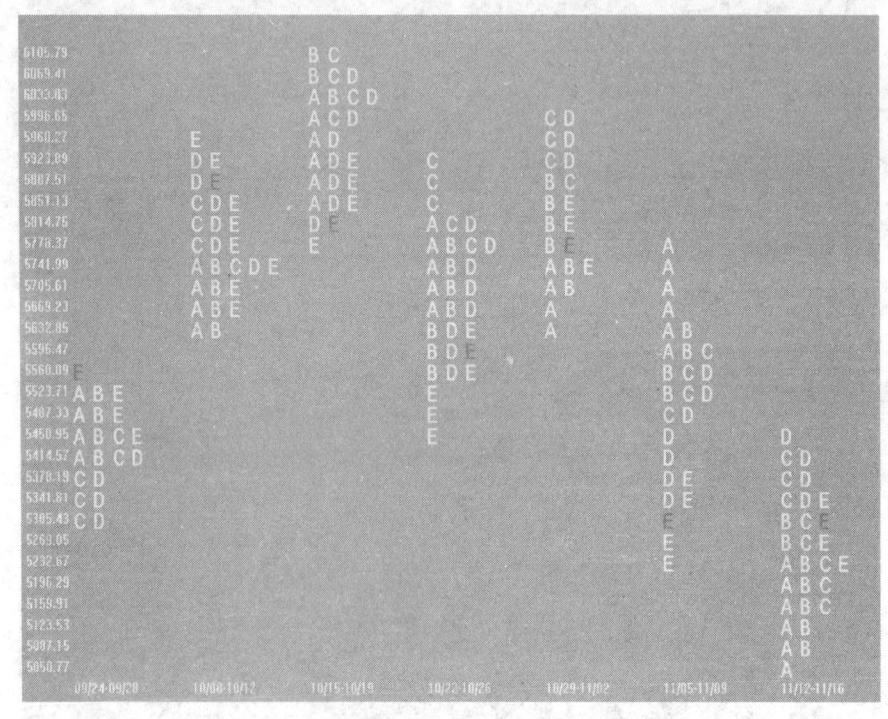

图 9-7 从 2007 年 9 月 24 日开始到 2007 年
11 月 16 日的周崇氏四度空间图形

8. 沪市大盘见底反转图形

  沪市大盘经过反复下跌创出 998 点低点之后，形成明显的大双底形态，也就是大家常说的 W 底，从图 9-8 中可以看出再次探底未创新低，之后走出了波澜壮阔的一波上升行情。从中可以看出价值区域的下移，小反弹上移，再下移的过程。从二次探底出现的价值区域的上移，是持续上移，形成了反转。

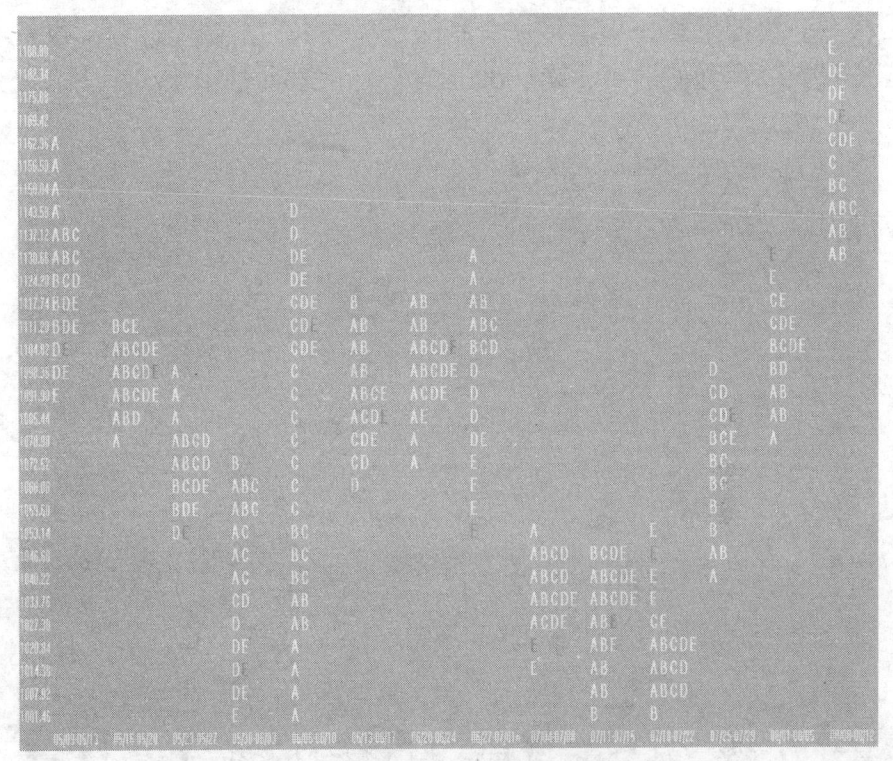

图 9-8　从 2005 年 5 月 9 日开始到 2005 年
8 月 12 日的周崇氏四度空间图形

9. 沪市大盘中途调整中的小双底图形

　　这是沪市大盘上升途中整理形成的小双底图形，之后大盘继续上升到 6000 多点，如图 9-9 所示。
　　以上的沪市大盘横盘、上升、下跌图形，见底、见顶的图形均为实际上走出的图形，总结起来就是大顶、大底、双头、双底的形态，而从崇氏四度空间理论来看，也就是价值区域的上移（持有）后在顶部平移（清仓），然后价值区域下移（空仓观望）到相对底部平移后反身向上（买入持有），然后上移到相对顶部价值区域出现平移（清仓），其结构就是底部平移——上移——顶部平移——下移——底部平移这么一个循环过程，也就是我们一再强调的买、卖、歇（空仓）三部曲的由来。

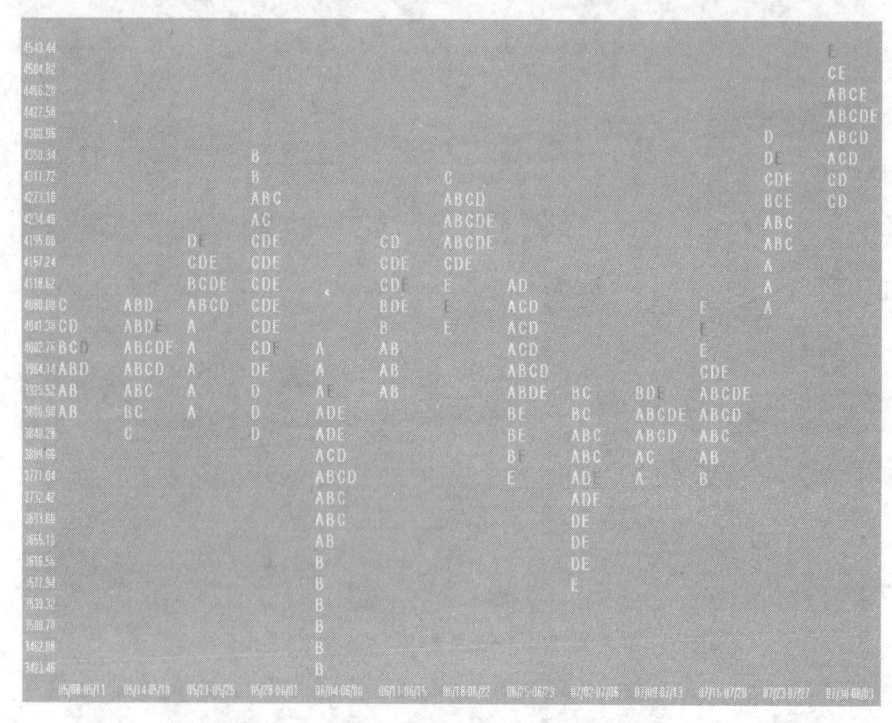

图9-9　从2007年5月8日开始到2007年8月3日的周崇氏四度空间图形

当然大行情歇（空仓）的时间长，中行情歇（空仓）的时间短一些，小行情歇（空仓）的时间更短一些，操作者可根据个人喜欢的方式去操作，但前提是"看长做短"。

十、崇氏四度空间图形在个股中的应用

前面已经介绍了沪市综合指数的有关图形,下面介绍崇氏四度空间理论在个股上的实际应用,这里应指出的是个股的崇氏四度空间图因为有主流资金在内活动的原因,因此,长线买卖者和主动性买卖盘在分析个股中极为主要。

实战从思路上分为两个部分:第一部分是基本分析,也就是理论篇讲过的投资理念的选股,这个投资理念的选股既包括了绩优股,也包括了资产重组股,因为买股票从某种意义上来说是买未来,因此美国巴菲特对股票的投资基本上是看前景,看未来;第二部分是从崇氏四度空间图上分析。当崇氏四度空间图所表明的价值不断上移,说明该股必有其内在原因,这个原因广大投资者可以不去追究和探索,也没有必要浪费精力去研究,只需要按方抓药就能把握先机,随着长线买家的主动性买盘和长线卖家的主动性卖盘去顺势操作,可以说比较轻松写意。

战有可战之战,当崇氏四度空间图所示价值区域在相对顶部平移、下移时抛出该股票就行,不必问为什么。主流资金只要在某一股票中,就必然有其踪迹,正如鳄鱼下水时泛起的浪花有迹可循。以其吸筹、提升,派发三个阶段和崇氏四度空间图所显示的长线买家的主动性买盘和长线卖家的主动性卖盘来进行综合分析,则该股自然的动向暴露无遗,因为主流资金只要做某一只股票,则必须是有买有卖才能实现。所以,崇氏四度空间图反映出的蛛丝马迹,必然给投资者提供一种可靠的证据,以便跟主流资金进退。

值得注意的是，我们提倡看大盘做个股的思路，因为前面已经讲过，大盘在上升、横盘、下跌三种情况下，个股有九种形态，后面要介绍个股的例子。但要注意，投资者在参与处于大盘下跌个别股票在上升的过程中，其实是主力机构的操纵结果，投资者参与其中要十分小心。当然随时掌握崇氏四度空间图中的价值区域变化，可以做到随时进退。此时，对投资者个人的功力是个考验。

1. 个股崇氏四度空间图形形态之一：京运通股份（601908）

京运通股份（601908）（见图10-1）。

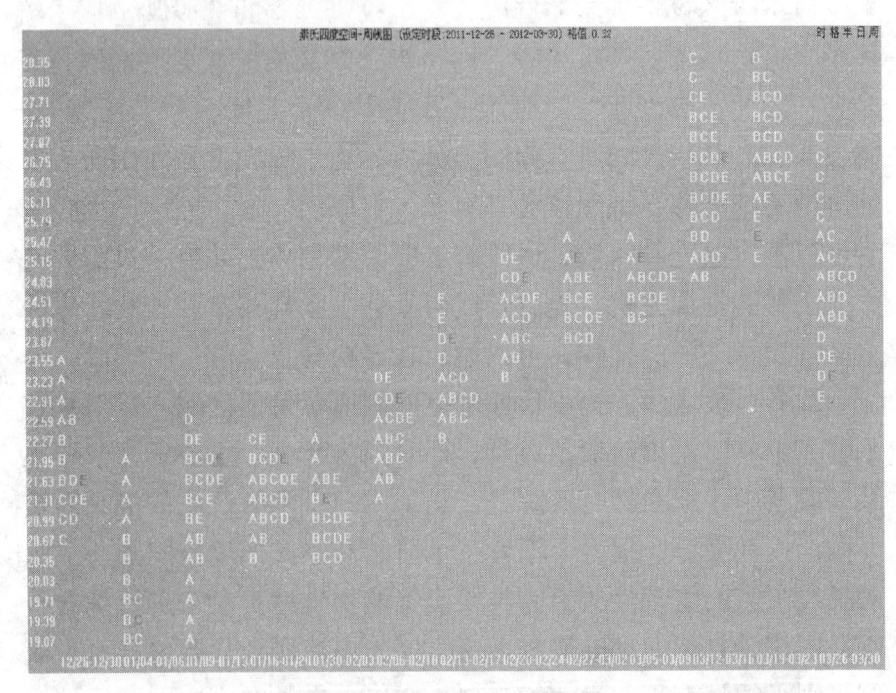

图10-1　京运通股份从2011年12月26日开始到2012年3月30日的崇氏四度空间周图

在元旦后三天走势为向下的崇氏四度空间强势单边市见图 10-1（a）。

而 2012 年 1 月 9~13 日走势为向上的强势单边市见图 10-1（b）。

```
22.17 A
21.86 A
21.55 A
21.24 A
20.93 A
20.62 B
20.31 B
20.00 B
19.69 B C
19.38 B C
19.07 B C
01/04-01/06
```

图 10-1（a）

```
22.67 D
22.36 D E
22.05 B D E
21.74 B C D E
21.43 B C D E
21.12 B C E
20.81 B E
20.50 A B
20.19 A B
19.88 A
19.57 A
19.26 A
01/09-01/13
```

图 10-1（b）

之后 1 月 16 日至 2 月 3 日见图 10-1（c）。

```
22.67 D
22.36 D E              C            A
22.05 B D E          B C D E        A
21.74 B C D E        A B C D E      A B
21.43 B C D E        A B C D E      B E
21.12 B C E          A B C D        B C E
20.81 B E            A B            B C D E
20.50 A B            B              B C D E
20.19 A B            B              D
19.88 A
19.57 A
19.26 A
01/09-01/13      01/16-01/20      01/30-02/03
```

图 10-1（c）

虽然回调整理，但回调的价位始终没有回到 1 月 19 日至 1 月 13 日的下方单独字母 A，单独字母 A 为相对长线买家进场，之后搭顺风船买入，此股一路上行 6 周，在 3 月 12 日至 3 月 23 日两周出现了价值区域平移见图 10-1（d）在 3 月 19 日至 3 月 23 日上部及价值区域之上则应清仓，结束这一段交易。

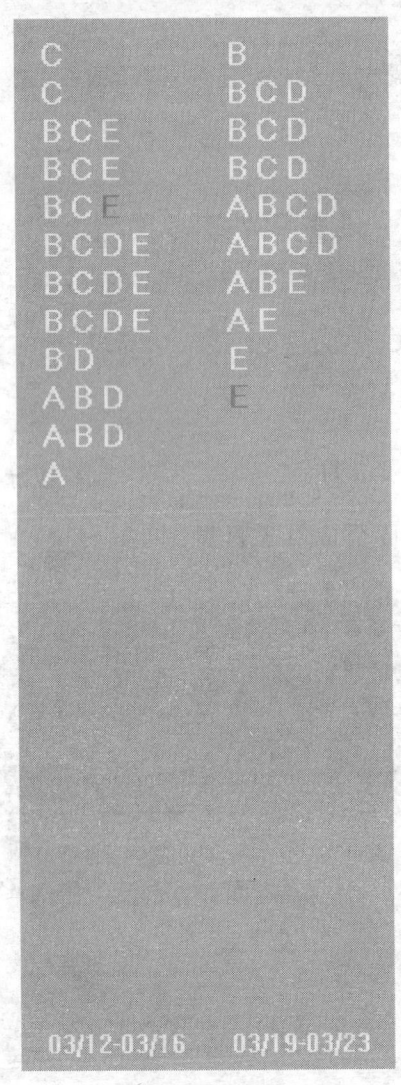

```
C            B
C            BCD
BCE          BCD
BCE          BCD
BCE          ABCD
BCDE         ABCD
BCDE         ABE
BCDE         AE
BD           E
ABD          E
ABD
A
03/12-03/16   03/19-03/23
```

图 10-1（d）

2. 个股崇氏四度空间图形形态之二：
中国国旅（601888）

在图 10-2 的崇氏四度空间周图中，6 月 13 日至 6 月 17 日周见图 10-2-（a）为向下的强势单边市，6 月 20~24 日周见图 10-2-（b）为变形的向上单边市，这里应该注意的是 6 月 13~17 日周图 10-2-（a）虽然为向下的强势单边市，但下面单独的 E 仅有 3 个，力度不大。6 月 20~24 日周图 10-2-（b）是变形的向上单边市，且高收，预示未来 2~3 周向上发展，之后价值区域果然连续向上 4 周。

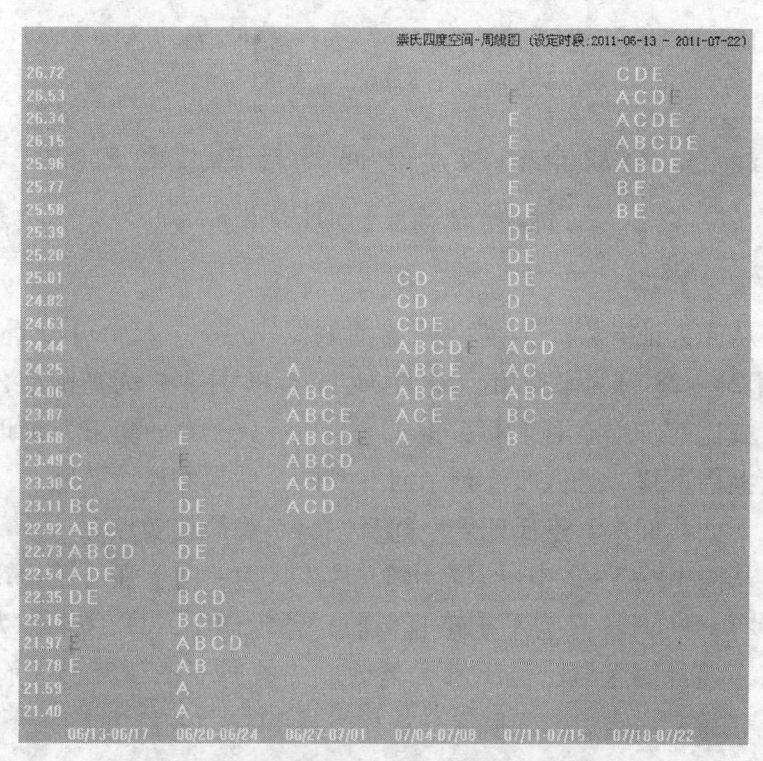

图 10-2 中国国旅从 2011 年 6 月 13 日开始到 2011 年 7 月 22 日的崇氏四度空间周图

图 10-2-（a） 　　　图 10-2-（b）

3. 个股崇氏四度空间图形形态之三：
光大证券（601788）

  从光大证券崇氏四度空间周图的图 10-3-1 中可以看出，10 月 24~28 日为平衡市，10 月 31 日至 11 月 4 日为平衡市，价值区域比前一周略有上移，但 11 月 7~11 日为平衡市，价值区域较上周下移，且低收，预示向下发展，后果然连续下跌。
  下面我们来看崇氏四度空间日图，寻找最佳卖点。
  从图 10-3-2 中可以看出 11 月 2 日为一向上强势单边市尚可持有，11 月 3 日为平衡市且低收，预示向下，11 月 4 日为平衡市，但价值区域已经下移并低收，一波向下调整开始，而 11 月 4 日为追加卖点，之后空仓观望，从 11 月 7~11 日连续下跌，和周图相比，日图的卖点更接近于顶部。

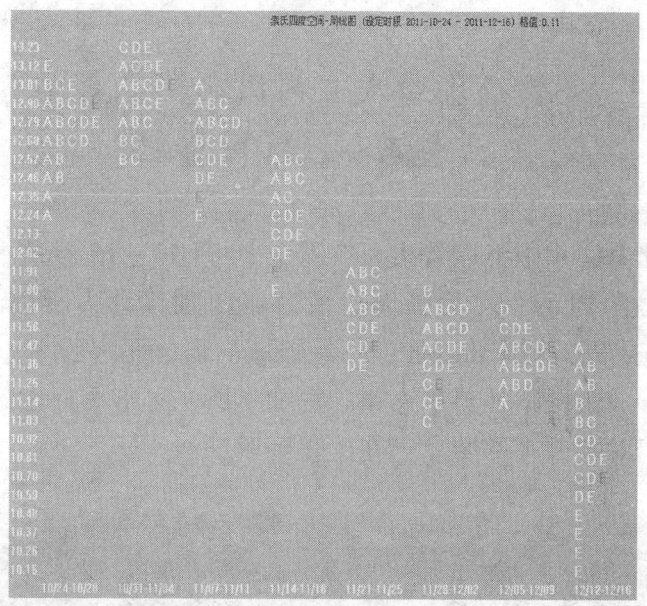

十、崇氏四度空间图形在个股中的应用

图10-3-1 光大证券从2011年10月24日开始到
2011年12月16日的崇氏四度空间周图

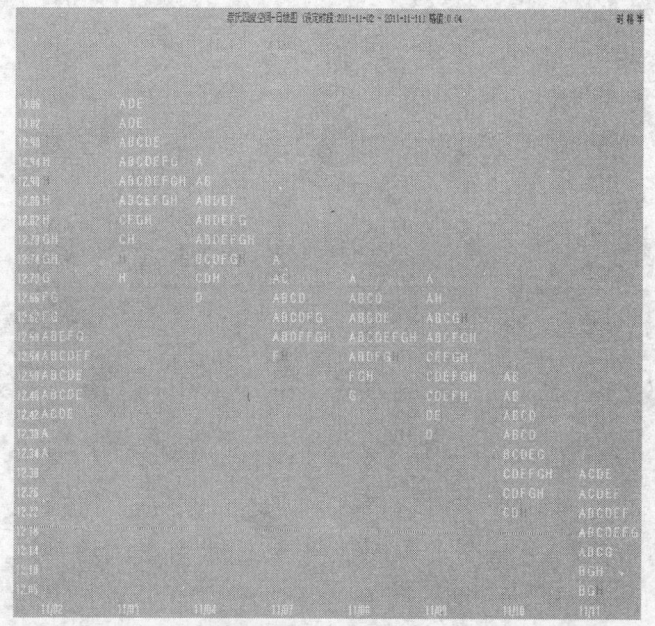

图10-3-2 光大证券从2011年11月2日开始到
2011年11月11日的崇氏四度空间日图

4. 个股崇氏四度空间图形形态之四：
光大证券（601788）

从图10-4中可以看出，在图中10月11～15日这一周为向上的强势单边市，之后三周价值区域出现横移，所以在11月8～12日此周的图上部AB字符处即应卖出。而之后11月8～12日周图形成为向下强势单边市，证明AB处卖出十分正确。前面讲过的相对顶部平移则卖出在此得到验证。

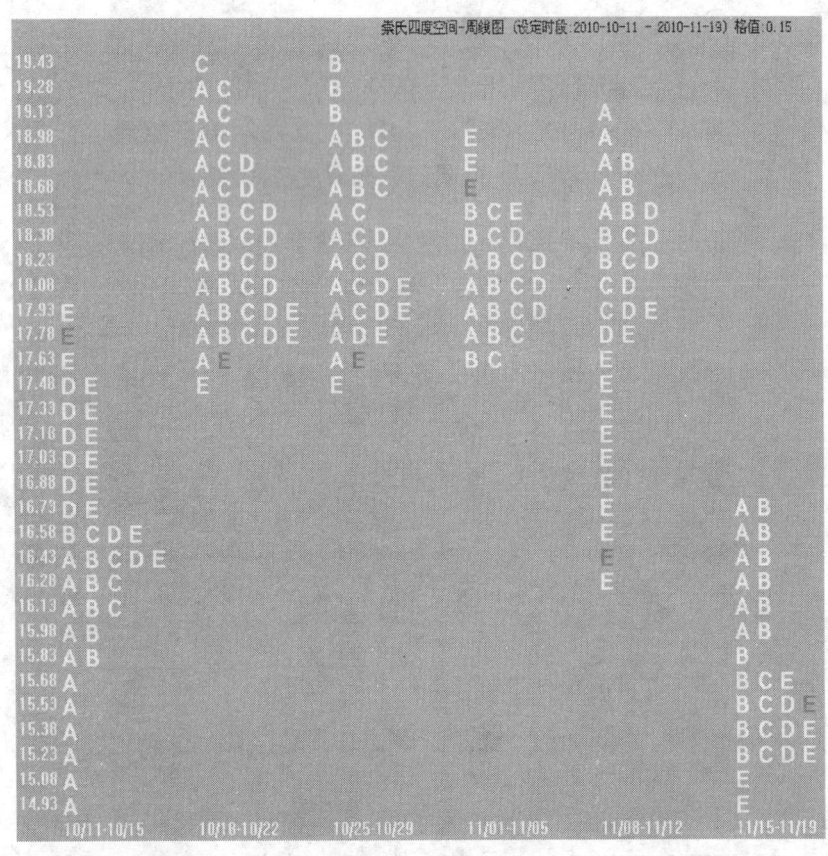

图10-4 光大证券从2010年10月11日开始到
2010年11月19日的崇氏四度空间周图

5. 个股崇氏四度空间图形形态之五：
中信证券（600030）

从图10-5中可以看出从10月23日开始连续3周价值平移，第4周开始上移，是买入点，之后一路上升，这是大牛市中的个股上升图形，只要不出现相对顶部平移，且大盘不到顶，此股可持有不动，可有数倍的收益，此股从初期的4元左右涨到最高34.64元。

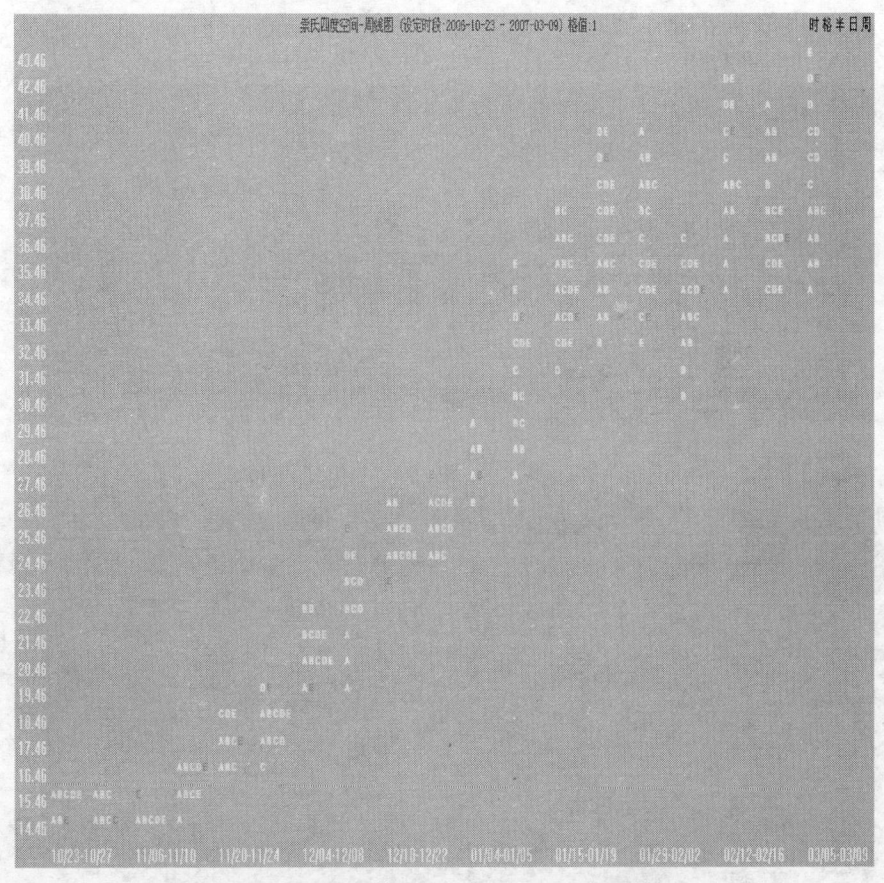

图10-5　中信证券从2006年10月23日开始到
2007年3月9日的崇氏四度空间周图

6. 个股崇氏四度空间图形形态之六：
五矿发展（600058）

从图10-6中可以看出在最左边的6月13~17日这周为向下的强势单边市，之后中间虽有反复，总体价值区域不断下移，从38元下跌到23元左右，据此可以看出从相对顶部卖出后，只能一路空仓观望，当然，中间有两次小的反弹，也可以按照相应的崇氏四度空间日图去做，但此种不看长做短的操作，风险极大，犹如火中取栗。

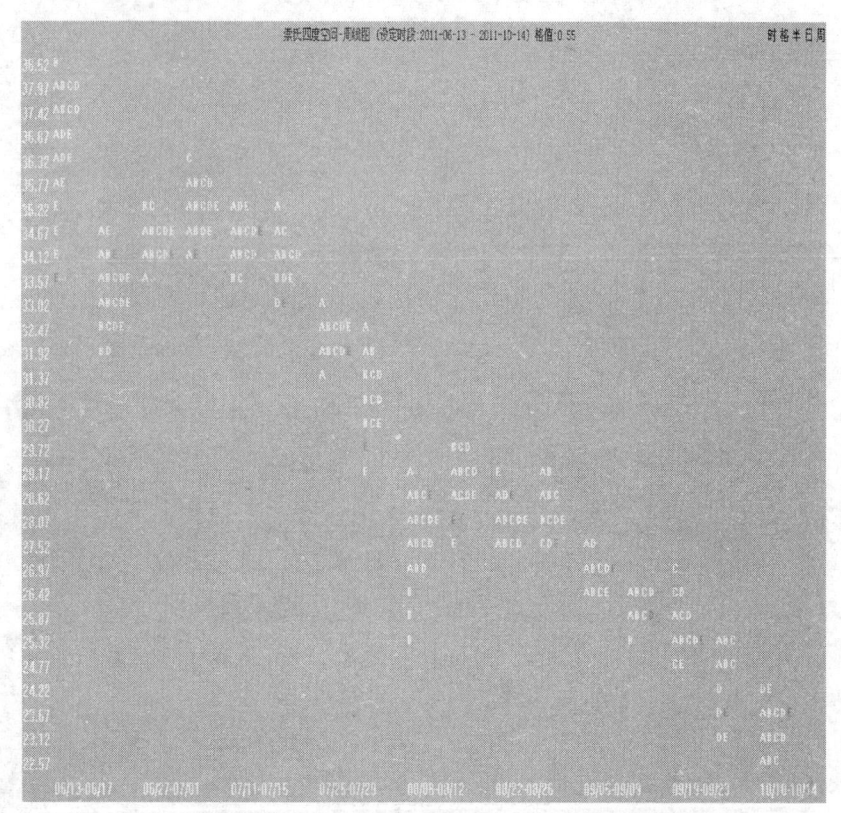

图10-6 五矿发展从2011年6月13日开始到2011年10月14日的崇氏四度空间周图

7. 个股崇氏四度空间图形形态之七：
包钢稀土（600111）

从图 10-7 中可以看出，这是大盘基本下跌，而个股逆市上升的类型。

从 35 元左右上升到 72 元左右，这背后的消息可以不管，只从崇氏四度空间图形上去操作就足以，当出现 3 月 19 日至 3 月 23 日周图虽然是平衡市，但是平衡市的上部为一水平的 ABC 字母，此图形预示着到顶信号，之后卖出即可，随后此股一路下跌。

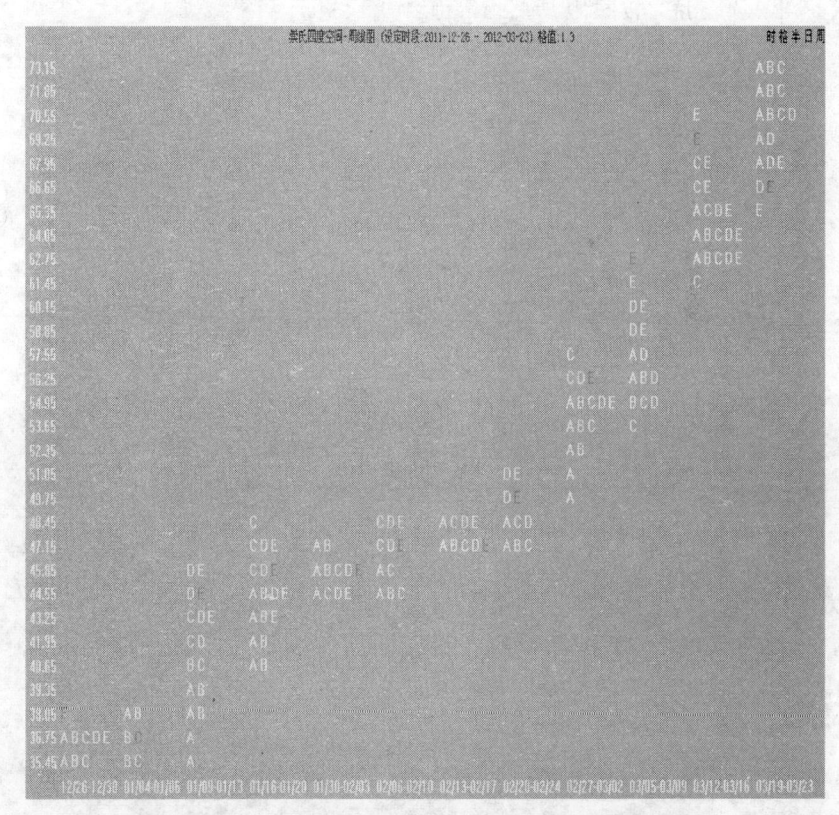

图 10-7　包钢稀土从 2011 年 12 月 26 日开始到
2012 年 3 月 23 日的崇氏四度空间周图

8. 个股崇氏四度空间图形形态之八：
中国船舶（600150）

在图10-8的图形中7月11~15日这周为个股除权行情，除权周五出现向下跳空缺口，之后7月18~22日这周最宽处ABCD和7月25~29日周最宽处ABCDE出现价值区域下移，因此出现了贴权，此时应果断清仓，之后此股一路走低。除权后有三种走势：第一种是填权，即向上填补除权形成的跳空缺口；第二种是平行移动；第三种是贴权，即不仅不向上而是向下，填权时可持有，价值区域平行移动时应退出观望，而贴权时必须清仓。

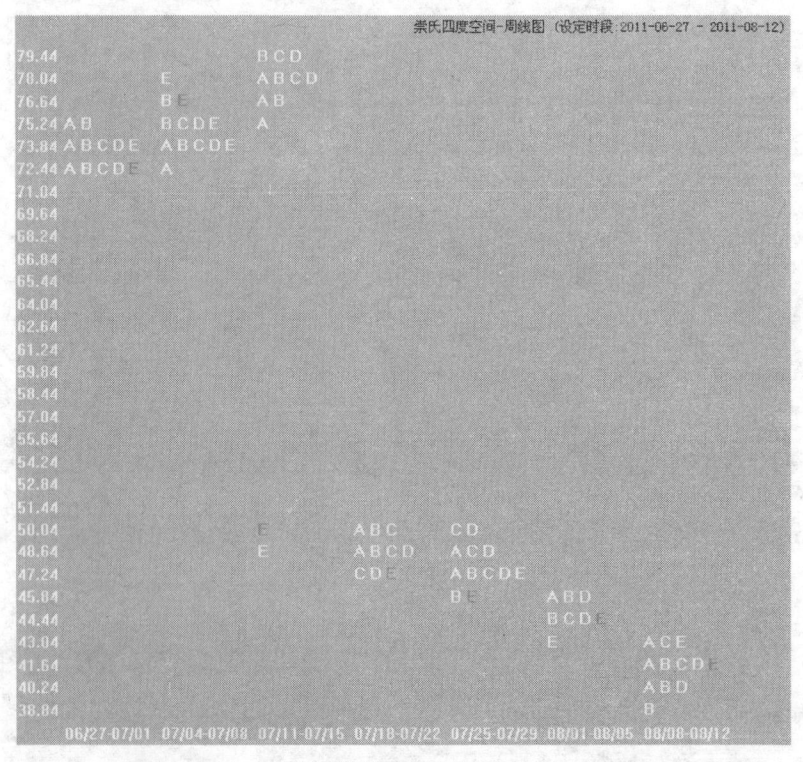

图10-8 中国船舶从2011年6月27日开始到
2011年8月12日的崇氏四度空间周图

9. 个股崇氏四度空间图形形态之九：
万科 A（000002）

从图 10-9 中可以看出万科 A 的走势明显是那种不急不躁的走势，即没有大的波动，调整时较温和。此种股票极易于小波段操作，上升几周出现价值平移卖出，下跌几周后价值区域平移买入，在上升几周价值区域平移后再卖出，总之，这种反复顺势操作，收益并不比那种狂升的股票收益差。

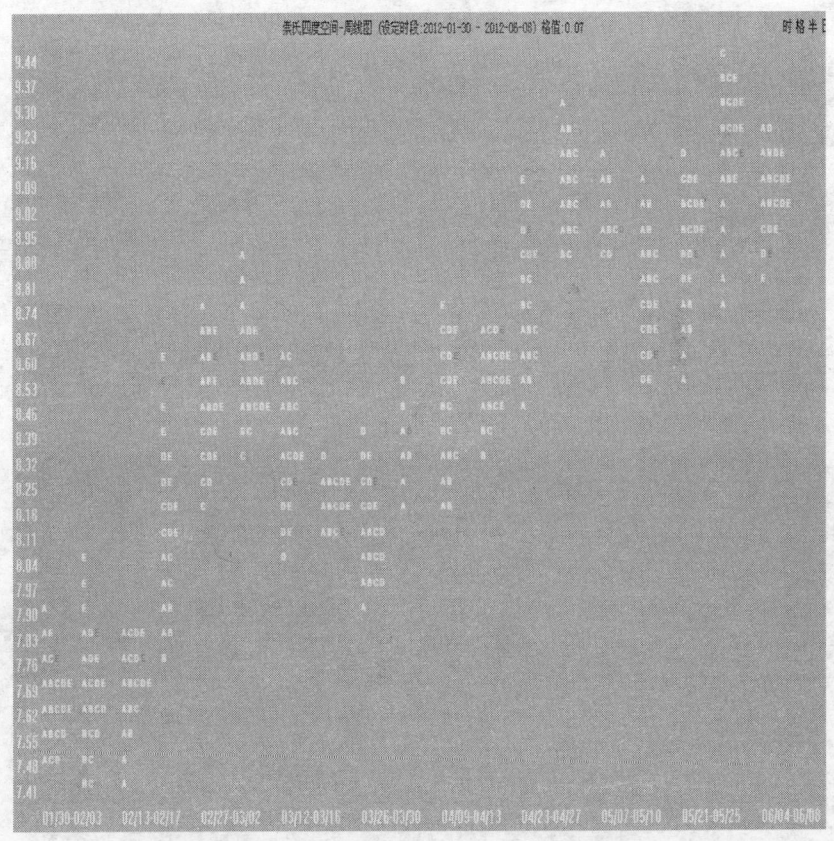

图 10-9　万科 A 从 2012 年 1 月 30 日开始到
2012 年 6 月 8 日的崇氏四度空间周图

10. 个股崇氏四度空间图形形态之十：
东阿阿胶（000423）

从图10-10中可以看出，大盘在9月3~7日周反弹之后，大盘继续向下调整，而东阿阿胶却是连续两周价值区域上移，显示出业绩较好的优势，是一匹白马，这也是我们倡导的价值投资观念，绝对不能去选择一些质地不好的股票，否则后患无穷。

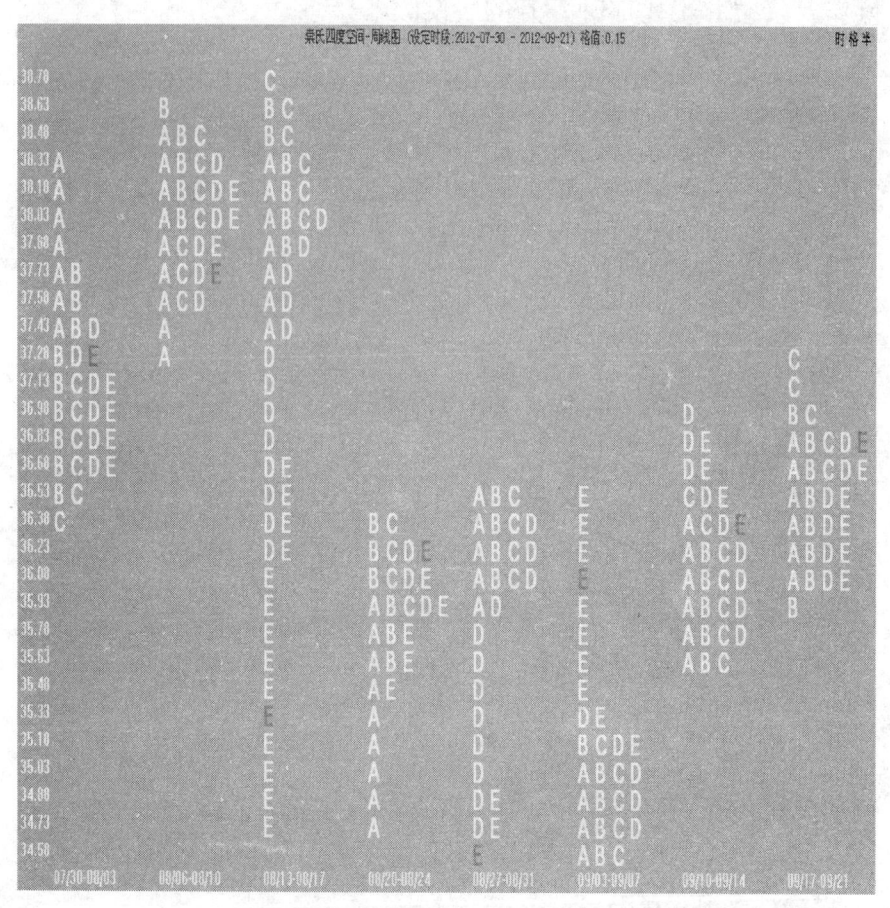

图10-10 东阿阿胶从2012年7月30日开始到2012年9月21日的崇氏四度空间周图

11. 个股崇氏四度空间图形形态之十一：
沪天化（000912）

从图 10-11-1 中可以看到在 6 月 25~29 日周图和 7 月 2~6 日的周图上半部分形成价值区域横移，即卖出。

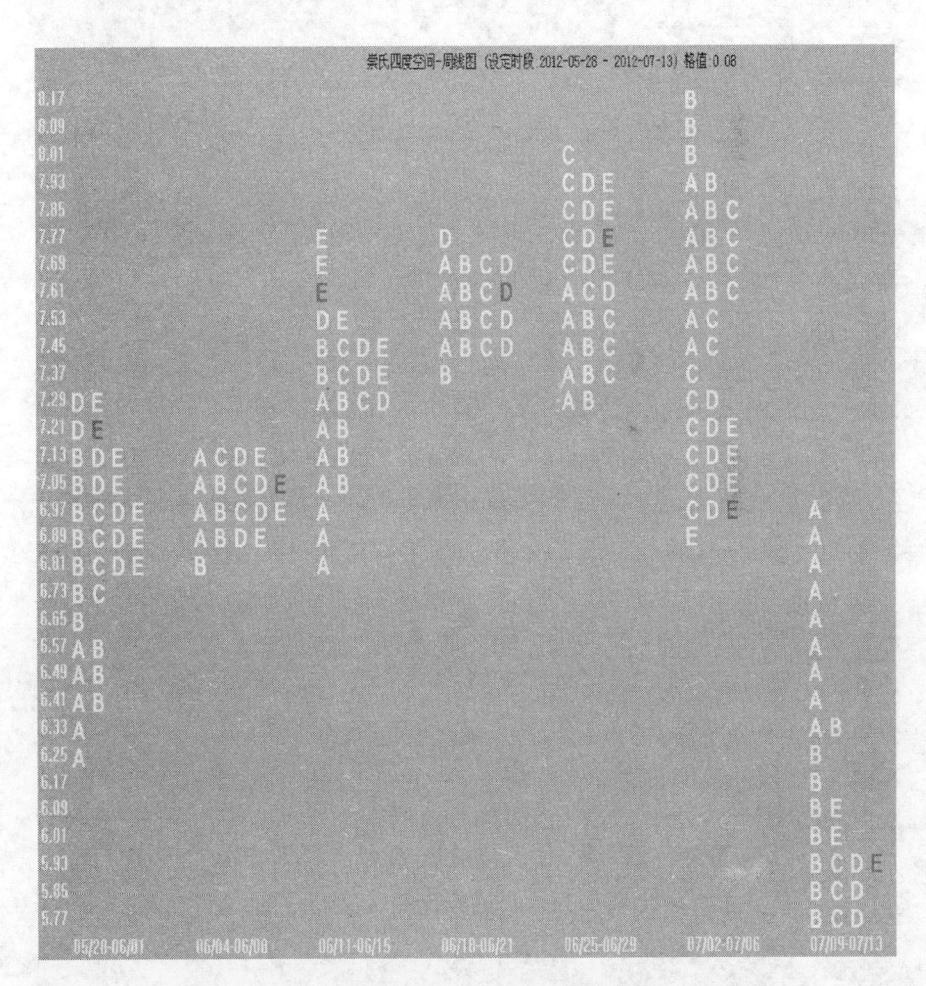

图 10-11-1 沪天化从 2012 年 5 月 28 日开始到 2012 年 7 月 13 日的崇氏四度空间周图

从图10-11-2中6月27日至7月4日的崇氏四度空间日图，可以清晰地看出6月27日至7月3日5天横盘，那么横盘就应该卖出，而且7月4日出现价值下移更应追卖。

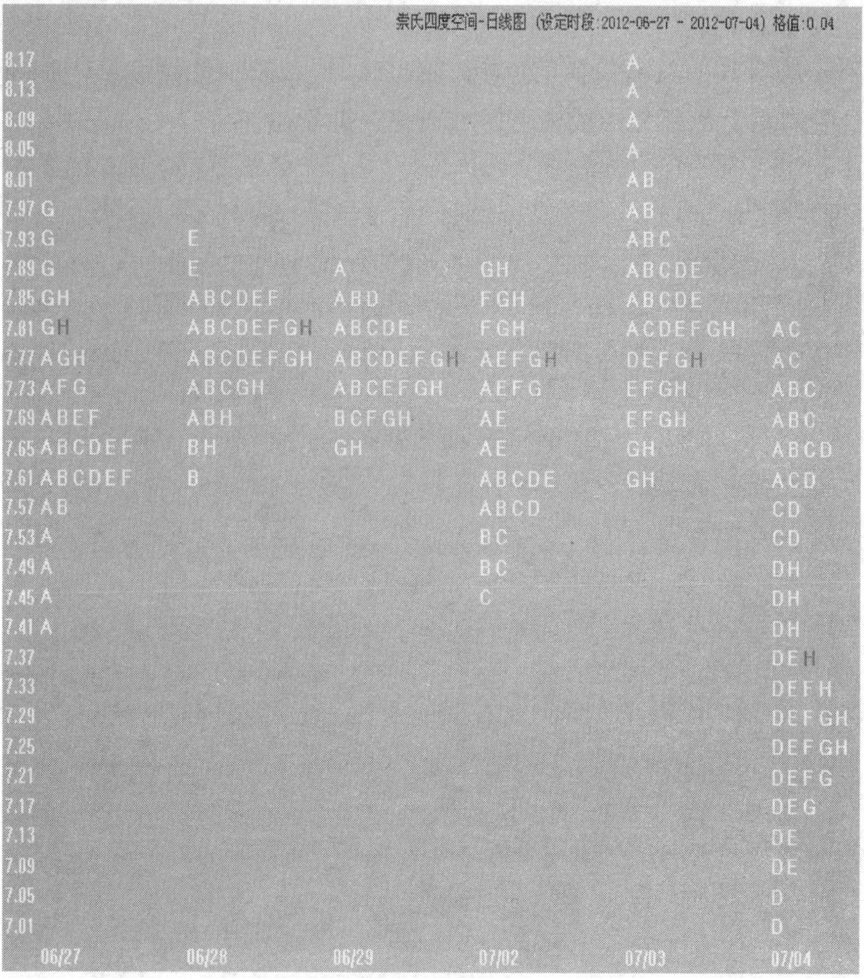

图10-11-2 沪天化从2012年6月27日至
2012年7月4日的崇氏四度空间日图

从图10-11-3的崇氏四度空间半日图中可以清晰地看出7月3日（下）比7月3日（上）价值区域下移，即应马上卖出清仓。

从崇氏四度空间周图到日图再到半日图再到周图，可以看出，当周图形出现平移时，日图已经出现了价值下移，而半日图比日图更提前看到价值下移，因此，我们在卖出时，从长线周图看到价值区域平移时，在日和半日的崇氏四度空间图形中寻找更高的卖点。

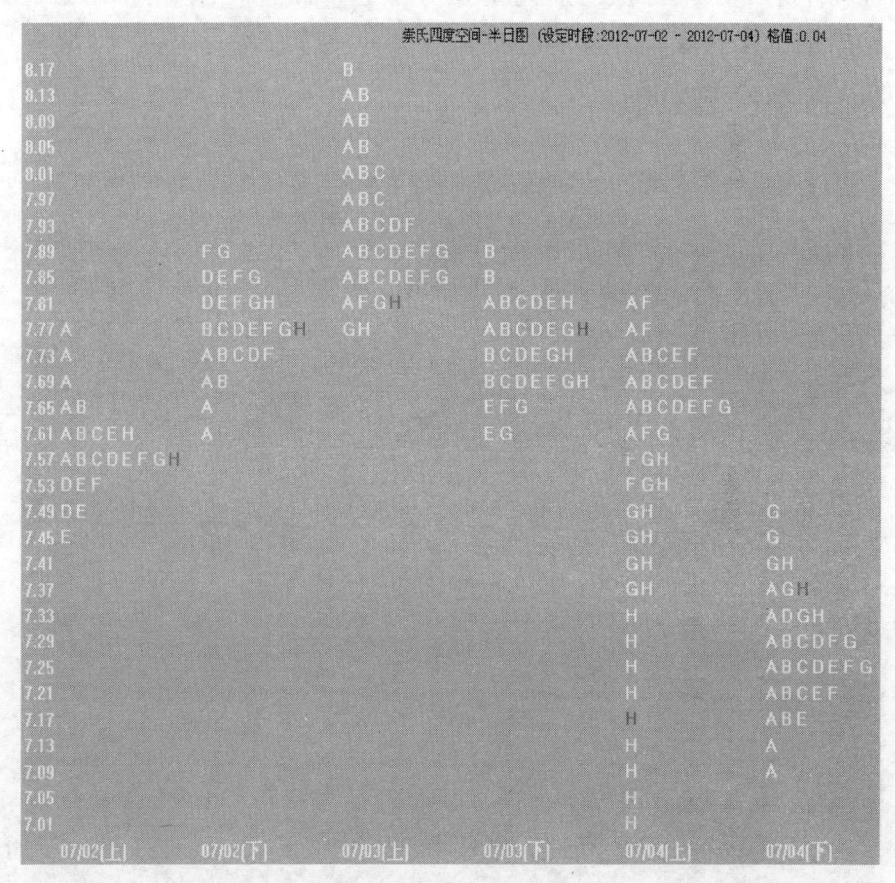

图10-11-3　沪天化从2012年7月2日（上）上午至2012年7月4日（下）下午的崇氏四度空间半日图

12. 个股崇氏四度空间图形形态之十二：
东方钽业（000962）

从图 10-12-1 中可以看出东方钽业在 7 月 30 日至 8 月 3 日周中第一次下探，之后向上强势单边市回升。在 8 月 27~31 日周中二次探底，并没有创新低，预示向上。9 月 3~7 日形成向上的强势单边市。

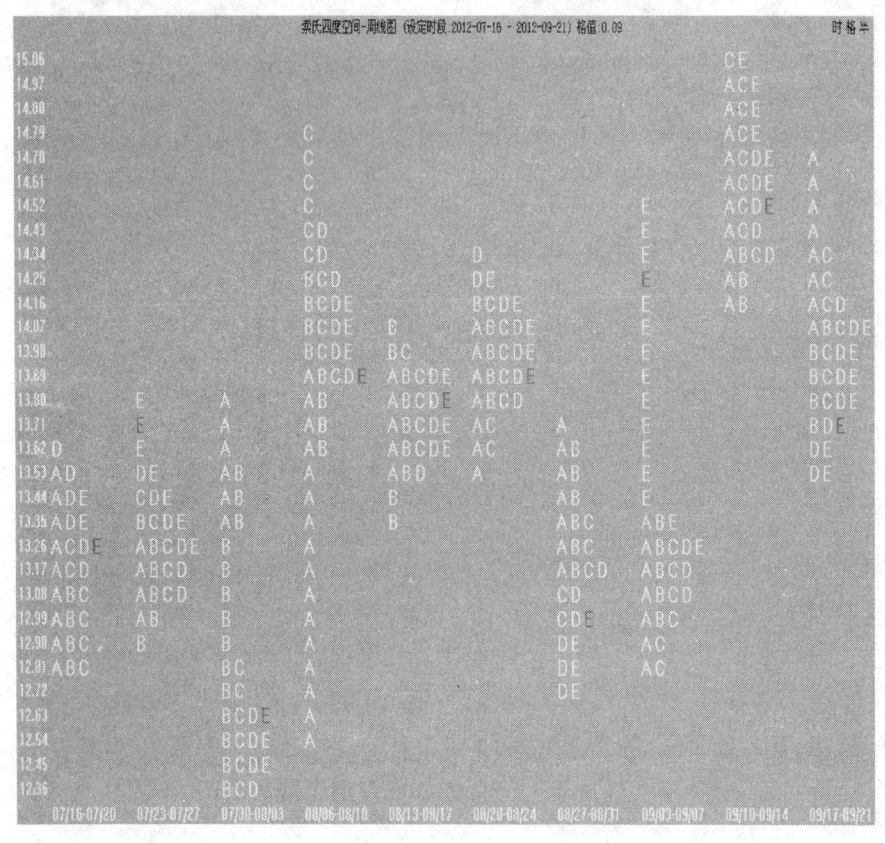

图 10-12-1　东方钽业从 2012 年 7 月 16 日开始到 2012 年 9 月 2 日的崇氏四度空间周图

十、崇氏四度空间图形在个股中的应用

我们看崇氏四度空间日图，图 10-12-2 中 9 月 6 日的价值区域比 9 月 5 日的价值区域上移，且高收，给出买点。

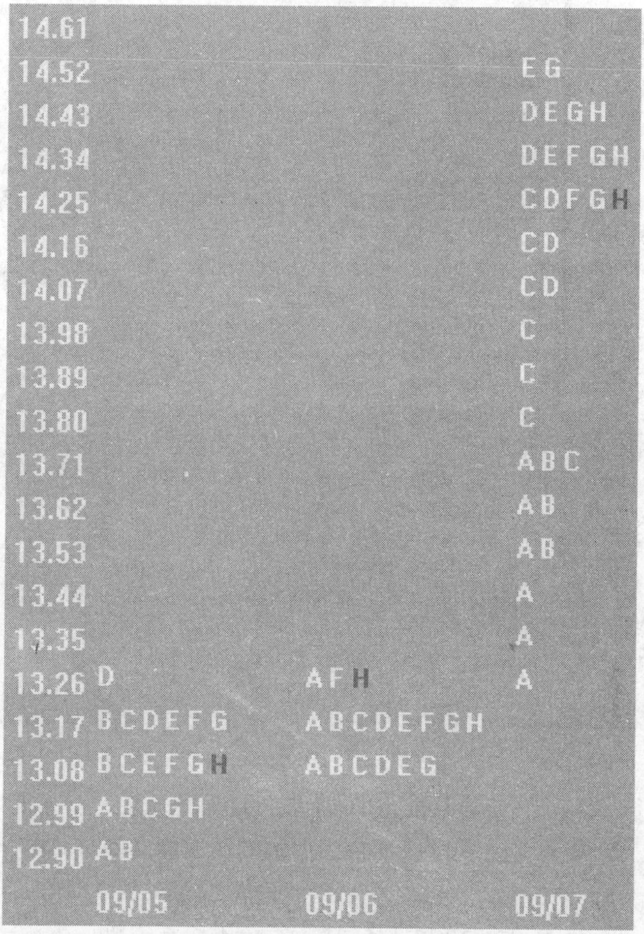

```
14.61
14.52                              EG
14.43                              DEGH
14.34                              DEFGH
14.25                              CDFGH
14.16                              CD
14.07                              CD
13.98                              C
13.89                              C
13.80                              C
13.71                              ABC
13.62                              AB
13.53                              AB
13.44                              A
13.35                              A
13.26  D            AFH            A
13.17  BCDEFG       ABCDEFGH
13.08  BCEFGH       ABCDEG
12.99  ABCGH
12.90  AB
       09/05        09/06          09/07
```

图 10-12-2　东方钽业从 2012 年 9 月 5 日开始到
2012 年 9 月 6 日的崇氏四度空间日图

从图 10-12-3 中可以看出 9 月 6 日（上）即比 9 月 5 日（下）价值区域上移，给出买点，也就是说，半日图比日图更接近地体现了买的最佳点位（价位）。

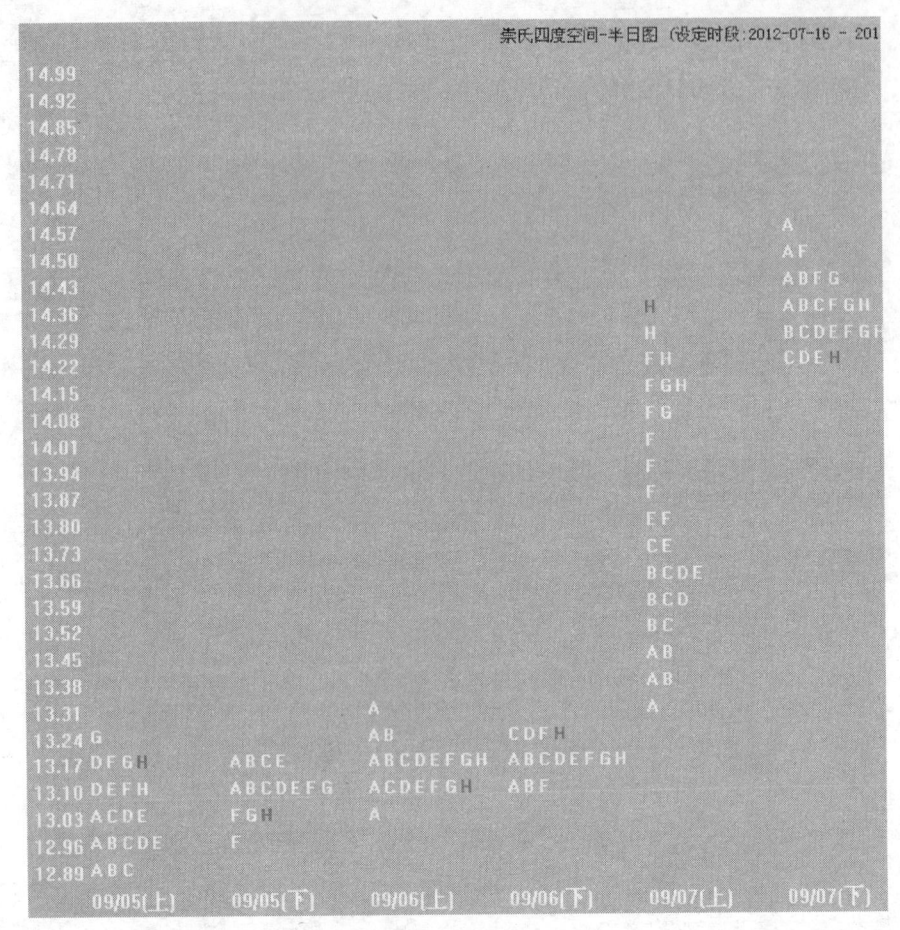

图 10-12-3　东方钽业从 2012 年 9 月 5 日（上）上午开始到
2012 年 9 月 7 日（下）下午的崇氏四度空间半日图

13. 半日崇氏四度空间图形的特点

崇氏四度空间半日图形态由于以 15 分钟为单位，所以图形经常出现类似涨跌停板的走势，此时主要看崇氏四度空间日图的价值区域的位置和收盘价位即可，如图 10-13-1、图 10-13-2 和图 10-13-3 所示。

例如：

十、崇氏四度空间图形在个股中的应用 ·149·

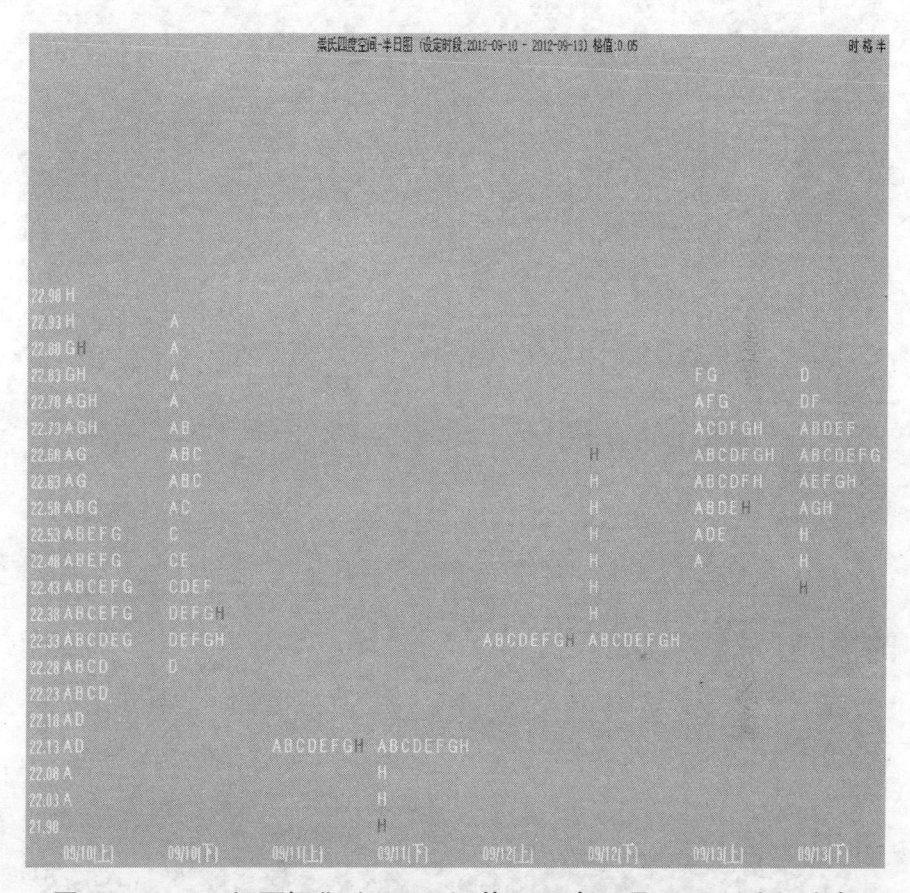

图 10-13-1 江西铜业（600362）从 2012 年 9 月 10 日（上）上午开始到 2012 年 9 月 13 日（下）下午的崇氏四度空间半日图

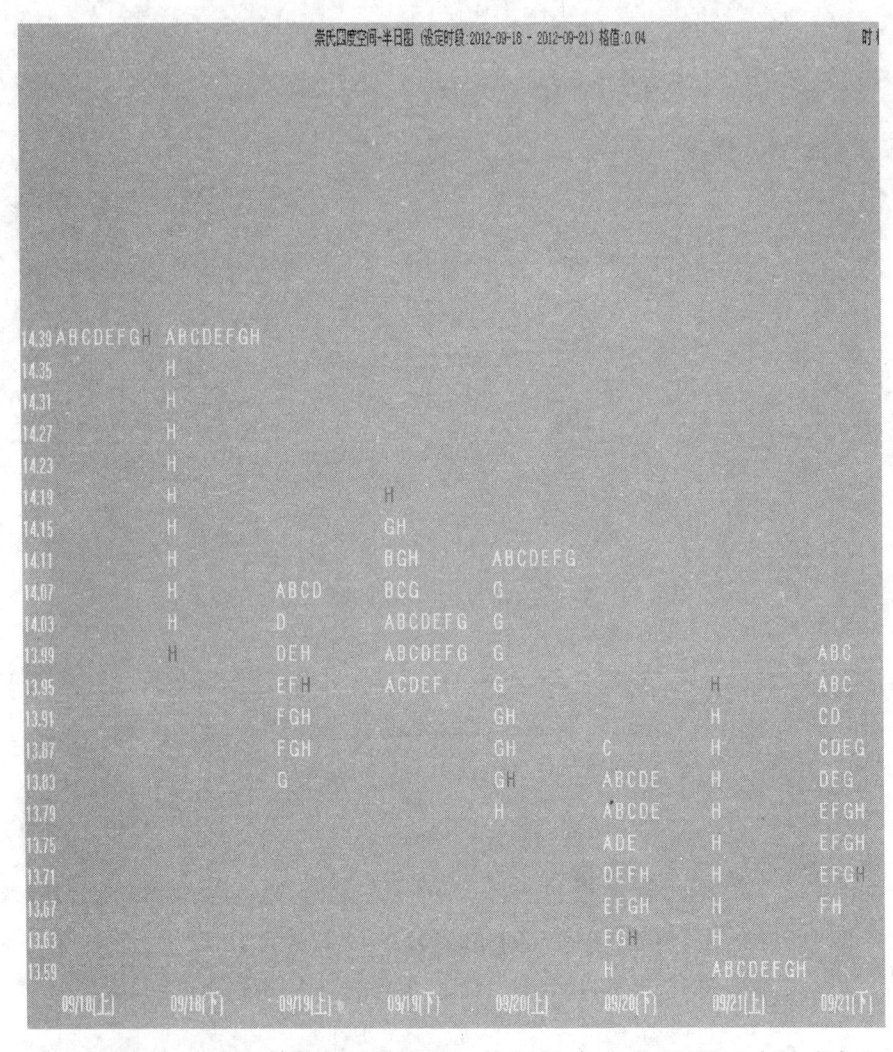

图10-13-2 阳泉煤业（600348）从2012年9月18日（上）上午开始到2012年9月21日（下）下午的崇氏四度空间半日图

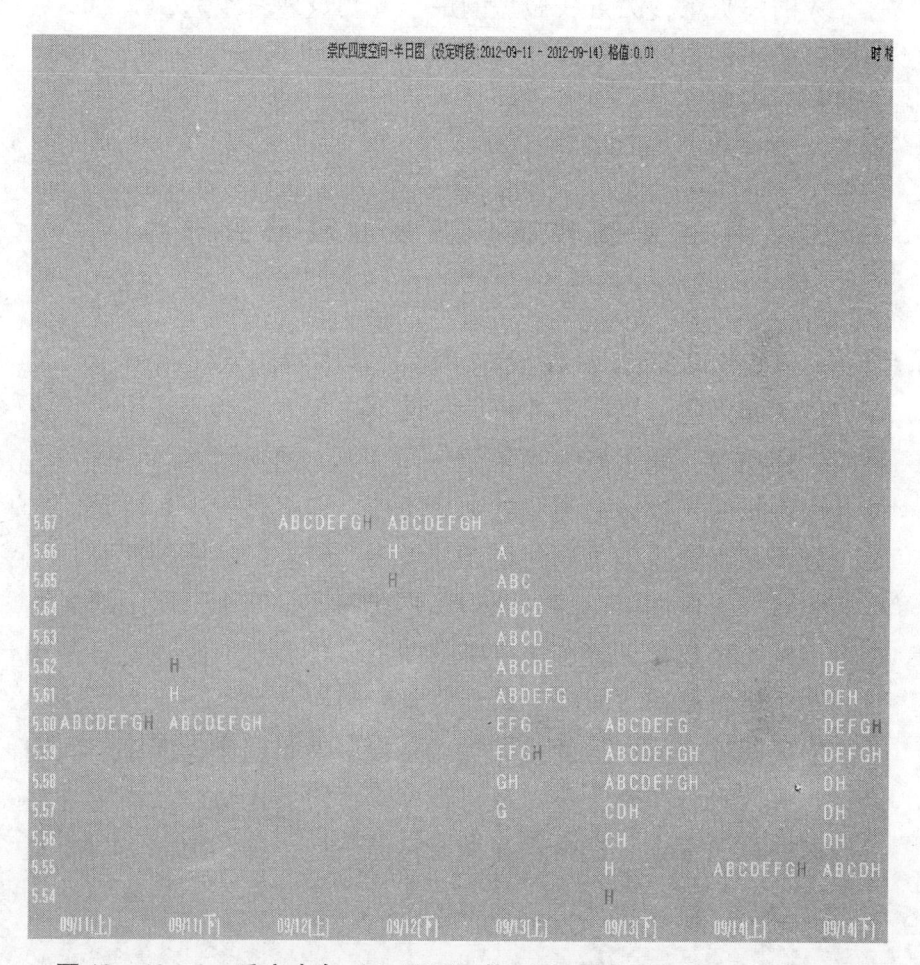

图10-13-3 重庆水务（601158）从2012年9月11日（上）上午开始到2012年9月14日（下）下午的崇氏四度空间半日图

总之，从以上的崇氏四度空间周图、崇氏四度空间日图、崇氏四度空间半日图，图中可以看出【看长做短】的必要性，只有在大的前提下，去寻找做短的最佳买卖点才是正途，那种不看长期趋势去做短的投资是十分危险的，这也是股市一赚、二平、七赔的原因所在。

14. 上证 B 股和深证 B 股的图形

总体讲 B 股走势和 A 股差不多，具体的买入卖出价位，均以价值区域为主，当向下的价值区域不再向下移动而开始平移或者向上移动时，是买点，当价值区域上移到不再上移而平移时，结合出现相对长线卖家出场时则是卖点，向上过程中是持有，向下过程中是空仓观望，期间注意从崇氏四度空间周图的相对长期趋势中寻找崇氏四度空间日图中和崇氏四度空间半日图中的买点和卖点，由于前面理论和实战中的图形，已经都有所论述，故 B 股的图中讲解略掉，投资者可自行判断！

崇氏四度空间理论的最大优点是投资者掌握崇氏四度空间理论后，可以自行判断大势以及自行判断个股的走势，从而把主动权把握在自己手中，把命运掌握在自己手里，如图 10–14–1 至图 10–14–12 所示。

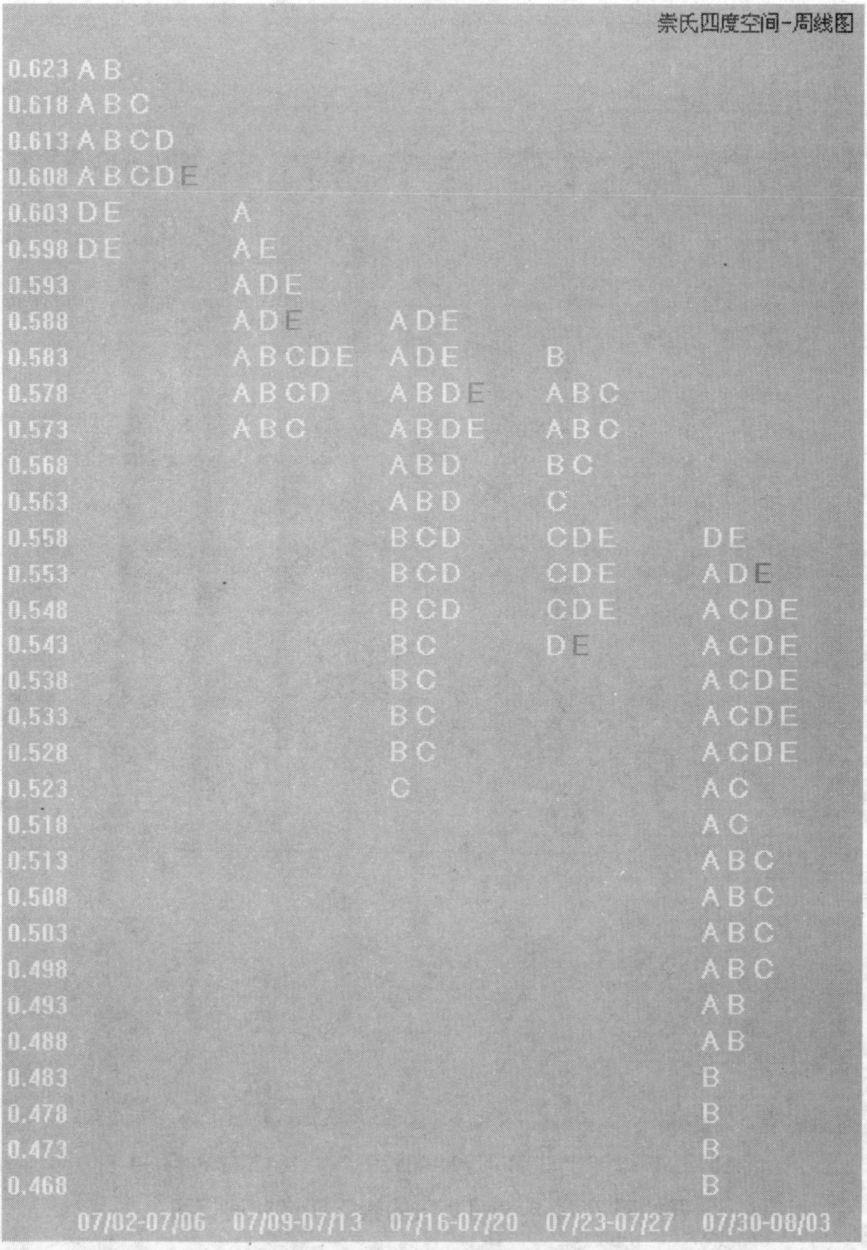

十、崇氏四度空间图形在个股中的应用

崇氏四度空间-周线图

```
0.623  A B
0.618  A B C
0.613  A B C D
0.608  A B C D E
0.603  D E        A
0.598  D E        A E
0.593             A D E
0.588             A D E       A D E
0.583             A B C D E   A D E       B
0.578             A B C D     A B D E     A B C
0.573             A B C       A B D E     A B C
0.568                         A B D       B C
0.563                         A B D       C
0.558                         B C D       C D E     D E
0.553                         B C D       C D E     A D E
0.548                         B C D       C D E     A C D E
0.543                         B C         D E       A C D E
0.538                         B C                   A C D E
0.533                         B C                   A C D E
0.528                         B C                   A C D E
0.523                         C                     A C
0.518                                                A C
0.513                                                A B C
0.508                                                A B C
0.503                                                A B C
0.498                                                A B C
0.493                                                A B
0.488                                                A B
0.483                                                B
0.478                                                B
0.473                                                B
0.468                                                B
       07/02-07/06  07/09-07/13  07/16-07/20  07/23-07/27  07/30-08/03
```

图 10-14-1　上柴 B 股（900920）从 2012 年 7 月 2 日开始到 2012 年 8 月 3 日的崇氏四度空间周图

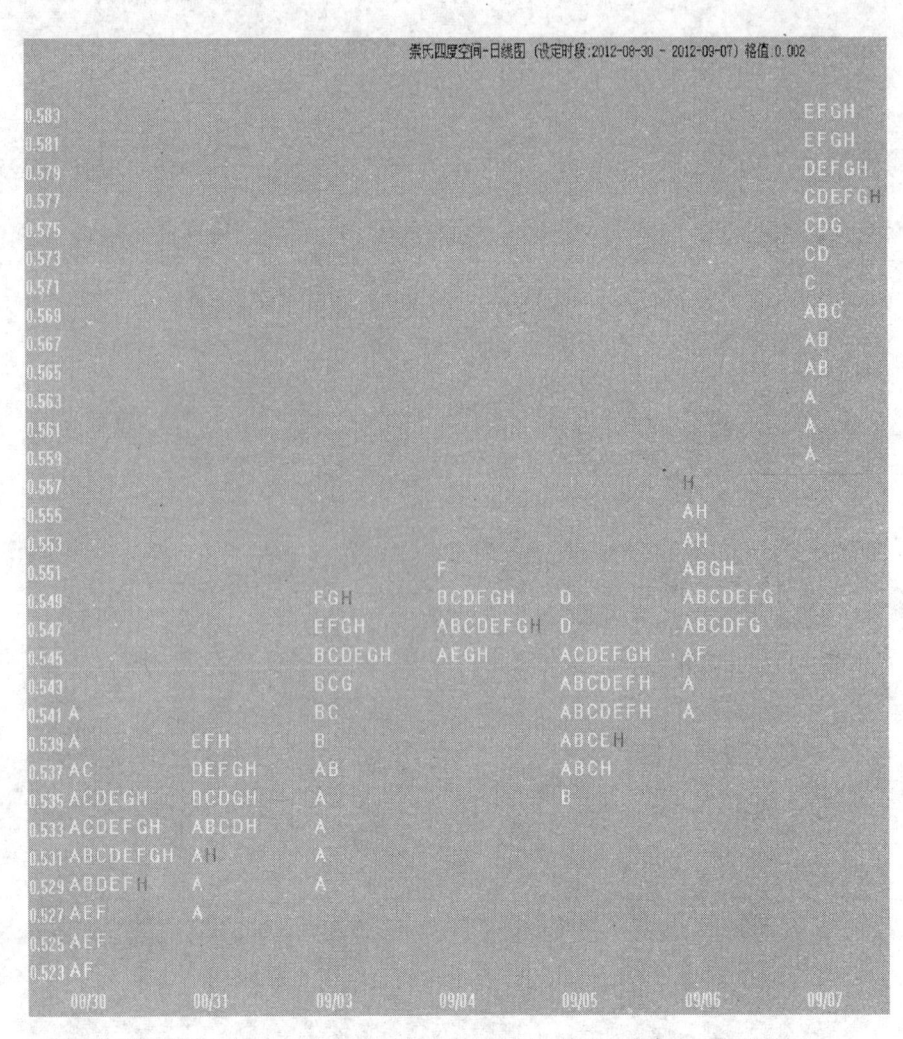

图 10-14-2　上柴 B 股（900920）从 2012 年 8 月 30 日开始到 2012 年 9 月 7 日的崇氏四度空间日图

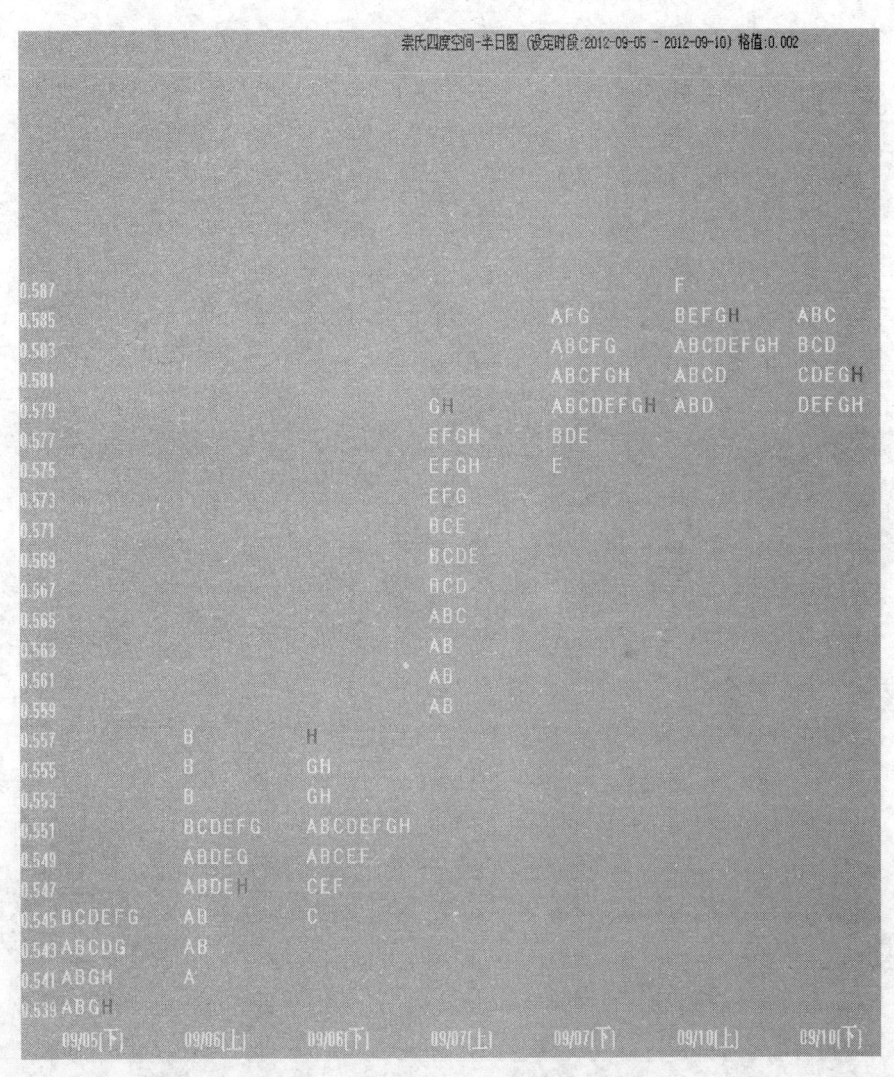

十、崇氏四度空间图形在个股中的应用　　　　·155·

图 10-14-3　上柴 B 股（900920）从 2012 年 9 月 5 日（上）上午开始到 2012 年 9 月 10 日（下）下午的崇氏四度空间半日图

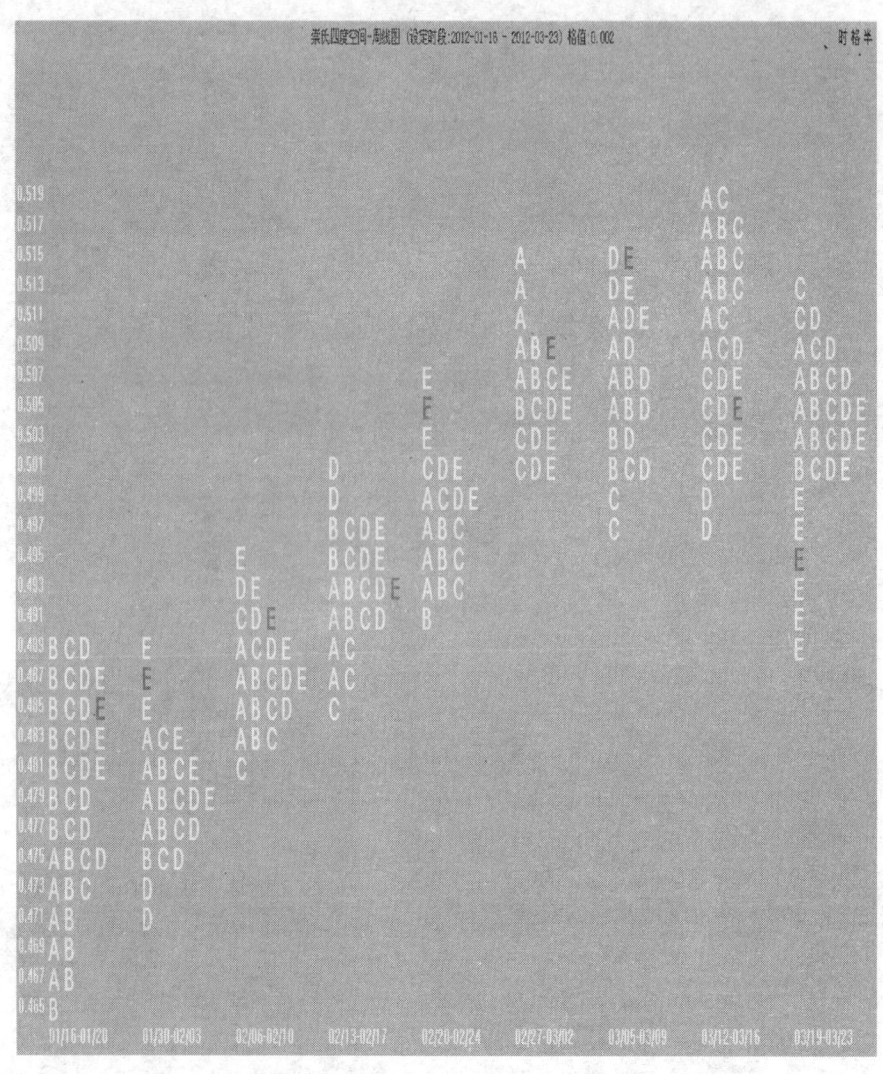

图 10-14-4　大众 B 股（900903）从 2012 年 1 月 16 日开始到 2012 年 3 月 23 日的崇氏四度空间周图

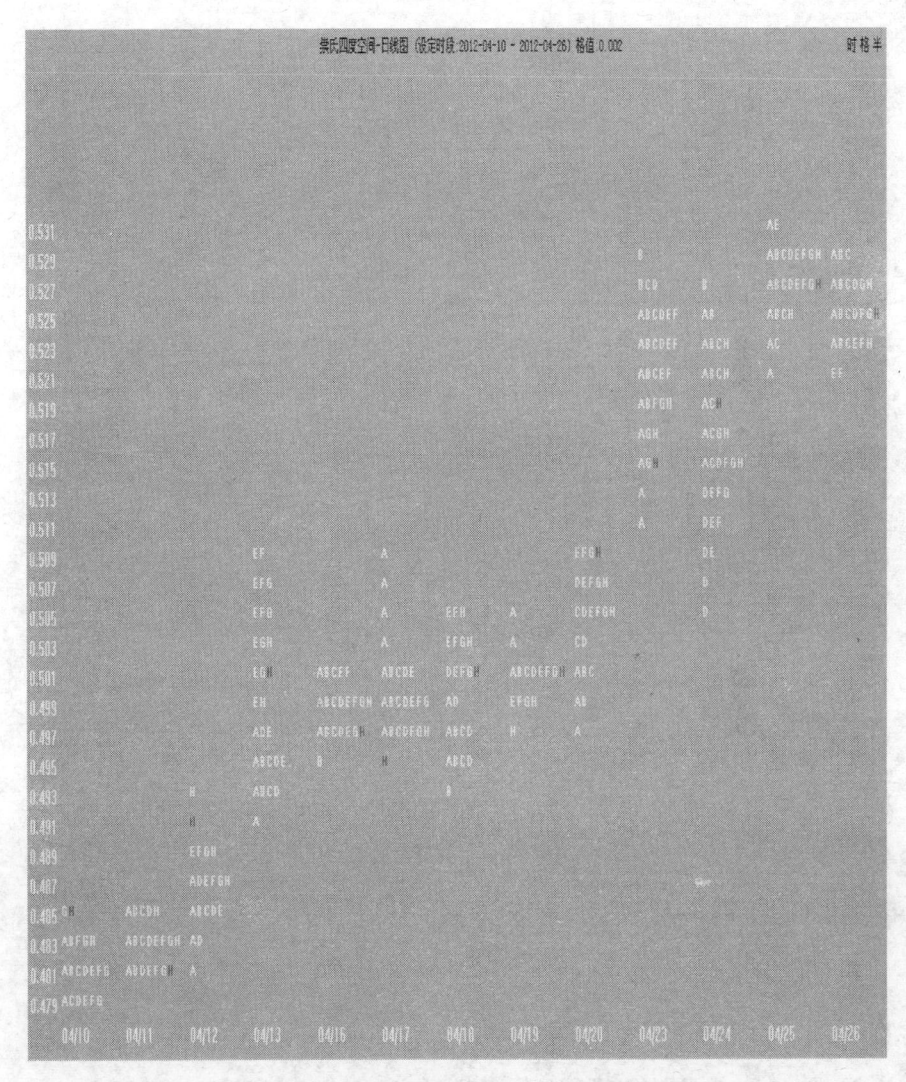

十、崇氏四度空间图形在个股中的应用

图 10 –14 –5　大众 B 股（900903）从 2012 年 4 月 10 日开始到 2012 年 4 月 26 日的崇氏四度空间日图

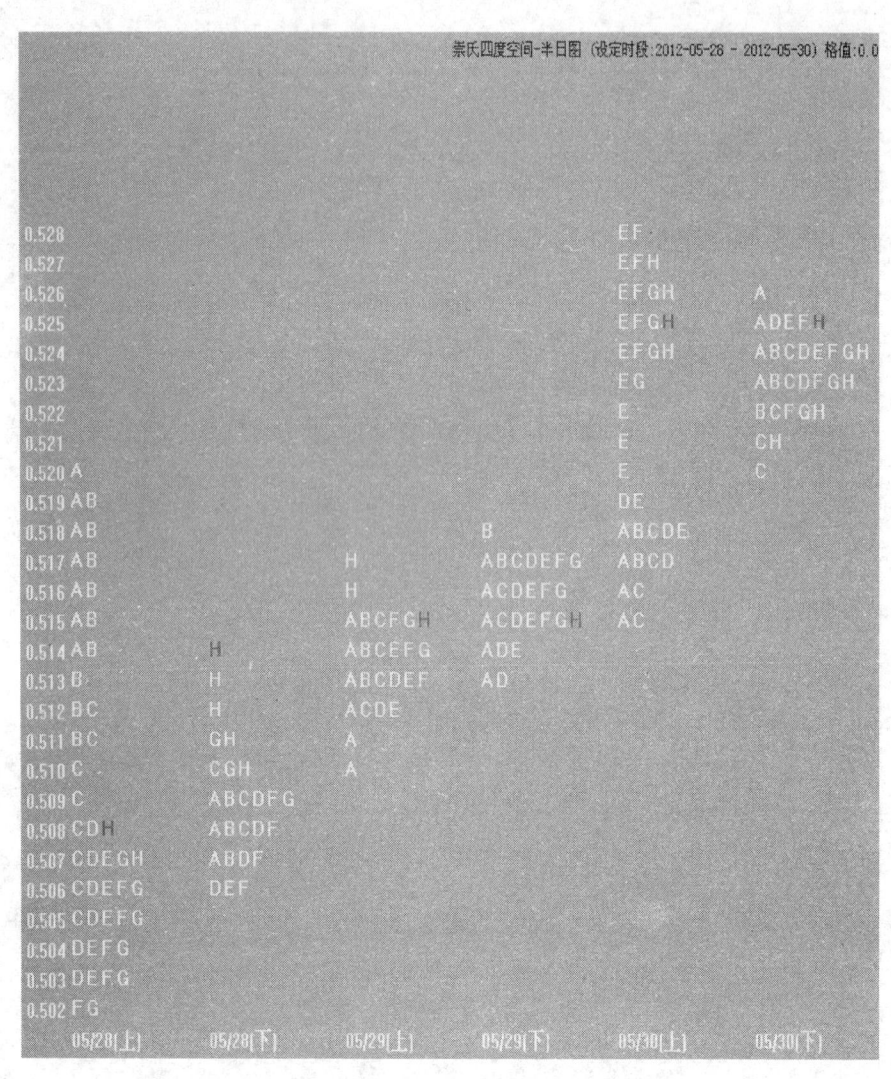

崇氏四度空间-半日图 (设定时段:2012-05-28 - 2012-05-30) 格值:0.0

	05/28(上)	05/28(下)	05/29(上)	05/29(下)	05/30(上)	05/30(下)
0.528					EF	
0.527					EFH	
0.526					EFGH	A
0.525					EFGH	ADEFH
0.524					EFGH	ABCDEFGH
0.523					EG	ABCDFGH
0.522					E	BCFGH
0.521					E	CH
0.520	A				E	C
0.519	AB				DE	
0.518	AB			B	ABCDE	
0.517	AB		H	ABCDEFG	ABCD	
0.516	AB		H	ACDEFG	AC	
0.515	AB		ABCFGH	ACDEFGH	AC	
0.514	AB	H	ABCEFG	ADE		
0.513	B	H	ABCDEF	AD		
0.512	BC	H	ACDE			
0.511	BC	GH	A			
0.510	C	CGH	A			
0.509	C	ABCDFG				
0.508	CDH	ABCDF				
0.507	CDEGH	ABDF				
0.506	CDEFG	DEF				
0.505	CDEFG					
0.504	DEFG					
0.503	DEFG					
0.502	FG					

图 10 – 14 – 6　大众 B 股（900903）从 2012 年 5 月 28 日（上）上午开始到 2012 年 5 月 30 日（下）下午的崇氏四度空间半日图

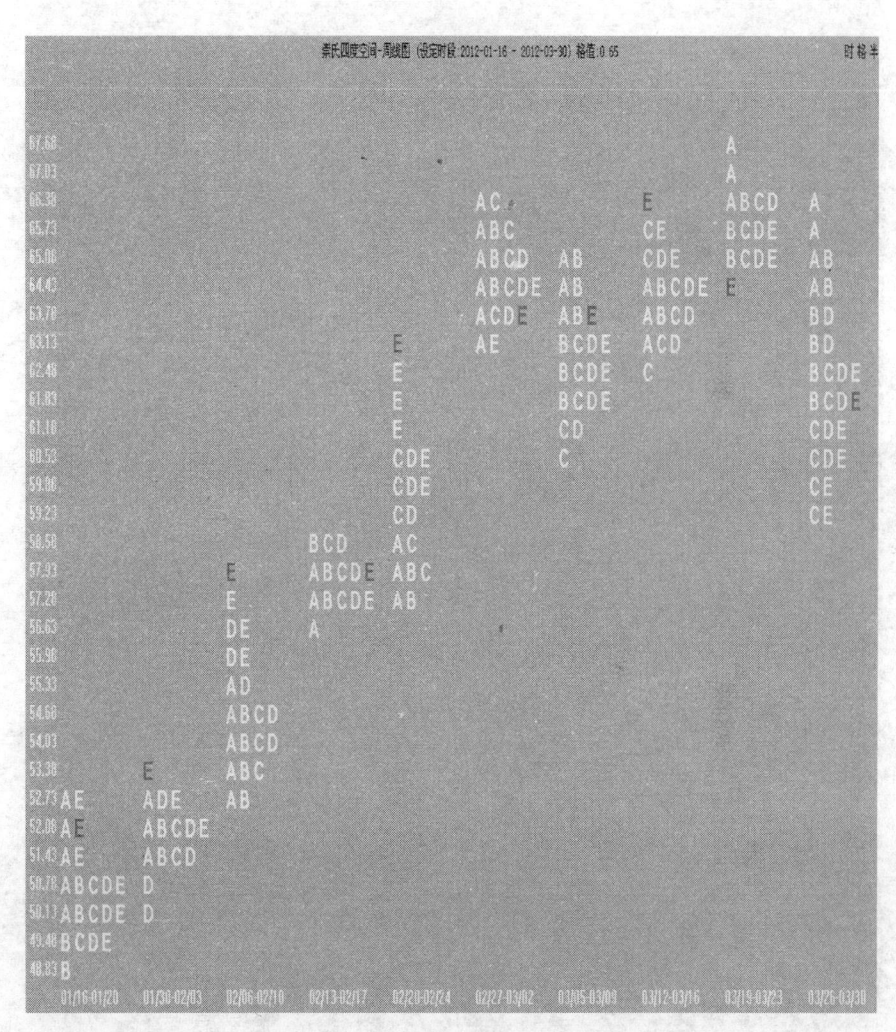

十、崇氏四度空间图形在个股中的应用 ·159·

图 10-14-7　古井贡 B 股（200596）从 2012 年 1 月 16 日开始到 2012 年 3 月 30 日的崇氏四度空间周图

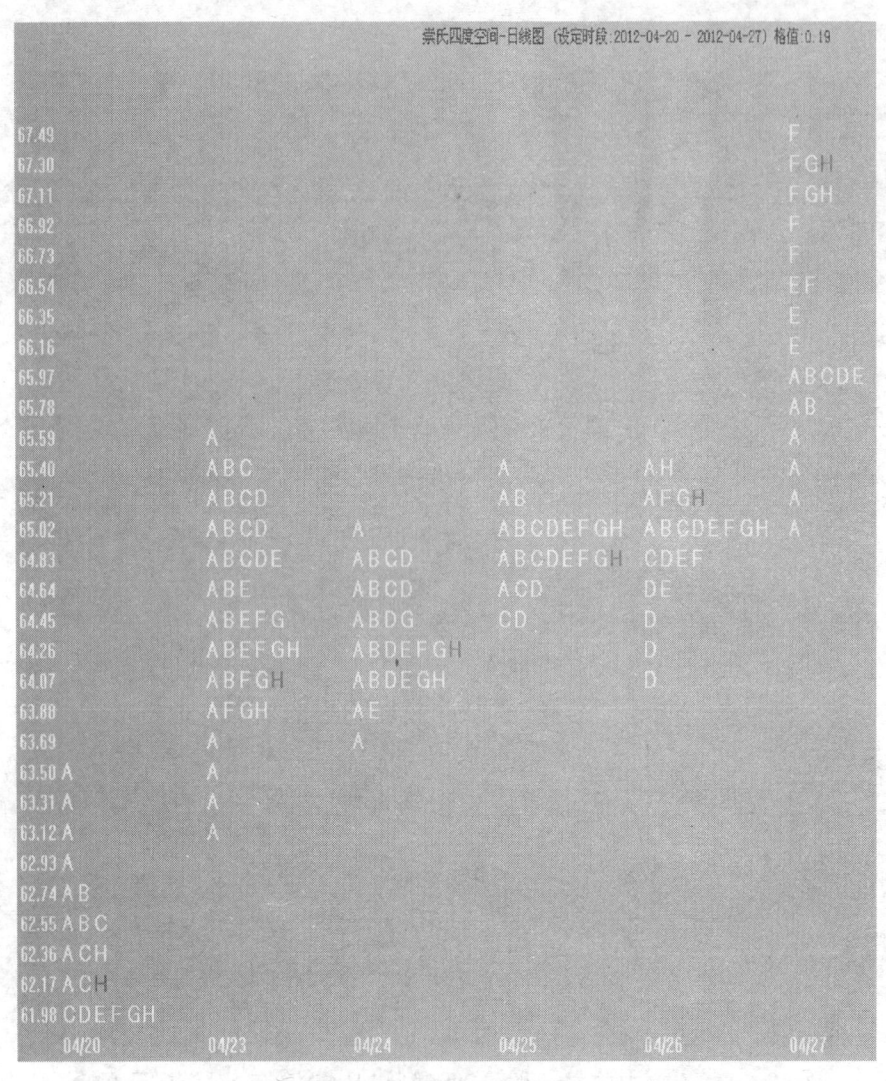

```
崇氏四度空间-日线图 (设定时段:2012-04-20 - 2012-04-27) 格值:0.19

67.49                                                               F
67.30                                                               FGH
67.11                                                               FGH
66.92                                                               F
66.73                                                               F
66.54                                                               EF
66.35                                                               E
66.16                                                               E
65.97                                                               ABCDE
65.78                                                               AB
65.59       A                                                       A
65.40       ABC                        A              AH            A
65.21       ABCD                       AB             AFGH          A
65.02       ABCD        A              ABCDEFGH       ABCDEFGH      A
64.83       ABCDE       ABCD           ABCDEFGH       CDEF
64.64       ABE         ABCD           ACD            DE
64.45       ABEFG       ABDG           CD             D
64.26       ABEFGH      ABDEFG                        D
64.07       ABFGH       ABDEGH                        D
63.88       AFGH        AE
63.69       A           A
63.50  A    A
63.31  A    A
63.12  A    A
62.93  A
62.74  AB
62.55  ABC
62.36  ACH
62.17  ACH
61.98  CDEFGH
       04/20        04/23      04/24       04/25         04/26     04/27
```

图10-14-8 古井贡B股（200596）从2012年4月10日开始到2012年4月26日的崇氏四度空间日图

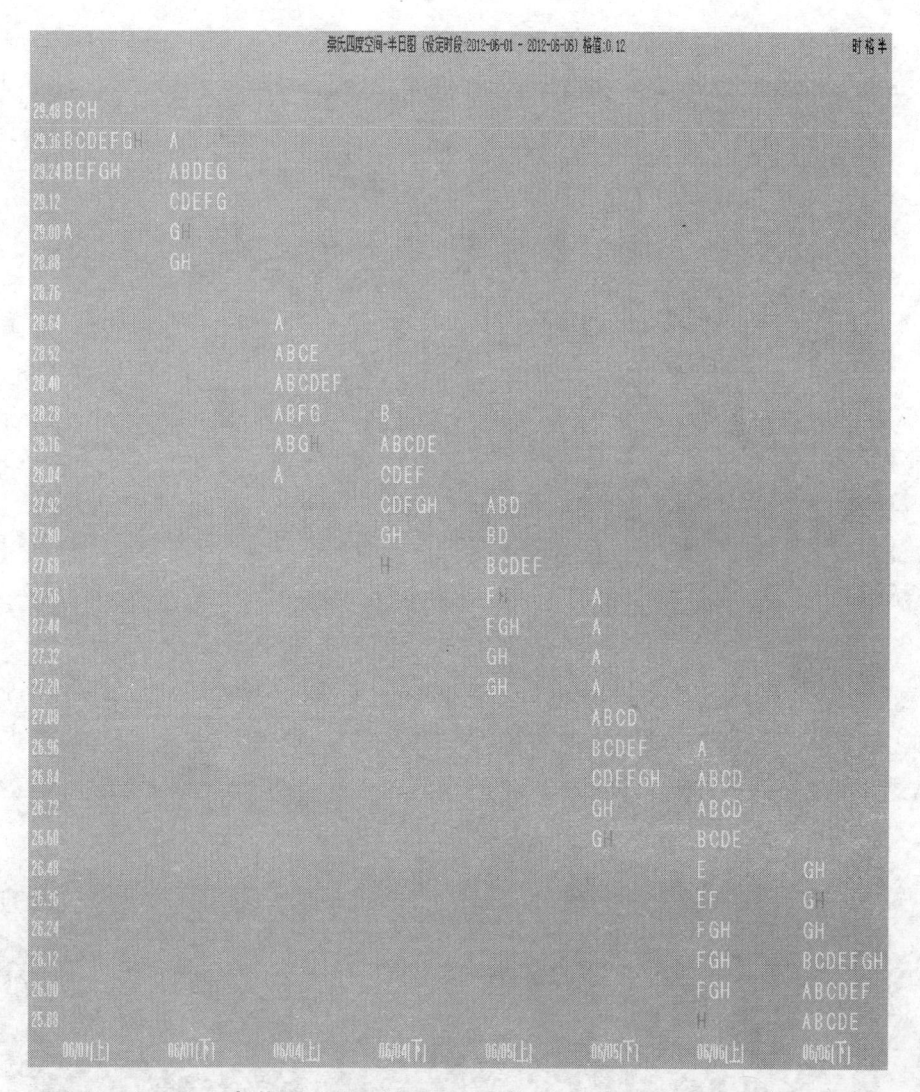

图 10-14-9 古井贡 B 股（200596）从 2012 年 6 月 1 日（上）上午开始到 2012 年 6 月 6 日（下）下午的崇氏四度空间半日图

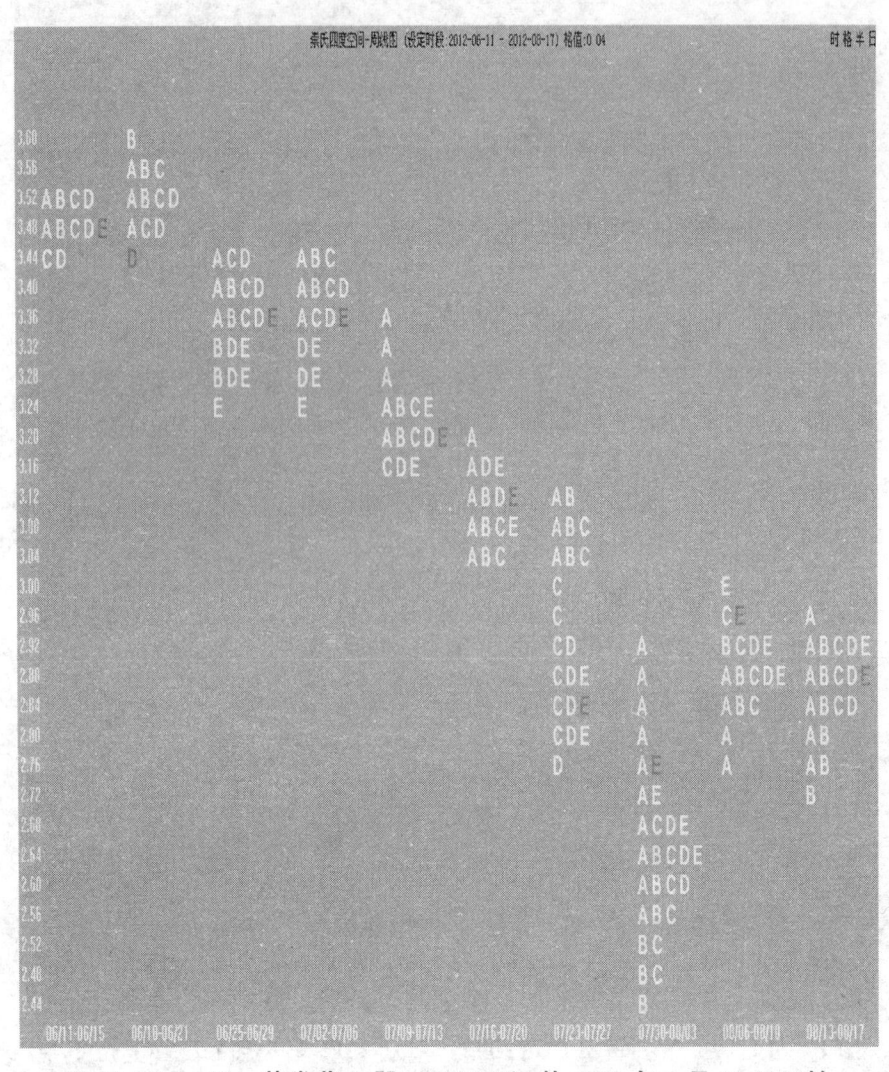

图 10-14-10 苏常柴 B 股（200570）从 2012 年 6 月 11 日开始到 2012 年 8 月 17 日的崇氏四度空间周图

图 10－14－11 苏常柴 B 股（200570）从 2012 年 7 月 31 日开始到 2012 年 8 月 10 日的崇氏四度空间日图

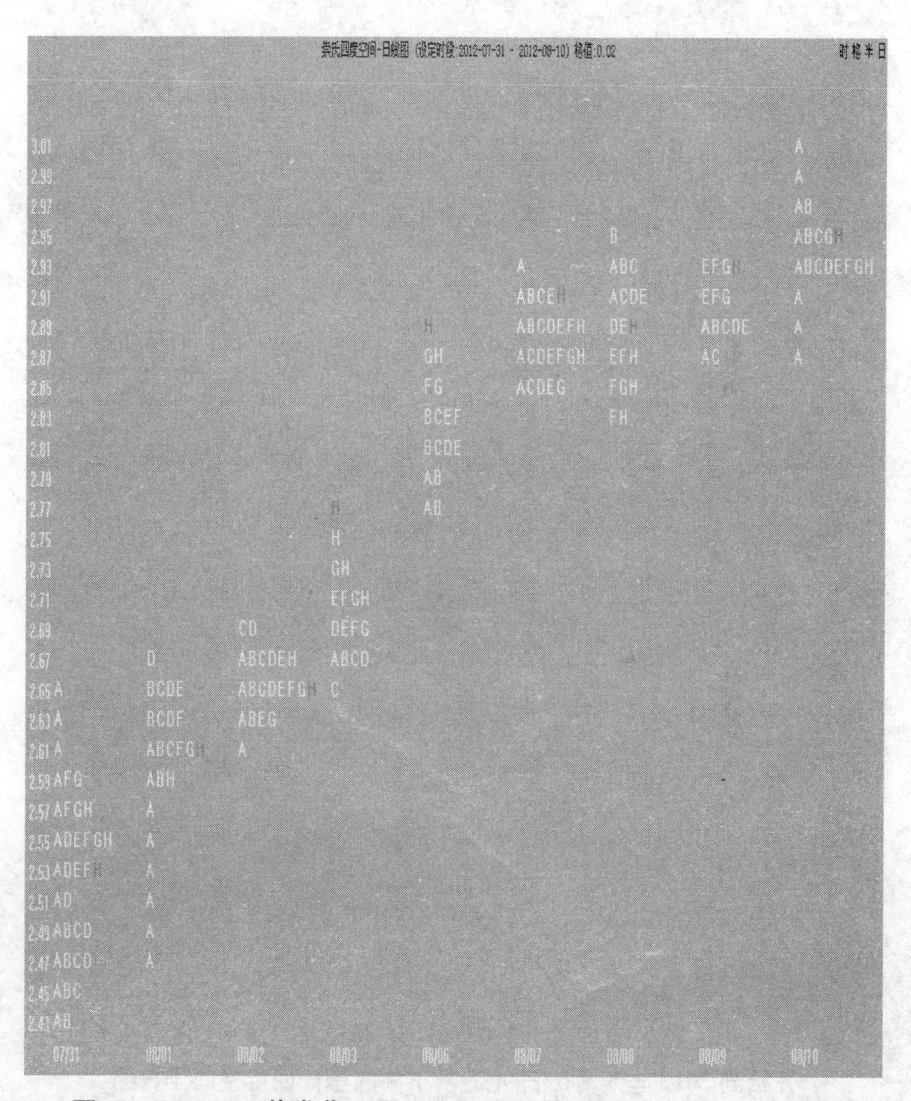

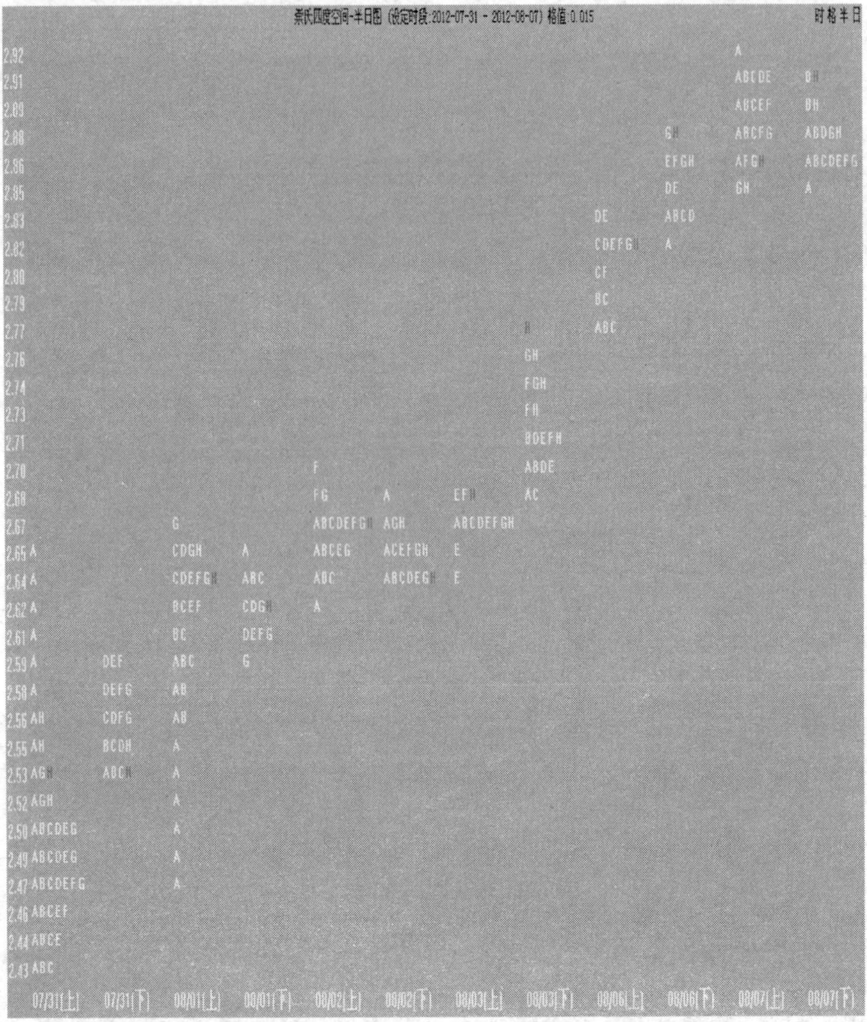

图10-14-12 苏常柴B股（200570）从2012年7月31日（上）上午开始到2012年8月7日（下）下午的崇氏四度空间半日图

十一、沪市大盘底部和顶部形态

1. 沪市大盘底部图形之一

沪市综合指数：从图 11-1-1 中可以看到在底部出现双底之后，之后出现 K 线中阳线，显示底部确认，向上展开上升行情，从图 11-1-2 中可以看出价值出现上移，应该马上跟进，也就是崇氏四度空间操作策略破高买入，从崇氏四度空间图可以看出，只要突然出现价值上移，也就是在图中的第五周的周三 C 处出现价值比上周上移时，周四坚决跟进，如果对崇氏四度空间掌握熟练时则可在周二回落时，周三大盘不再下探向上走时马上买入股票。

这里的 K 线图和崇氏四度空间图的对比，目的是虽然崇氏四度空间是新的理论，但它和 K 线有着共同的一致性，即是市场本身发出的资讯，并未人为加工，所以，没有失真现象，而许多技术指标只是描述了市场的部分内在因素，由于设计上不可能面面俱到，因此，容易产生盲区和死角，或者钝化失真。因此我们提倡在股市中应返璞归真，在 K 线理论和崇氏四度空间理论上下工夫。

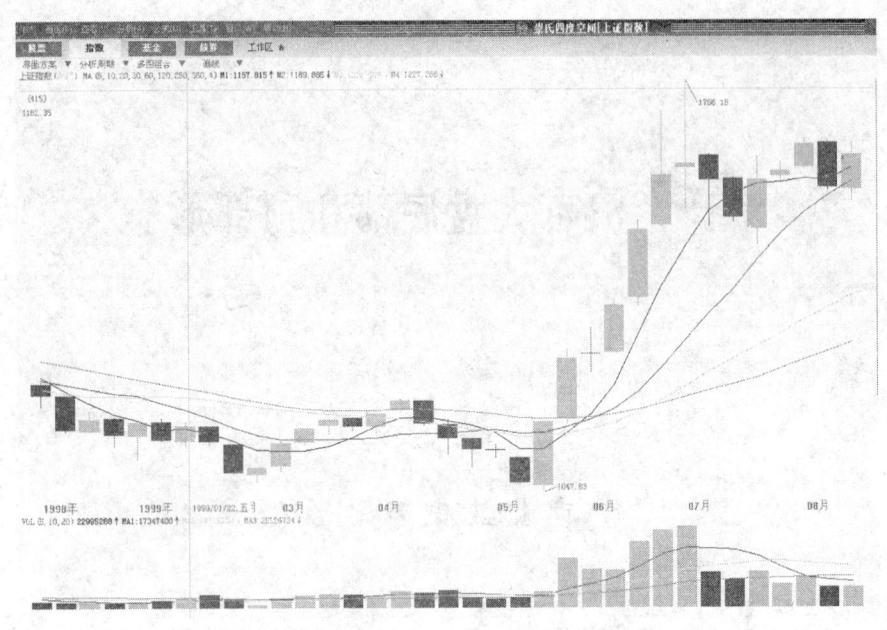

图 11-1-1　沪市大盘底部 K 线形态之一

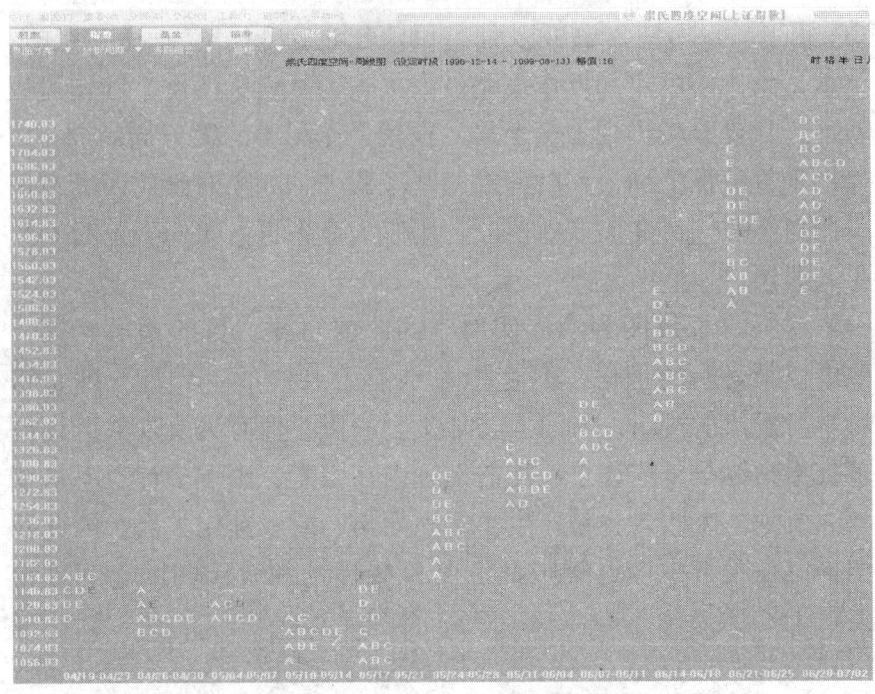

图 11-1-2　沪市大盘底部崇氏四度空间周图形态之一

2. 沪市大盘底部图形之二

从图11-2-1的K线图中可以看出三个底部，从图11-2-2的崇氏四度空间周图形态上可以看出都是出现了向上强势单边市之后，展开了一轮较大的行情。

这里不再详细叙述，由读者自行对照分析。

图11-2-1 沪市大盘底部K线形态之二

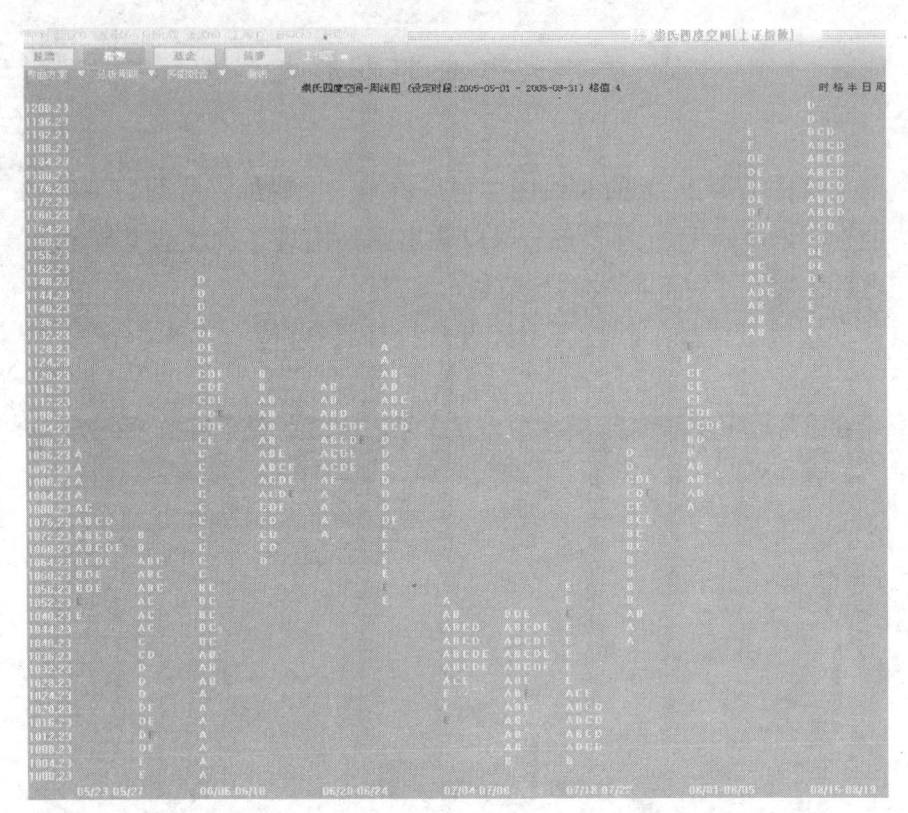

图 11-2-2　沪市大盘底部崇氏四度空间周图形态之二

3. 沪市大盘底部图形之三

此图 11-3-1 为沪市大盘小双底图形，此小双底一般为相对的中型底，在此图 11-3-2 崇氏四度空间周图形中 10 月 27 日至 11 月 7 日两周给出价值区域底部平移，之后展开一波向上的行情。

十一、沪市大盘底部和顶部形态

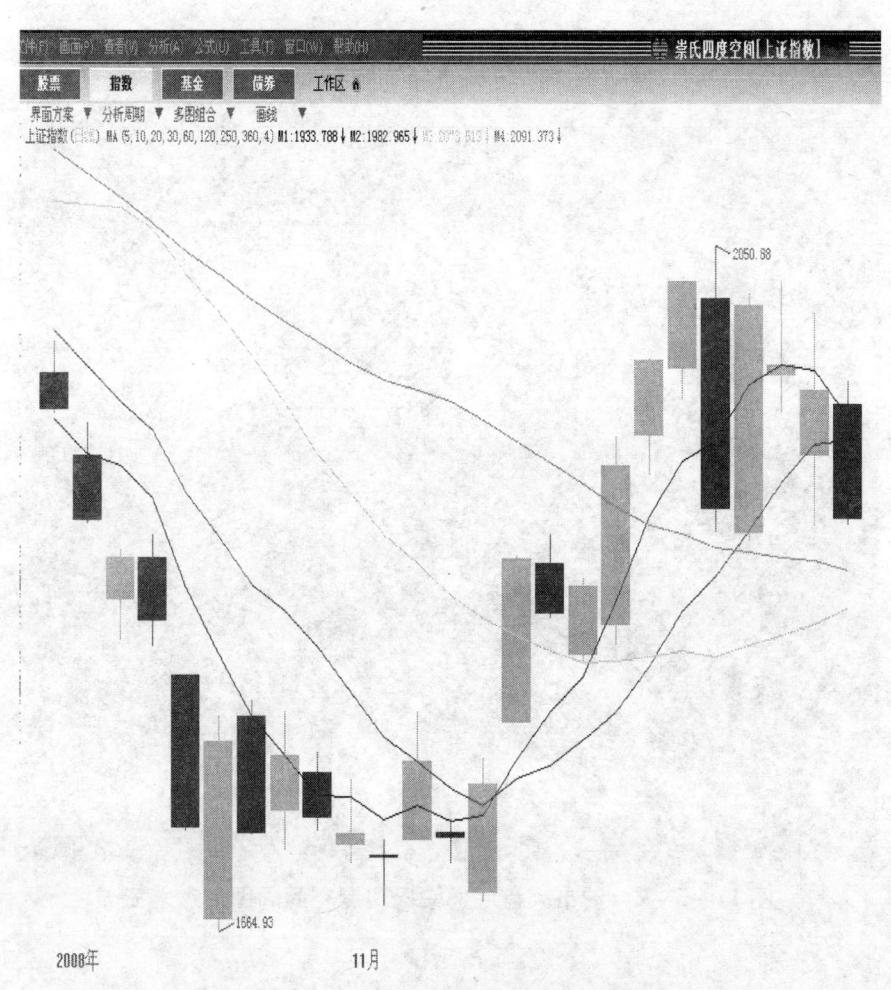

图 11 - 3 - 1　沪市大盘底部 K 线形态之三

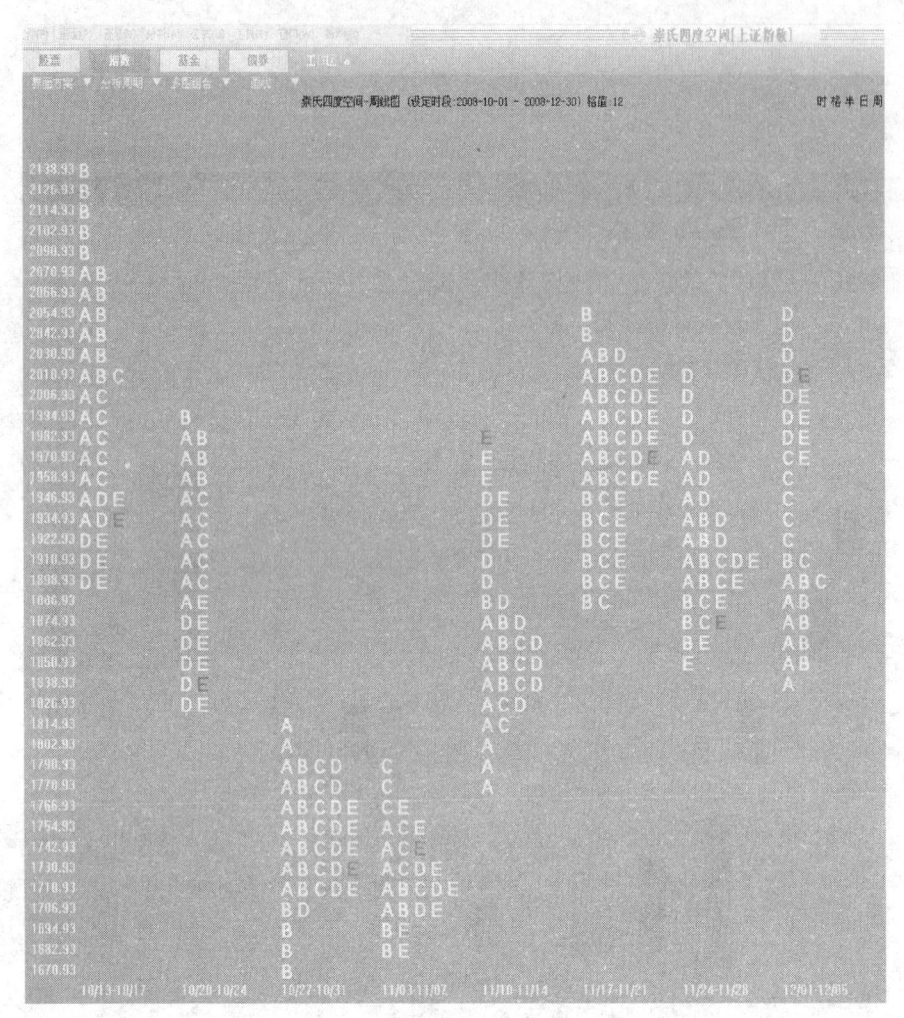

图 11 – 3 – 2　沪市大盘底部崇氏四度空间周图形态之三

4. 沪市大盘顶部图形之一

从沪市大盘的两次顶部来看（见图 11 – 4 – 1 和图 11 – 4 – 2）：

第一次：图 11 – 4 – 1 沪市大盘顶部 K 线形态之一中经过持续上升后，见到 6124 点时，出现了向下长阴 K 线，下跌 3 浪之后反弹上升遇阻，形成第二个相对顶部，构成变形的 M 头。图

11-4-2 崇氏四度空间周图则给出 10 月 15~19 日这周的平衡市低收，预示向下概率增大，之后在 10 月 22~26 日这周出现价值区域下移之后，在 10 月 29 日至 11 月 2 日这周再次向上未达到前期 6124 高点，之后在 11 月 5~9 日的崇氏四度空间周图出现向下单边市，本周图上面的单独字母 A 和图中间的单独字母 D 均为长线卖家出场。至此，一段波澜壮阔的上升浪结束，从而走出了一波向下的下跌行情直至 1664 点。彻底验证了崇氏四度空间理论的实战性。

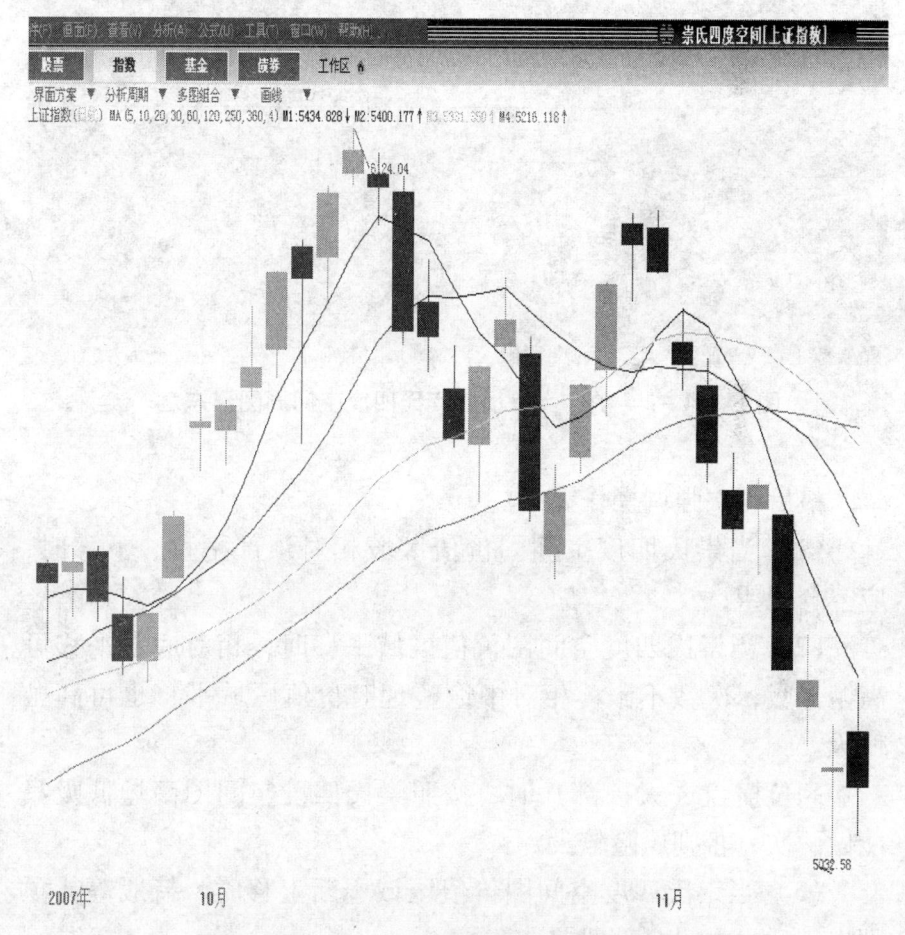

图 11-4-1　沪市大盘顶部 K 线形态之一

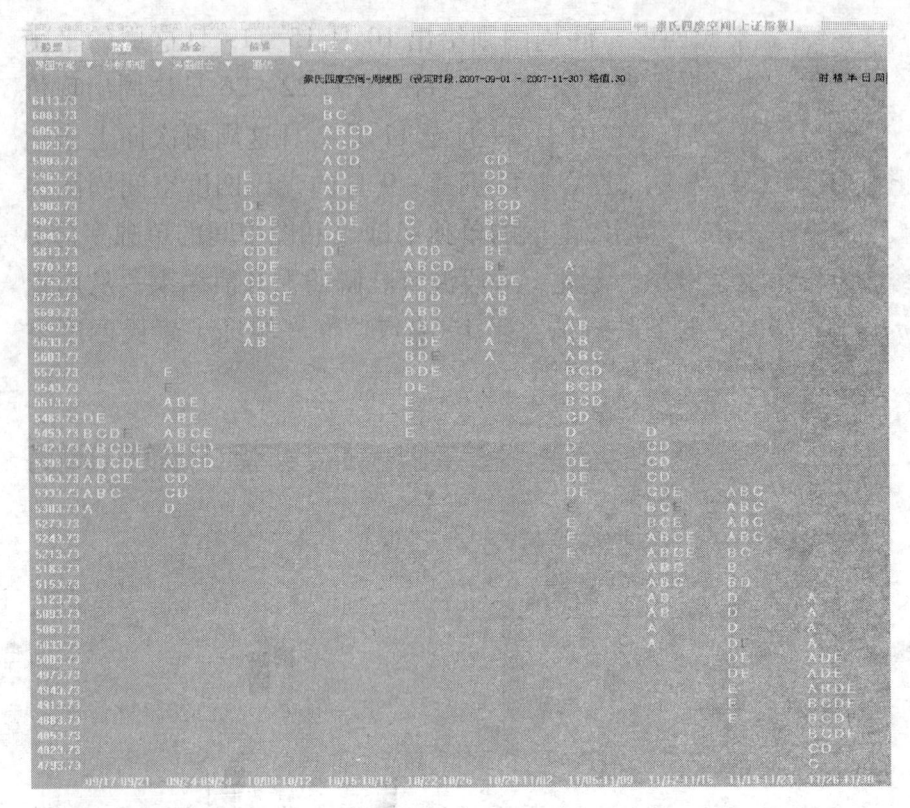

图11-4-2 沪市大盘顶部崇氏四度空间周图形态之一

最后再次强调操作策略：

(1) 当崇氏四度空间图价值区域相对顶部平移、下移时，应空仓观望；

(2) 当崇氏四度空间图价值区域平移时，相对底部平移可高抛低吸，次数不限，相对中途整理时价值区域平移也可高抛低吸。

高位横盘（大顶部）时，按照崇氏四度空间图高抛低吸只能做两次，否则风险较大。

(3) 当崇氏四度空间图价值区域不断上移时，持股等待顶部出现后，抛出全部股票。

如果能够客观地按照上面的操作策略去做，严格遵守纪律。

您一定会在股市中取得成功！

5. 沪市大盘顶部图形之二

从沪市大盘的探底 1664 之后开始 B 浪反弹（见图 11-5-1），图中在 3400 点左右形成 K 线的锤头吊颈，预示到达反弹的相对顶部。而在崇氏四度空间周图（见图 11-5-2）8 月 3~7 日这周图中形成向下的强势单边市，且本周图形中上部为平头形状（ABC 三个字母平移）给出了相对顶部，在此就应全部清仓，反弹结束之后，8 月 10~14 日这周图形中形成向下单边市且低收，更验证了相对顶部成立。

从上述两个顶部的形成可以看出崇氏四度空间周图均给出了十分清晰的卖出信号，据此操作可谓万无一失。

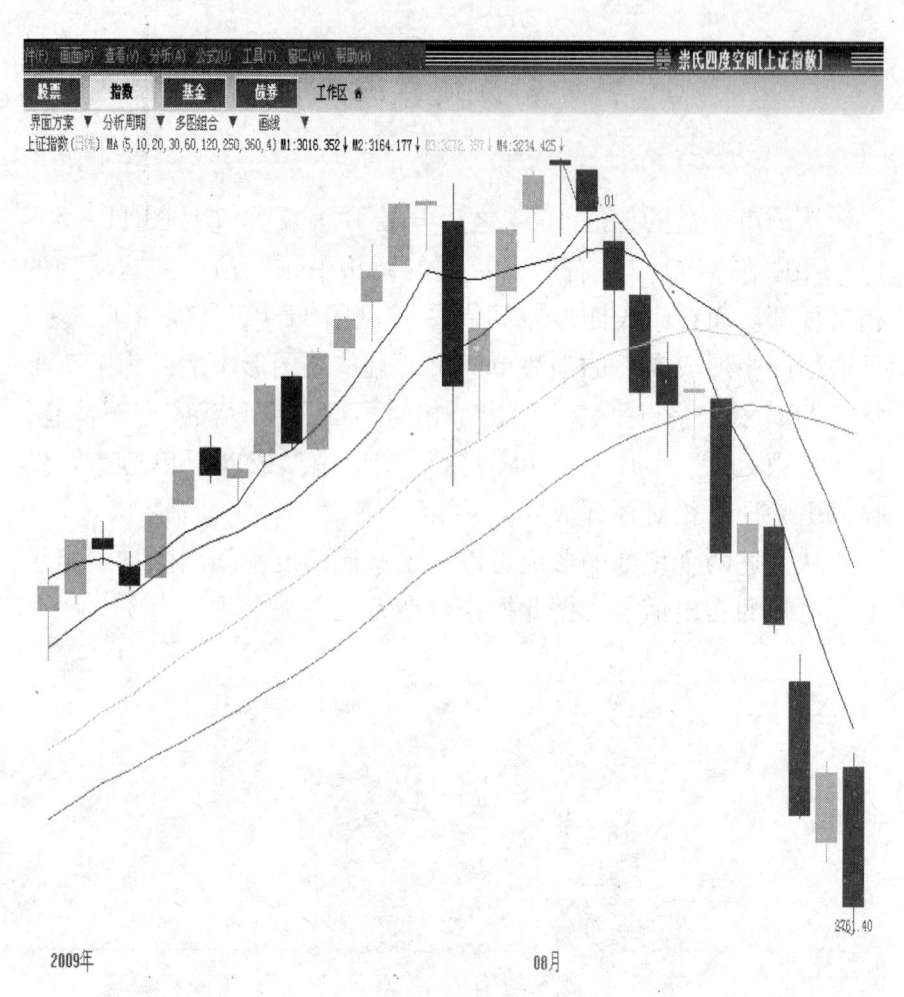

图 11-5-1 沪市大盘见顶 K 线形态之二

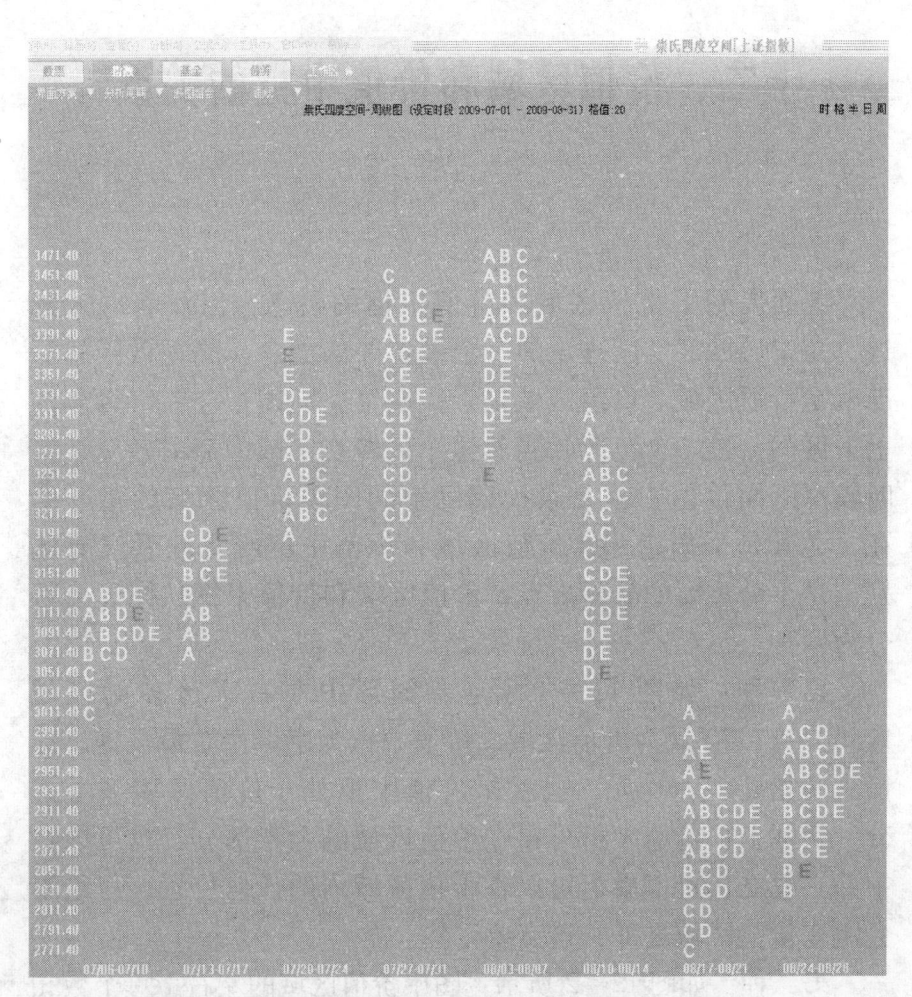

图 11-5-2 沪市大盘崇氏四度空间周图见顶图之二

十二、价值区域和价值中枢的关系

前面提到了价值区域和价值中枢的概念,但没有深入论述,是崇氏四度空间理论的一个最重要的概念,高抛低吸的标准就是价值区域。价值区域是崇氏四度空间图中左右字母多的上下区间,是一个范围,当然这个区域在实战中有时较宽、有时较窄。而价值中枢是崇氏四度空间图中价值区域的重心所在,尤其是平衡市中,价值区域和价值中枢既有联系又有区别,是十分重要的分析要点,价值区域和价值中枢从图形上可分为两种:

第一种:如图12-1所示:图形中左右字母多的区域17.60~17.70元为价值区域,价值中枢为字母左右最多处,即箭头所指处17.60元,也就是价值中枢处于价值区域下半部分。实际上,价值中枢可以在价值区域的上半部分,也可以在中部。总之,价值中枢可以在价值区域内的任何位置,但绝不会跑在价值区域之外,这点要记住。

第二种:如图12-2所示:图中价值区域的左右字母个数相等,也就是价值区域17.60~17.70元。此时价值中枢要具体分析,取其中心为价值中枢,即17.65元。

以上两种情况:一是字母最多价值中枢,这个价值中枢实际上根据具体情况可在价值区域内移动,由于篇幅所限,没有给其他类型;二是价值区域内没有突出的价值中枢位置,只好取其中心而定。我们分析价值中枢的目的在于和收盘比较,此时平衡市

十二、价值区域和价值中枢的关系

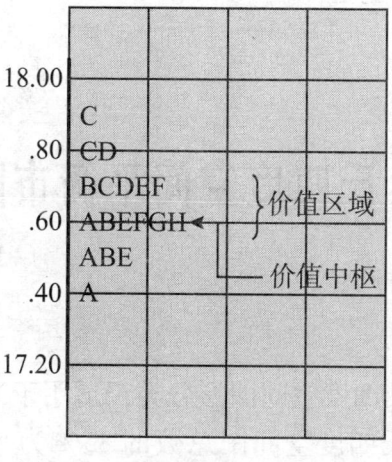

```
18.00
     C
 .80 CD
     BCDEF
 .60 ABEFGH  ← 价值区域
     ABE      价值中枢
 .40 A
17.20
```

图 12-1

```
18.00
17.80 DEH
      ABDEFGH  ← 价值中枢 } 价值区域
17.60 ABCDFGH
      ABCDH
17.40
17.20
```

图 12-2

中如收盘在价值中枢之上可预示向上的可能性大一些。如收盘在价值中枢之下可预示向下的可能性大一些，这是短线研究的范围。一般中长线投资者对此分析可忽略不计。严格意义上的收盘在价值中枢之上就可以认为高收盘，在价值中枢之下收盘就认为是低收盘，广义上的高收盘是指在价值区域之上，广义上的低收盘是指在价值区域之下。

十三、崇氏四度空间平衡市图形分析

在前面的崇氏四度空间图形分类仍适用于半日、日的崇氏四度空间图形。崇氏四度空间图总数的85%为平衡市,所以,平衡市的研判就显得十分必要。实际上,强势单边市就是平衡市向上或向下的延展,在延展中尚未形成新的价值区域的图形(延展时单个字母超过3个以上)一般在次日才形成新的价值区域。单边市就是两个平衡市的上下叠加图形,同一天的价值区域的上移或下移。这里可以看出平衡市的基础作用。

平衡市,顾名思义就是市势平衡,缺少方向感,但细分之下,仍有收盘价在价值区域之上或之下之分。下面分三种介绍:

1. 高收平衡市

高收平衡市是指收盘价高于价值区域的平衡市。在前半部分里对平衡市没有细分,依照原版本的中立市、平衡市、变形平衡市、无趋势市等在本人的研究中都归入平衡市一类,简化种类,便于分析。但从短线投资来看,收盘价相对于价值区域的高收、中收、低收对于操作十分有用。

如图13-1所示,此图为稀土高科2001年3月26日崇氏四度空间图,价值区域是16.30~16.50元,尾市收盘于……(H)……点,在价值区域之上,属于高收平衡市。一般来讲,高收预示着后市向上的概率大(要结合波浪理论的浪形分析更准确)。

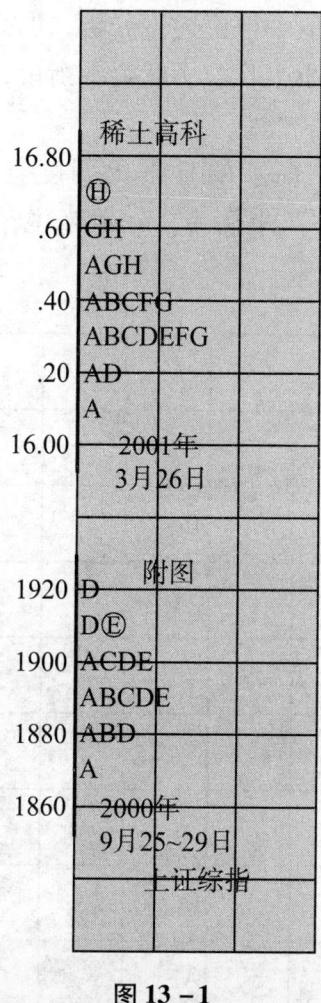

十三、崇氏四度空间平衡市图形分析　　　　·179·

	稀土高科	
16.80		
	Ⓗ	
.60	G̶H̶	
	AGH	
.40	A̶B̶C̶F̶G̶	
	ABCDEFG	
.20	A̶D̶	
	A	
16.00	2̶0̶0̶1̶年̶	
	3月26日	
	附图	
1920	D̶	
	DⒺ	
1900	ACDE	
	ABCDE	
1880	A̶B̶D̶	
	A	
1860	2̶0̶0̶0̶年̶	
	9月25~29日	
	上̶证̶综̶指̶	

图 13－1

附图是周崇氏四度空间图，也是高收平衡市。

2. 中收平衡市

中收平衡市是指收盘价位于价值区域之内的平衡市。

在分析中，我们一般认为收盘价在价值区域内就认定是中收平衡市。投资者（尤其是短线投资者）如若细分，可考虑按第二节的价值区域和价值中枢论述去分析，那么在价值区域内的收盘也可分为小高收、小中收、小低收平衡市，但是一般投资者没有必要再细分了。

图 13-2 是东湖高新的日崇氏四度空间图，收盘于……（H）……点，属于中收平衡市。一般来说，中收平衡市表示方向感不明显，宜观望。

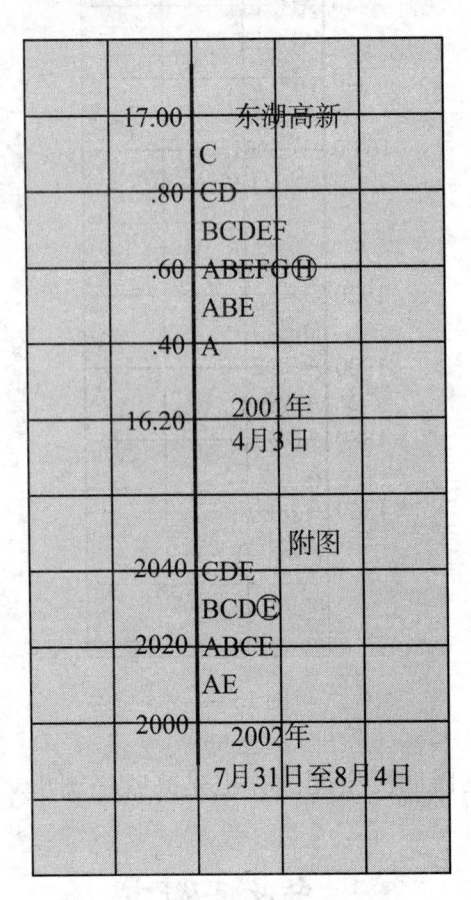

	17.00　东湖高新		
	C		
	.80　CD		
	BCDEF		
	.60　ABEFG㉿		
	ABE		
	.40　A		
	16.20　2001年		
	4月3日		
	附图		
	2040　CDE		
	BCDⒺ		
	2020　ABCE		
	AE		
	2000　2002年		
	7月31日至8月4日		

图 13-2

图 13-2 中的附图为上海综指 2002 年 7 月 31 日至 8 月 4 日的周崇氏四度空间图，也属于中收平衡市。

3. 低收平衡市

低收平衡市是指收盘价位于价值区域之下的平衡市。

图13-3是友好集团的日崇氏四度空间图，收盘价在价值区域之下…（H）……点，属于低收平衡市，一般情况下，收盘价低于价值区域，预示后市向下的概率大。

图13-3的附图是上海综指周崇氏四度空间图，属于低收平衡市。在此之后发生急跌，崇氏四度空间给出信号十分准确。

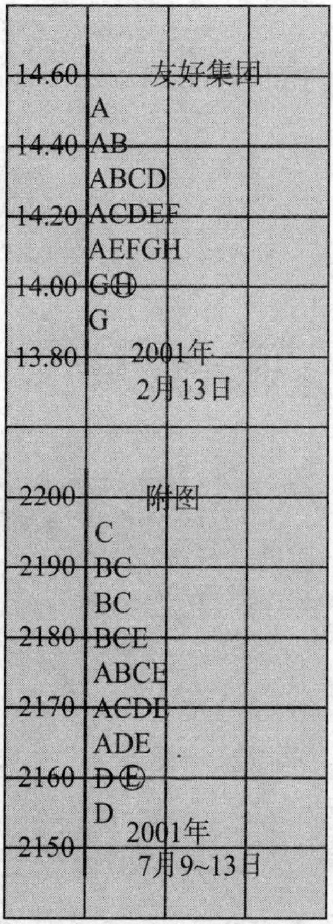

14.60	友好集团	
	A	
14.40	AB	
	ABCD	
14.20	ACDEF	
	AEFGH	
14.00	G⊕	
	G	
13.80	2001年	
	2月13日	
2200	附图	
	C	
2190	BC	
	BC	
2180	BCE	
	ABCE	
2170	ACDE	
	ADE	
2160	D⊕	
	D	
2150	2001年	
	7月9~13日	

图13-3

价值区域实际上也是成交密集区域，在前半部分崇氏四度空间理论的公式**价格＋时间＝价值（成交量）**中已经讲过，大家认可的价值区域自然成交量就大，所以，高收、中收、低收就能显示出参与者（尤其是主力、机构）的动向，以便及时制定策略。

我们分析单独一个崇氏四度空间图形，目的是从基础分析入手，从而由浅入深地掌握崇氏四度空间理论。实际上，我们不可能单凭一个崇氏四度空间图就贸然行动。行情走势是连贯的，必须综合起来分析，但这离不开基础分析，正如万丈高楼起于平地，这也是从单个崇氏四度空间入手研究的原因。

十四、崇氏四度空间强势单边市、单边市图形分析

单独一个崇氏四度空间图形的分析要点有两个：一个是收盘价高收、中收、低收；另一个是价值区域之上或之下观察长线买家和长线卖家是否出场（这里出场的意思是在图形上是否出现长线买家、长线卖家，也就是长线买家进场买入，长线卖家卖出）。

1. 强势单边市（向上）

图 14-1 均为向上强势单边市，实际上向上强势单边市就是平衡市加上长线买家，单独的 H（上图）和单独的 A（下图）表示长线买家出场，从收盘来看是高收，预示后市看好。从短线看，有上升趋势。操作策略应在价值区域之下买入。

2. 强势单边市（向下）

图 14-2 是向下强势单边市，星新材料 2001 年 7 月 30 日崇氏四度空间图。从 A、B 到 C、D 呈逐波下移的走势，在形成价值区域后仍大力向下延展，出现长线卖家出场，单独的 G 和 H

表示长线卖家出场，而且低收。前面讲过，价值区域是成交量较大的密集区，那么，在逐波下移的走势中，此时应坚决清仓出场，我们老想反弹再走，这是对的。这是长线卖家和前面所讲的长线买家概念是崇氏四度空间理论所独有的概念，对于分析当时主流趋势，主力、机构的动向十分有用。

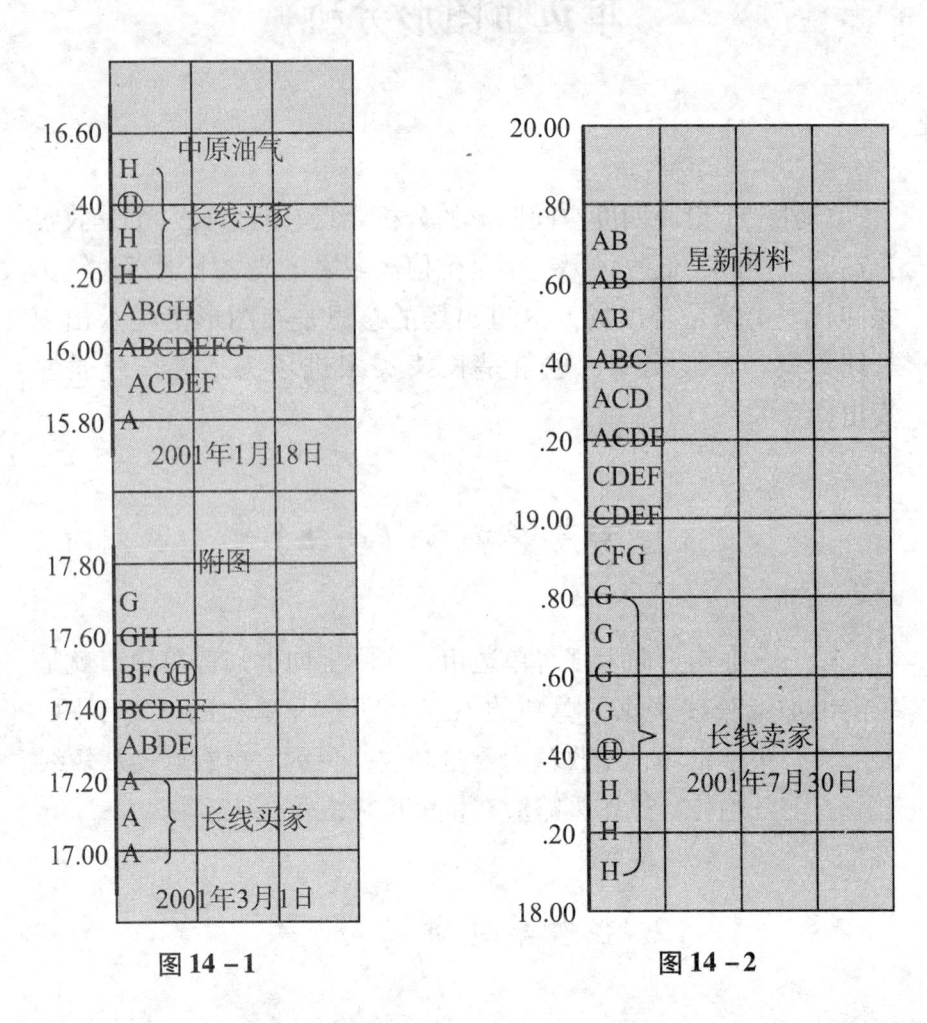

图 14-1

图 14-2

图 14-3 是长线卖家先出场，之后向下形成价值区域且低收，预示后市向淡。如果在单独字母 A 出场后紧跟就应清仓，不能犹豫。

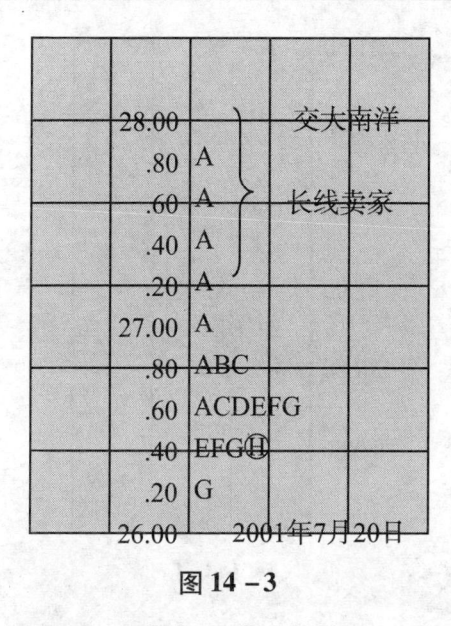

```
       |     |         |     |     |
　　　 28.00 |         |交大南洋|     |
　　　 .80   A         |     |     |
　　　 .60   A   ⎫长线卖家 |     |
　　　 .40   A   ⎭     |     |     |
　　　 .20   A         |     |     |
       27.00 A         |     |     |
　　　 .80   ABC       |     |     |
　　　 .60   ACDEFG    |     |     |
　　　 .40   EFG⑪     |     |     |
　　　 .20   G         |     |     |
       26.00     2001年7月20日
```

图 14 – 3

3. 单边市（向上）

  图 14 – 4 是标准的向上单边市，单边市本身有两个价值区域，也可以看成是相隔平衡市连在一起而形成的，也就是说单独一个单边市里，价值区域便形成向上移动，前面已经讲了平衡市中高、中、低收，而单边市即价值区域向上移动，又形成了高收。预示后市向好，而操作应在形成 20.90 元附近价值区域并向上延展时追买，当然，理想的买入点在价值区域之下 20.70 元左右。这里注意的是如果在价值区域之下没有买入，而应在向上延展时第一时间立即买入。所谓追买，就是应该在价值区域之下买入，因为没买，只好在价值区域向上延展时买进。所以说追买就是短线犯了小错之后的立即改正。此时切忌主观。

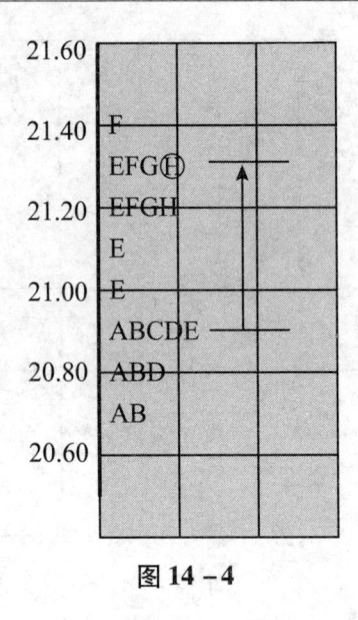

```
21.60
21.40  F
       EFG⊕
21.20  EFGH
       E
       E
21.00
       ABCDE
20.80  ABD
       AB
20.60
```

图 14-4

4. 单边市（向下）

图 14-5 是标准的向下单边市。价值区域向下移动，从 13.20～13.30 元下降到 12.70～12.80 元。严格意义上的操作，在 13.20～13.30 元价值区域之上就应卖出，如果没卖，则应在向下延展时第一时间卖掉，也就是追卖，追卖就是在应卖没卖时犯了小错时，立即改正，以免犯大错误。

在本节里讲了追买、追卖的观念，这里我们强调的是应该买而未买，应该卖而未卖时必须遵循原则，就是立即改正错误。此时绝不能主观，这也是崇氏四度空间客观性给出的信号，是崇氏四度空间理论特有的观念。因为崇氏四度空间图是客观反映市场的动向，比主观思维真实、可靠。如果不依照其给出的方向去顺势操作，那么，就只能追涨杀跌了。

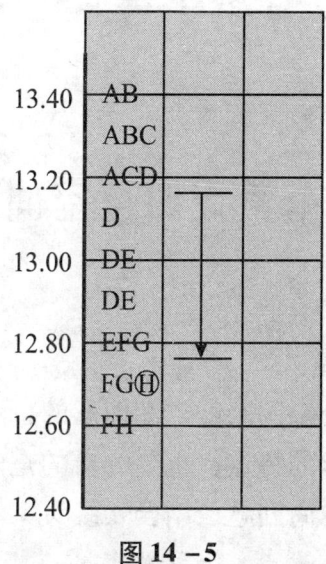

十四、崇氏四度空间强势单边市、单边市图形分析

```
13.40  AB
       ABC
13.20  ACD
       D
13.00  DE
       DE
12.80  EFG
       FG Ⓗ
12.60  FH
12.40
```

图 14-5

  这一节里分析了强势单边市、单边市的买卖特点，由于强势单边市，单边市趋势明显，顺势操作即可。由于平衡市本身没有趋势，必须和前面的图形配合才能看出价值区域的移动方向，故而前面只讲了平衡市的高、中、低收。其实如果是功夫较深，掌握崇氏四度空间理论达到一定程度的投资者，仍可以在平衡市上高抛低吸，俗称"抢帽子"。当然，一般投资者不宜在此操作。

  单独崇氏四度空间图的分析是崇氏四度空间理论的分析基础，当然这里的单独崇氏四度空间图如果是周崇氏四度空间图的话，结合日崇氏四度空间自然就可以高抛低吸，在后面要单独讲日崇氏四度空间和周崇氏四度空间如何配合问题，在此略过。

十五、两个崇氏四度空间图形分析

前面分析了一个崇氏四度空间图形的特点，本节分析两个崇氏四度空间图形组合的特点，重要分析的是两个崇氏四度空间图形价值区域的移动方向问题，结合长线买家和长线卖家的动向以及收盘情况。

1. 向上强势单边市和平衡市

图15-1是上海综指2001年2月23日和2月26日的崇氏四度空间图，2月23日是向上强势单边市，单独的H表示长线买家出场（单独的H字母越多，伸展幅度越长，长线买家力量越强）并且高收于Ⓗ点，第二天价值区域上移形成平衡市，研究强势单边市的买入点应在1910点之下或追买。第二天的平衡市表示调整，之后，大盘连续上攻，可见崇氏四度空间信号准确无误，这种情况出现在底部形态中。

图15-2是上海综指2001年3月26日和3月27日的崇氏四度空间图形，3月26日是强势单边市，长线买家A出场，且高收入Ⓗ点。那么，从强势单边市来分析，在价值区域之下就应该进场操作，尤其是在3月26日在2075点附近形成BCD EF价值区域时，看到下面已有长线买家A出场，此时当F（1.30分~2.00点区段）向上延展时，第一时间跟进，搭顺风船买入。当3月27日

价值区域上移时,持股不动,此种组合情况一般在上升途中出现。

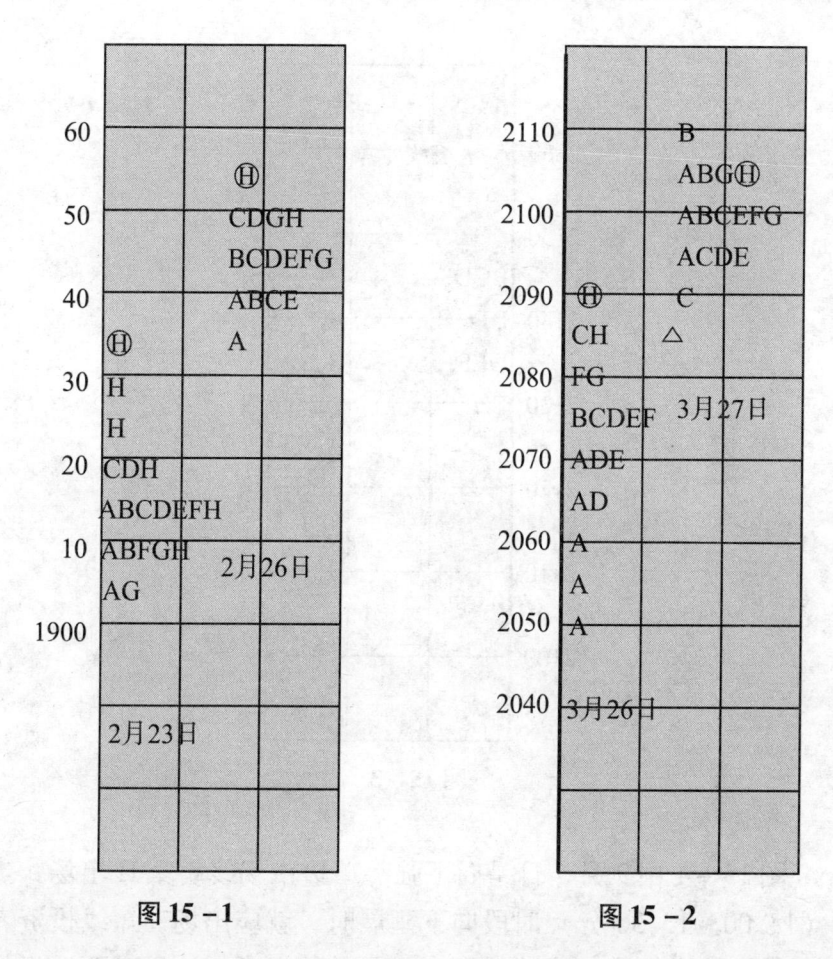

```
          60                               2110       B
                         Ⓗ                            ABGⒽ
          50          CDGH                 2100       ABCEFG
                      BCDEFG                          ACDE
          40          ABCE                 2090  Ⓗ    C
               Ⓗ     A                           CH   △
          30   H                           2080  FG
               H                                  BCDEF  3月27日
          20   CDH                         2070  ADE
               ABCDEFH                            AD
          10   ABFGH                       2060   A
               AG      2月26日                     A
        1900                               2050   A

                                           2040  3月26日
               2月23日

              图 15-1                             图 15-2
```

2. 向下强势单边市和平衡市

图 15-3 是上海综指崇氏四度空间图形,7 月 24 日是向下强势单边市且低收,价值区域在 2135～2145 点,7 月 25 日是平衡市,价值区域比 7 月 24 日价值区域下移,24 日单独字母 A 表示长线卖家出场,已预示着后市向下概率大。因此,如果在前面没有清仓的话,此时应坚决卖出,空仓观望。中、长线绝不可恋战,尤其

是大顶出现之后，无论手中的股票是赢还是赔，都应坚决清仓。

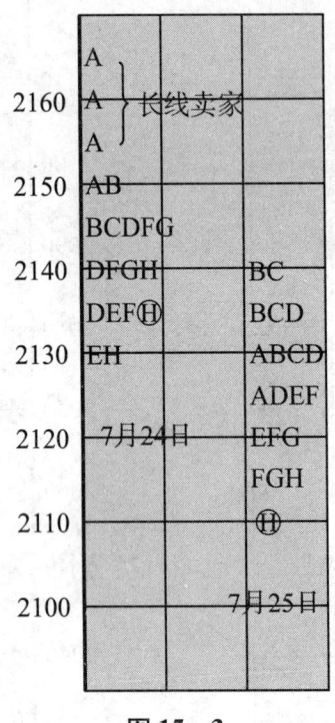

```
2160  A ⎫
      A ⎬ 长线卖家
      A ⎭
2150  AB
      BCDFG
2140  DFGH    BC
      DEF(H)  BCD
2130  EH      ABCD
              ADEF
2120  7月24日  EFG
              FGH
2110          (H)
2100          7月25日
```

图 15-3

　　图 15-4 中 9 月 5 日是向下强势单边市场线卖家 H 出场，当 E（13.00~13.30 分）时段向下延展时，就应出场，短线投资者讲究的是快进快出，中线投资者必须总体考虑，这里需要注意的是当出现强势单边市向下时，一定要追卖，绝不可有等反弹再卖的心理，尤其是出现顶部时，价值区域一旦向下移动，必须坚决清仓，下跌过程，一定耐心等待底部出现，才可重新进场，这里再次强调做股票必须要实行三部曲：即买、卖、歇（空仓）。由于中国股市个股目前没有做空机制、只有低买才能高卖，在大顶出现之后，下降过程中，只能空仓观望。而许多投资者没有空仓的习惯，什么时间都有仓位，无论半仓还是 1/3 仓位，在下降时（A 浪、C 浪），都应该空仓。当然，有的投资者会说，没有仓位

突然上涨怎么办？应该指出的是，任何的顶和底都是有章可循的，这就像汽车拐弯一样，汽车拐弯必须减速降挡，当转过弯后，才能加速升挡，股市行情也是一样，不会让你踏空的，即使突然上涨，也要等回调时介入，况且，中国股市未来发展空间巨大，中国的经济前途无量。我们不能目光短浅。当然，投资者如果不立足于自身功力的提高，那也只有追涨杀跌这一条路可走了。

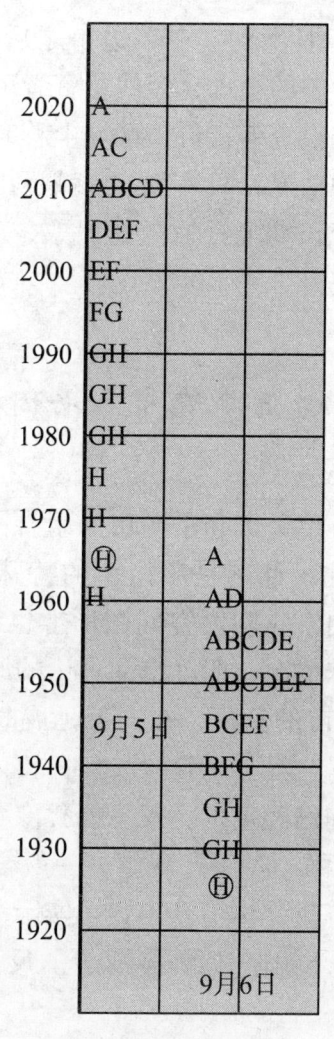

2020	A	
	AC	
2010	A̶B̶C̶D̶	
	DEF	
2000	E̶F̶	
	FG	
1990	G̶H̶	
	GH	
1980	G̶H̶	
	H	
1970	H̶	
	Ⓗ	A
1960	H̶	AD
		ABCDE
1950		A̶B̶C̶D̶E̶F̶
	9月5日	BCEF
1940		B̶F̶G̶
		GH
1930		G̶H̶
		Ⓗ
1920		
		9月6日

图 15 - 4

3. 向上单边市和平衡市

图 15-5 是向上单边市和平衡市的组合图。元月 4 日是向上单边市且高收，单边市在先形成 1365 点左右价值区域后向上延展，此时应跟进买入。也就是说在 1370~1390 点时跟进。在形成新的价值区域时持股不动。在单边市之后的 1 月 5 日是平衡市，平衡市是上升途中的整理，短线投资者可在平衡市价值区域上下高抛低吸，中线投资者在价值区域上移时持股不动，在上升途中经常会出现此种情况，只要价值区域不出现平移或下移，就应按兵不动，对处于长期上升通道的股票，此方法可一路执有，搭顺风船，一赢到底。

4. 向下单边市和平衡市

图 15-6 是向下单边市和平衡市的组合图形，11 月 24 日是一个向下单边市（注：此图是单边市的特殊图形，相当于两个单边市的叠加，在周崇氏四度空间图形上也有此种特殊单边市，这是中国股市的特殊情况，四度空间理论的原始理论是没有此种形态的）。按照单边市的分析，在向下延展时就应该追卖，理论上应在 2120 点以上就卖出，但往往当时尚有向上的可能，因此，在向下延展时，方向已经定了，就不能犹豫不决，顺势操作。11 月 27 日价值区域下移，应清仓观望。一般投资者常犯的错误就是认为肯定反弹，等反弹再清仓不迟。实际上，只要是崇氏四度空间给出向下信号，就坚决顺势清仓。反弹一般投资者最好不抢。

图 15-5

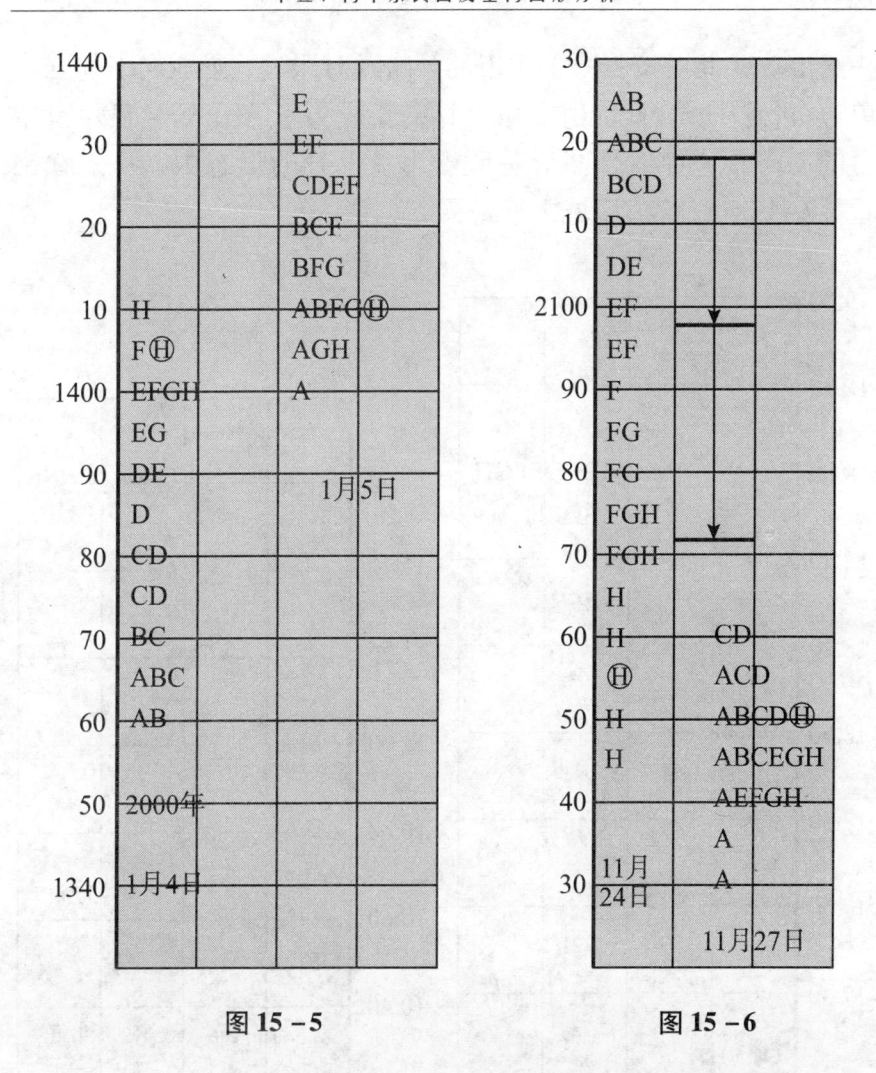

图 15-6

5. 平衡市和向上强势单边市

前面讲了向上强势单边和平衡市的组合图形,现在分析平衡市和向上强势单边市的组合图形,虽然是前后换一下位置,但内涵差别很大,图 15-7-1 是上海陆家嘴在调整后向上攻击,7月30日是平衡市低收,感觉向下的概率大,但7月31日开盘就一路上攻，此时按强势单边市的策略及时跟进，形成向上的强势单边市，7月31日价值区域上移，长线买家A出场，显示有主力的动向。这种组合图形一般出现在上升的形态中，从短线来看，7月30日价值区域之下是买点。

	陆家嘴		
19.00		CD	
18.80		BCD	
		BCDG	
18.60		ABCDEFGH	
		ABDEFGⒽ	
18.40		ABFGH	
		ABFH	
18.20	E	AH	
	EF		
	EFGH	A	
18.00	ADEGH	A	
	ABCDEGH	A	长线
17.80	ABCDH	A	买家
	ABCDⒽ	A	
17.60	AC		
	AC		
17.40		7月31日	
7月30日			

图15-7-1

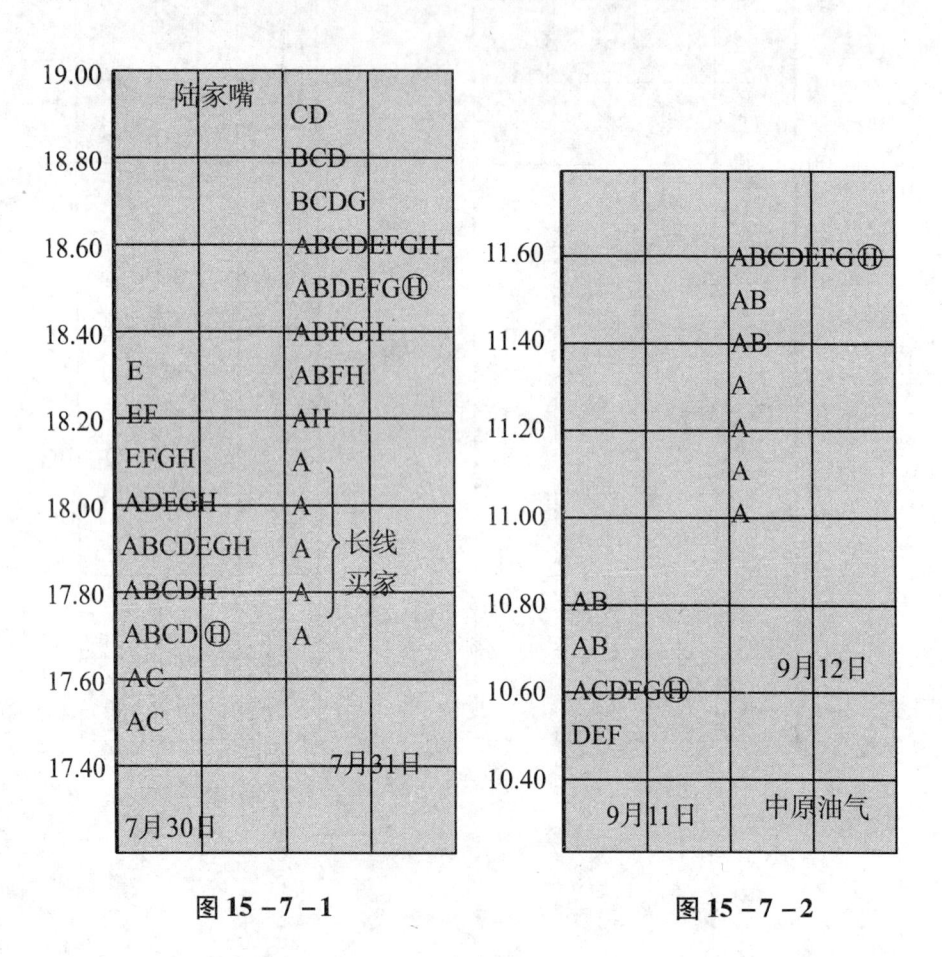

11.60		ABCDEFGⒽ	
		AB	
11.40		AB	
		A	
11.20		A	
		A	
11.00		A	
10.80	AB		
	AB		9月12日
10.60	ACDFGⒽ		
	DEF		
10.40			
	9月11日	中原油气	

图15-7-2

图15-7-2中原油气崇氏四度空间是涨停的图形及在突发利好因素下迅速涨停，这是强势市场，在打开涨板后根据价值区域移动方向再决定是否卖出。

6. 平衡市和向下强势单边市

图 15-8 一般出现在上攻一段时间后,由于有一段升幅主动性买盘减少,获利筹码兑现,出现在崇氏四度空间图形上就是出现价值区域平移,当 4 月 4 日上午形成价值区域和 4 月 3 日相比是平移,下午返身向下没有继续上攻的趋势。因此,按顶部平移高抛即可,在出现向下延展时,不能低吸,只能空仓观望,如若在价值区域之上没有清仓,此时必须追卖。而一般按常理是等反弹再清仓,往往损失较大。

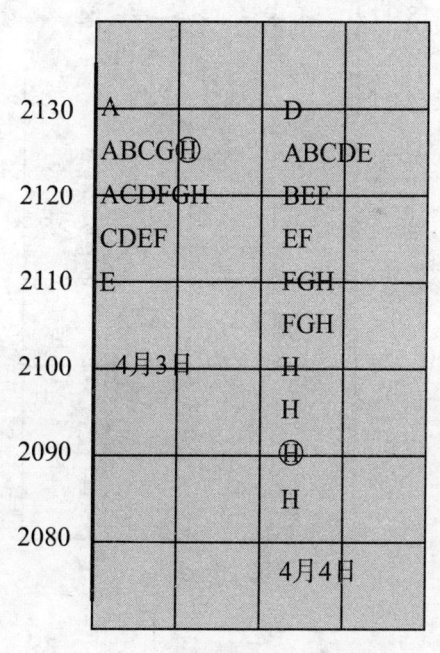

2130	A̶	D̶
	A̶B̶C̶G̶Ⓗ	A̶B̶C̶D̶E̶
2120	A̶C̶D̶F̶G̶H̶	B̶E̶F̶
	C̶D̶E̶F̶	E̶F̶
2110	E̶	F̶G̶H̶
		F̶G̶H̶
2100	4月3日	H̶
		H
2090		Ⓗ
		H
2080		
		4月4日

图 15-8

7. 平衡市和向上单边市

图 15-9 是平衡市和向上单边市的组合图形，8 月 17 日是平衡市且高收，预示后市向好；而在 8 月 20 日回调时在前价值区域附近是进场的极好机会，在前半部分讲过，回调时前面的价值区域是支持区域，在此区域应大胆介入。股市正确的操作方法是追跌杀涨。

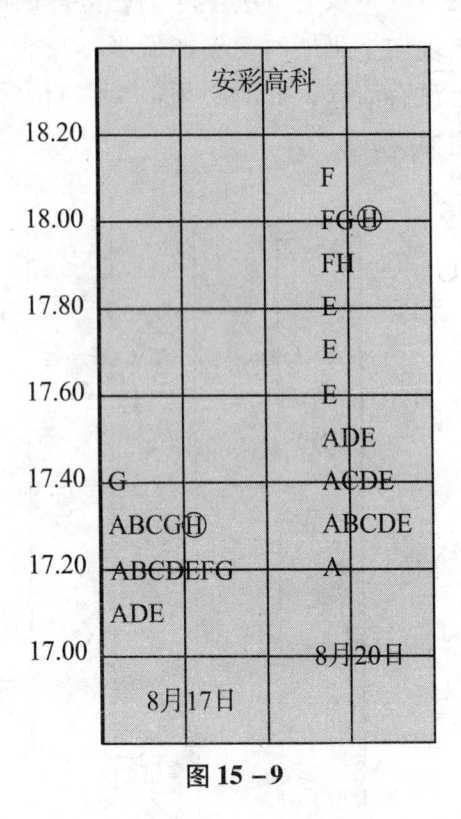

	安彩高科	
18.20		
18.00		F
		FG⑪
17.80		FH
		E
17.60		E
		E
17.40	G	ADE
	ABCG⑪	ACDE
17.20	ABCDEFG	ABCDE
17.00	ADE	A
	8月17日	8月20日

图 15-9

8. 平衡市和向下单边市

图 15-10 是平衡市和向下单边市的组合，2 月 7 日平衡市

且低收,上面长线买家 A 出场,预示后市看淡,在 G 和 H 两个时间段就应清仓离场,2 月 8 日开盘后在上午稍一回调就向下延展,此时是追卖时机,之后一路走低,形成向下单边市(这也是特殊的单边市)。

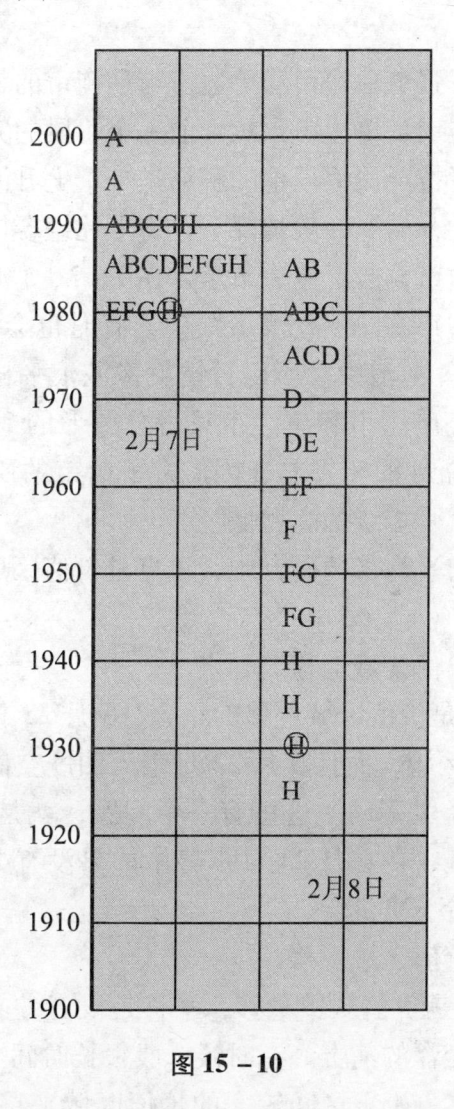

2000	A		
	A		
1990	~~ABCGH~~		
	ABCDEFGH	AB	
1980	~~EFG⊕~~	~~ABC~~	
		ACD	
1970		~~D~~	
	2月7日	DE	
1960		~~EF~~	
		F	
1950		~~FG~~	
		FG	
1940		~~H~~	
		H	
1930		⊕	
		H	
1920			
		2月8日	
1910			
1900			

图 15 – 10

实际上,我们如果把这个组合放到更大组合中,在一般 A 浪、C 浪下跌的波段中出现的概率较大,所以讲,必须"看长做短"，才能使自己做出正确的买卖判断。

9. 平衡市和平衡市

前面分析了强势单边市和单边市与平衡市的相互关系，一般来说，强势单边市、单边市预示着前一个阶段的完成和后一个阶段的开始，或者按照波浪理论的解释是一个上升波段的开始或是一个下降波段的开始。一般情况下，将上述组合按波浪划分上升时向上强势单边市，向上单边市组合在1、3、5浪，向下强势单边市和向下单边市在A、C浪下跌中，有时也会出现在2、4浪调整浪中的小a、c浪中。所以行情就像波浪一样，周而复始地循环。由于强势单边市和单边市只占总图形的15%左右，也就是说平衡市要占到85%左右，因此，平衡市的研究是短线投资者的重点，也就是短线的高抛低吸。

在平衡市与平衡市的研究中，重点是价值区域的移动。我们分三类来分析：

第一种：价值区域上移。

图15-11是价值区域上移的组合，6月22日价值区域高于6月21日价值区域，而且6月22日崇氏四度空间图高收、表示后市看好，可持股不动。这里有一个问题，就是短线在6月22日价值区域之上，在6月23日走势中如果没有上攻欲望，则应获利了结，等待下次机会。

第二种：价值区域平移。

图15-12是价值区域平移，平移是没有方向干或方向感不明显，一般是变盘的前奏。有时候个股很长时间平移，对于平移最好观望。当然，上下区间较大的价值区域平移，可高抛低吸，因为此时主力也在高抛低吸地吸筹、出货。

十五、两个崇氏四度空间图形分析

10				
22.00				
90	Ⓗ	CⒽ ABCDEFGH AFG		
80	GH FG			
70	BCDEF ABD		6月22日	
60				
21.50	6月21日			

图 15–11

2210		AG
2200	AFGⒽ ABDEFGH BCD C	ABFGH ABCDEFⒽ DEH
2190		
2180	5月16日	5月17日

图 15–12

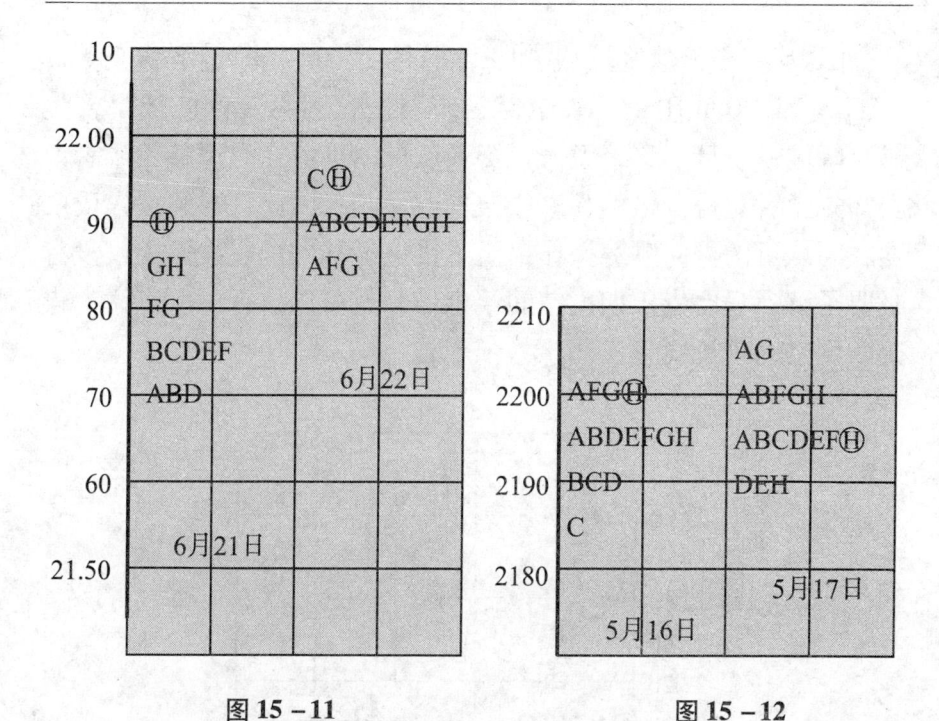

平移可细分三类：第一类是顶部平移；当有了一段升幅之后，价值区域出现平移，此时高抛之后，空仓观望，千万别低吸，要耐心等待下跌完成之后才能进场，不要刚一下跌就急忙抢反弹，结果本就高位走得很漂亮却因急于买入而被套。

第二类是中途平移，上升途中2浪、4浪的调整，这里的平移可以高抛低吸。下降途中的价值区域平移，一般是反弹，此种行情能否操作，取决于投资者的功力，功力强的投资者可做，一般投资者最好不去做。

第三类是底部平移，这种情况是可以高抛低吸的，此时没有风险，从短线看是风险最小的阶段。从中线看，买入等待就可以，既然是底部，那么就会上升，当然，时间上要耐得住。有时投资者买入后，耐不住时间，刚一卖出，此股就狂升，原因就是底部区域是机构、主力吸筹的阶段。

第三种：价值区域下移。

图 15-13 价值区域从 7 月 23 日的 22.00 元附近下移至 7 月 24 日的 21.40 元附近，表示对后市看淡，因为价值区域是密集成交区域，一旦下移，说明投资者认可的价值在向下移，或者说先知先觉者觉得价格偏高，应向价值回归，因此，必须按崇氏四度空间认可的方向顺势操作，至于价值下移的深层次原因，没有必要了解，只要崇氏四度空间给出信号就可以执行，所以说，崇氏四度空间理论简单实用，易于掌握。

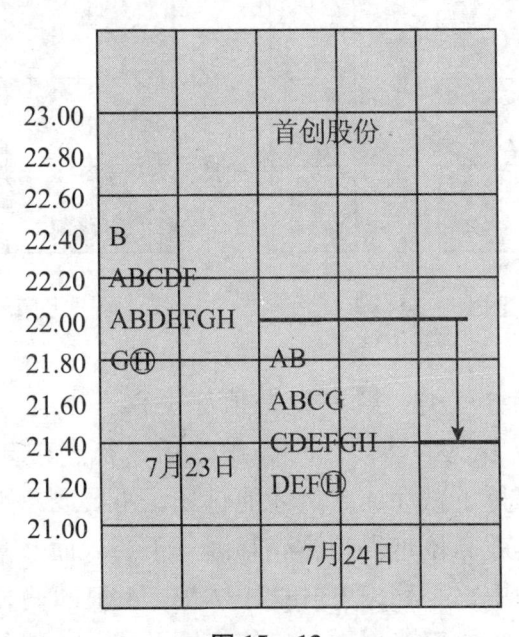

		首创股份		
23.00				
22.80				
22.60				
22.40	B			
22.20	ABCDF			
22.00	ABDEFGH			
21.80	G⊕	AB		
21.60		ABCG		
21.40		CDEFGH		↓
21.20	7月23日	DEF⊕		
21.00				
		7月24日		

图 15-13

当然，如果此情况出现在大顶部位，那么，顺水推舟，十分轻松，此时也必能空仓观望，因为大跌之前一般是价值区域悄悄地下移，如果不警惕，就会非常危险。

两个崇氏四度空间平衡市的组合一般是在整理阶段，由于所处波段不同，按波浪理论也就是处在第几浪中不同，其含义也有差别，如在底部，可以考虑在价值区域平移或上移时进场操作，在上升途中整理时可以高抛低吸，在相对顶部卖出之后空仓观望。下降途中绝不抢反弹，耐住性子等待底部的出现。只有这样才能持盈保泰，不要贪图一时的小反弹，而一失足成千古恨。

以上讲了崇氏四度空间分析的基础，从1个崇氏四度空间图形到两个崇氏四度空间图形组合，目的是为了分析整体做准备，我们分析大势，分析股票，都是一个连贯的过程，一只股票从上市之日起，是一个不断的行情，除非停牌或下课摘牌，投资者不可能只根据一个或两个图形就进场操作。

下面重点分析三个以上的崇氏四度空间图形组合，这是综合分析的核心部分。

十六、多个崇氏四度空间图形分析

本章介绍多个崇氏四度空间图形分析,在前半部分中已经介绍过波浪理论,本章分析中两个主线:一个是崇氏四度空间理论的具体分析,穿插之间有波浪的论述,对于比较熟悉波浪理论的读者自可综合分析,而对尚未了解波浪理论或了解不慎的读者可直接关注崇氏四度空间的理论分析即可。当然,如若想成为股市高手,波浪理论最好能够熟悉并掌握,因为波浪理论和崇氏四度空间理论双剑合璧,效果极佳。

这里有一个问题提醒投资者注意,就是(波浪理论虽然有预测功能,但实际走势尤其是崇氏四度空间理论给出到顶信号时,要按照崇氏四度空间给出信号操作)例如,在前面波浪理论预测中第三大主升浪第 3 子浪预测在 2600 点左右,但在崇氏四度空间理论 2245 点给出顶部信号时,要毫不犹豫地按崇氏四度空间信号去操作,因为预测是虚的,实际走势崇氏四度空间图形是实的。不能因为预测点位不到,就主观办事,结果可想而知。

这里分析按形态是四个阶段:

1. 底部形态

底部形态是指波浪理论中的 2 浪底、4 浪底、A 浪底、C 浪底。至于是哪个波浪需从整个浪型分析,这里只是从崇氏四度空间理论上来论述底部形态(半日崇氏四度空间图反映的是最低级别的浪形,日崇氏四度空间图反映的是较低级别的浪形,周崇氏四度空间图反映的是比日崇氏四度空间图高的级别的浪形。这里请读者注意区别)。

(1)第一种底部缓升型。图16-1是2001年2月22日至3月1日的崇氏四度空间图,在底部2月22日和2月23日价值区域出现平移后,2月23日向上延展形成向上强势单边市。2月22日的单独字母A和23日的H均为长线买家出场。

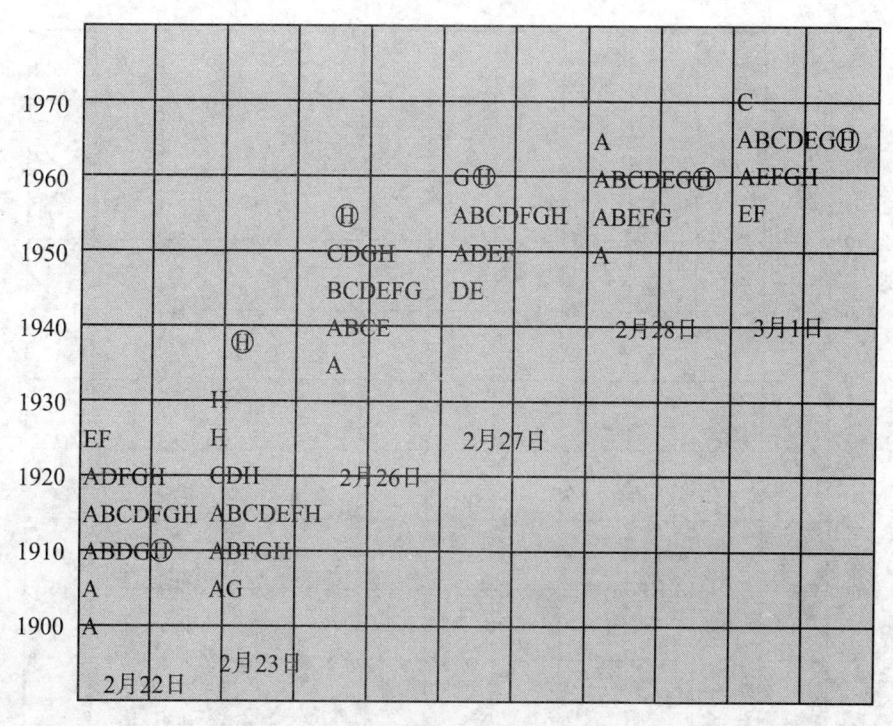

1970							C
1960					A	ABCDEG○H	ABCDEG○H
1950			G○H	ABCDFGH	ABCDEG○H	ABEFG	AEFGH
1940		○H	CDGH	ADEF	A		EF
1930			BCDEFG	DE		2月28日	3月1日
1920	EF	H	ABCE A		2月27日		
1910	ADFGH ABCDFGH	CDH ABCDEFH	2月26日				
1900	ABDG○H A A	ABFGH AG					
	2月22日	2月23日					

图16-1

综合两日崇氏四度空间图形可以看出,大盘见底向上概率较大,在2月23日向上出现延展时应及时跟进,之后价值区域缓缓上移,结合前面下跌的浪形分析,可以认定底部成立。这种情况一般在2浪和4浪底出现的概率较大。上升过程中可持股等待。

（2）第2种底部急升型。如图16-2，从图中可以看出，12月23~27日，价值区域不断下移，此时投资者应是空仓观望，也就是说在前面相对顶部清仓后一直空仓才对。12月28日和29日两天都和12月27日的价值区域形成平移，而29日是高收平衡市，预示底部形成，12月30日价值区域上移，实际上是最佳买点。之后元月4日开盘向上突破就形成——向上单边市，展开了一轮波澜壮阔的上升行情。崇氏四度空间给出的信号十分准确。

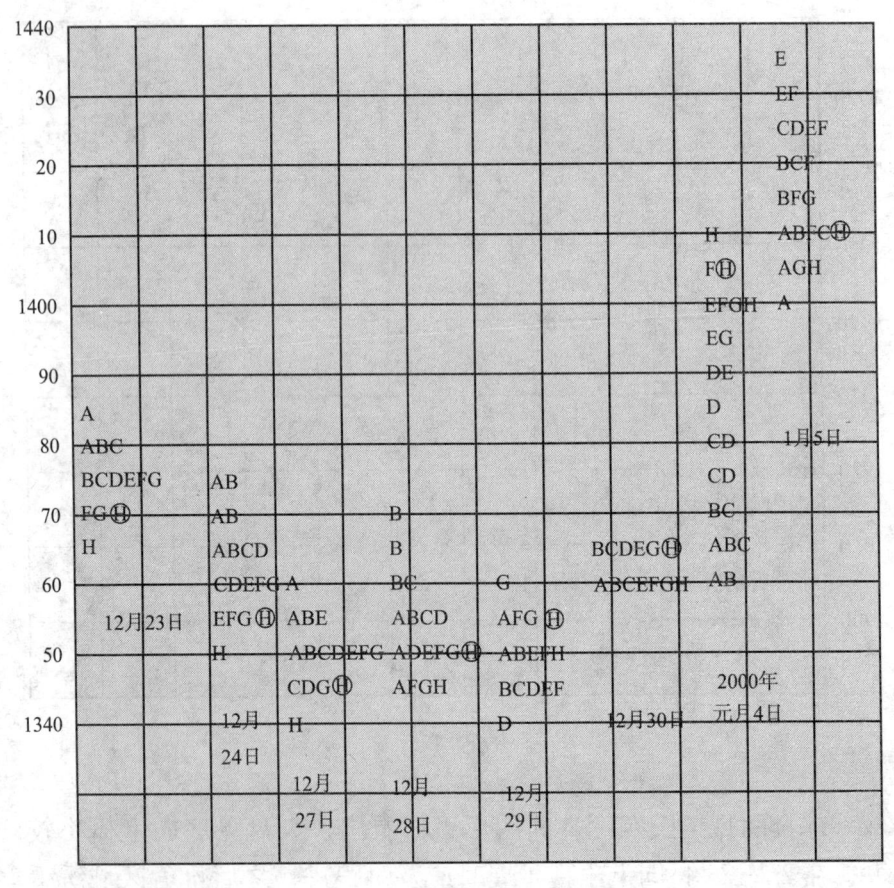

图 16-2

2. 上升形态：主要是描述1、3、5浪的上升，以及B浪的反弹

（1）先缓后急型：从图16-3可以看出：价值区域在1月24~26日缓缓上移，已经给出持股信号，1月27日、1月28日开始拉升，价值区域上移加快，而且1月28日出现向上巨大跳空缺口"△"显示一波升势已经开始。1月24日高收已经预示后势向好。1月25日、1月26日虽然价值区域平移，但在此时按波浪理论只是上升整理，之后1月27日跳空缺口强势向上发展，当时市场上还讨论什么春节是持币还是持股，有什么意义呢？崇氏四度空间早就给出了持股信号。

掌握崇氏四度空间理论，按图索骥，不会出错。此种图形一般出现在上升3浪中，虽然从1月24~28日没有出现向上强势单边市或向上单边市，但从价值区域的移动就可以看出主力、机构的动向。

（2）先急后缓型上升形态：图16-4是2000年3月17~27日的崇氏四度空间图形、3月17日和3月20日两天是向上强势单边市，显示价值区域急速拉升，之后，3月21日开始价值区域仍缓缓上升，投资策略是一路持有，上升途中，尤其是此种急速拉升，不要做高抛低吸，因为一旦卖出，如果功力不够，就买不回原价了，而且再追，心态容易变化，所以，只要价值区域一路上移，就一路持有。好风驶尽里，稳坐钓鱼船。此种形态一般在1、3、5浪中出现。

股市（期市）崇氏四度空间实战分析

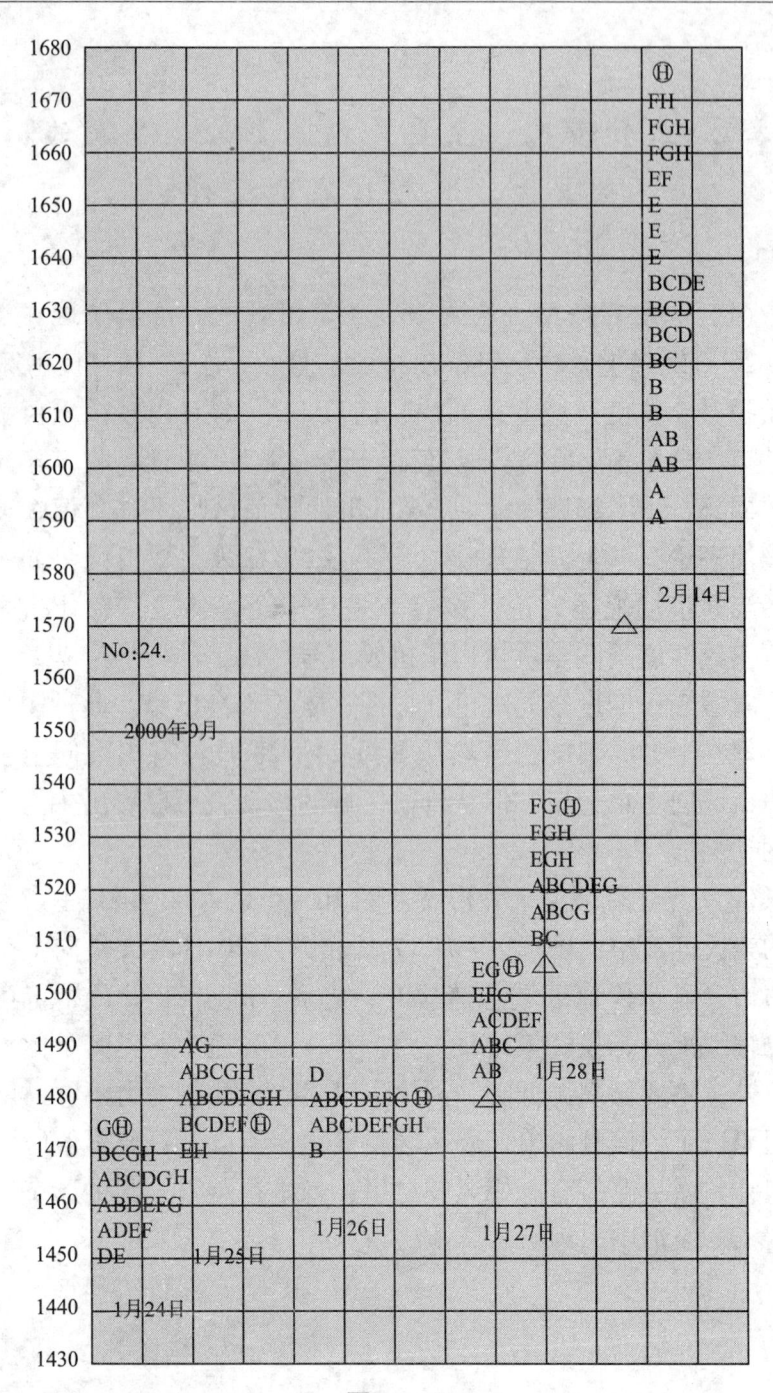

1680	
1670	⊕ / FH
1660	FGH / F̶G̶H̶
1650	EF / E
1640	E / E
1630	BCDE / B̶C̶D̶
1620	BCD / B̶C̶
1610	B / B
1600	AB / AB
1590	A / A
1580	
1570	△ 2月14日
1560	No:24.
1550	2000年9月
1540	
1530	FG⊕ / FGH
1520	EGH / ABCDEG
1510	ABCG / B̶C̶
1500	EG⊕ △ / EFG
1490	AG / ACDEF / A̶B̶C̶
1480	ABCGH / D / AB 1月28日 / A̶B̶C̶D̶F̶G̶H̶ / ABCDEFG⊕ △
1470	G⊕ / BCDEF⊕ / ABCDEFGH / B̶C̶G̶H̶ / E̶H̶ / B
1460	ABCDGH / A̶B̶D̶E̶F̶G̶
1450	ADEF / D̶E̶ 1月25日 1月26日 1月27日
1440	1月24日
1430	

图 16－3

十六、多个崇氏四度空间图形分析 ·207·

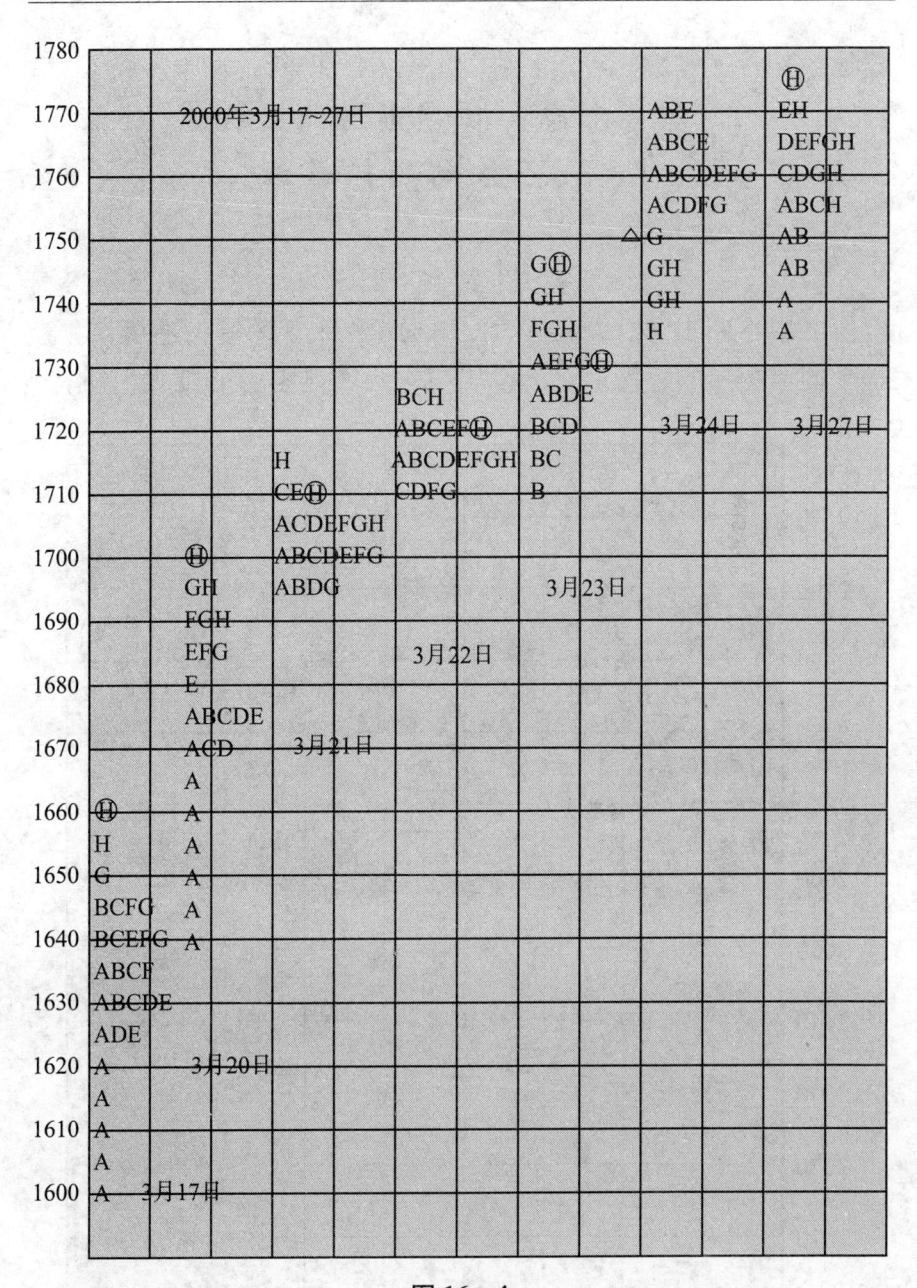

图 16-4

3. 顶部形态：顶部形态主要描述 1、3、5 浪的顶部形态

（1）第一种：顶部平头下跌型：如图 16-5，8月25~28日价值区域不断上移，持股不动，8月29日出现平头平衡市，这是平衡市图形的特殊形态，说明在平头一线阻力非常大，机构、

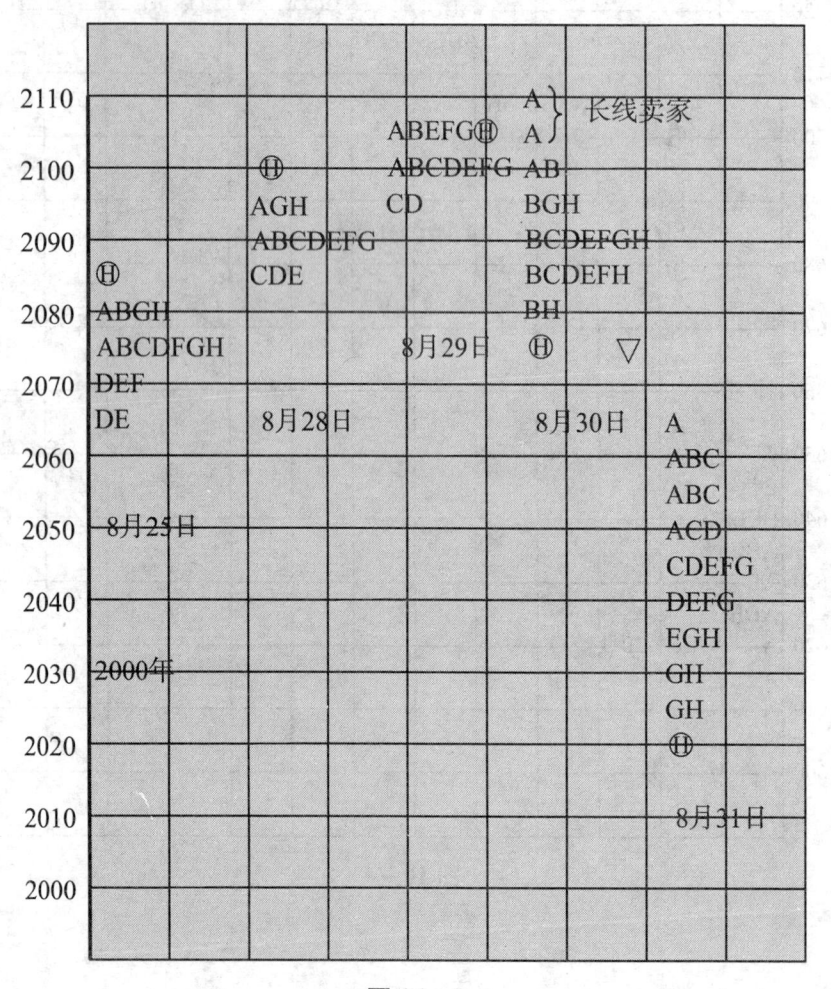

2110				A 长线买家	
			ABEFG Ⓗ	A	
2100		Ⓗ	ABCDEFG	AB	
		AGH	CD	BGH	
2090		ABCDEFG		BCDEFGH	
	Ⓗ	CDE		BCDEFH	
2080	ABGH			BH	
	ABCDFGH		8月29日	Ⓗ	▽
2070	DEF	8月28日		8月30日	A
	DE				ABC
2060					ABC
					ACD
2050	8月25日				CDEFG
					DEFG
2040					EGH
	2000年				GH
2030					GH
2020					Ⓗ
2010					8月31日
2000					

图 16-5

十六、多个崇氏四度空间图形分析

主力出场明显,仍可关注。但是,当8月30日出现长线卖家A出场,之后价值区域和8月29日相比下移,第一时间就可认定是个顶部形态,此时清仓离场。这里需要注意的是8月29日的平衡市是个特殊的形态,上面压力区较重,故而成顶。这种特殊形态的平衡市在中国股市中在顶部经常出现,投资者在股价有一定升幅时,如出现此种图形必须警惕。

(2)第二种:顶部急跌型;如图16-6,在缓缓上升中,忽

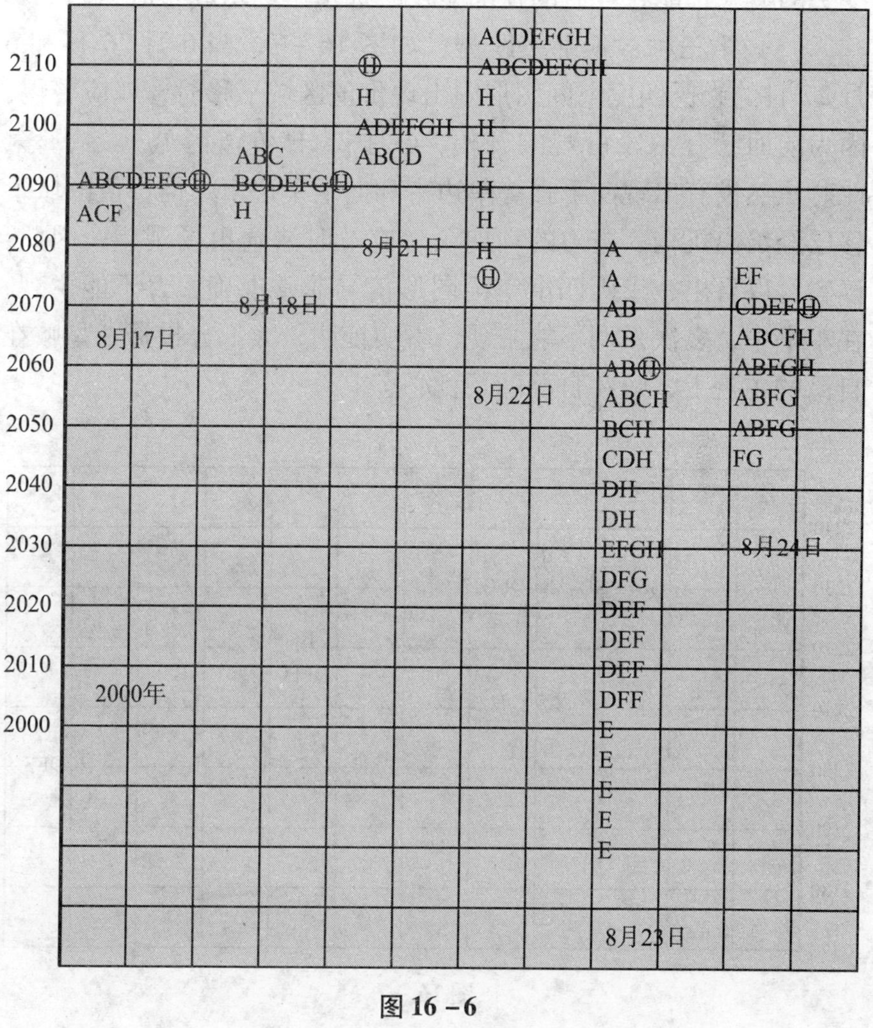

2110				⊕	ACDEFGH ABCDEFGH			
				H	H			
2100				ADEFGH	H			
			ABC	ABCD	H			
2090	ABCDEFG⊕	BCDEFG	H	H			
	ACF	H		8月21日	H			
2080					H	A		
			8月18日		⊕	A	EF	
2070						AB	CDEF⊕	
	8月17日					AB	ABCFH	
2060						AB⊕	ABFGH	
					8月22日	ABCH	ABFG	
2050						BCH	ABFG	
						CDH	FG	
2040						DH		
						DH		
2030						EFGH	8月24日	
						DFG		
2020						DEF		
						DEF		
2010						DEF		
	2000年					DFF		
2000						E		
						E		
						E		
						E		
						E		
						8月23日		

图16-6

然急跌，从一路上升到 8 月 21 日仍然是价值区域上移且高收，没有丝毫的顶部迹象，但是在 8 月 22 日上午走完时就可发现平头平衡市的迹象，下午继续平头形态，在前面已经讲过平头形态是到顶的迹象之一，在最后半小时骤然急跌，广大投资者猝不及防。但此时不要慌乱，如果突然下跌，谁也跑不了，后面必有强烈反弹，等反弹时当崇氏四度空间图形出现价值区域平移再清仓不迟，这也是对付急跌的经验总结，但掌握了崇氏四度空间顶部平头的概念，能在今后的顶部能及时逃顶做到功成身退。

(3) 第三种：顶部缓跌型；如图 16-7，当 6 月 26 日和 6 月 27 日的崇氏四度空间图形中出现价值区域平移时，就应警惕，因为前面已有一段可观的升幅，6 月 28 日价值区域开始下移，此时虽然没有出现向下强势单边市和向下单边市，但价值区域下移已经给出机构、主力的动向了，应及时清仓出场观望，因此，读者可以看出，崇氏四度空间图形信号非常准确，万不能主观，在本书中，多次强调不能主观，事实证明，大部分投资者是败在自己的主观上，败在自己的不良心态上。

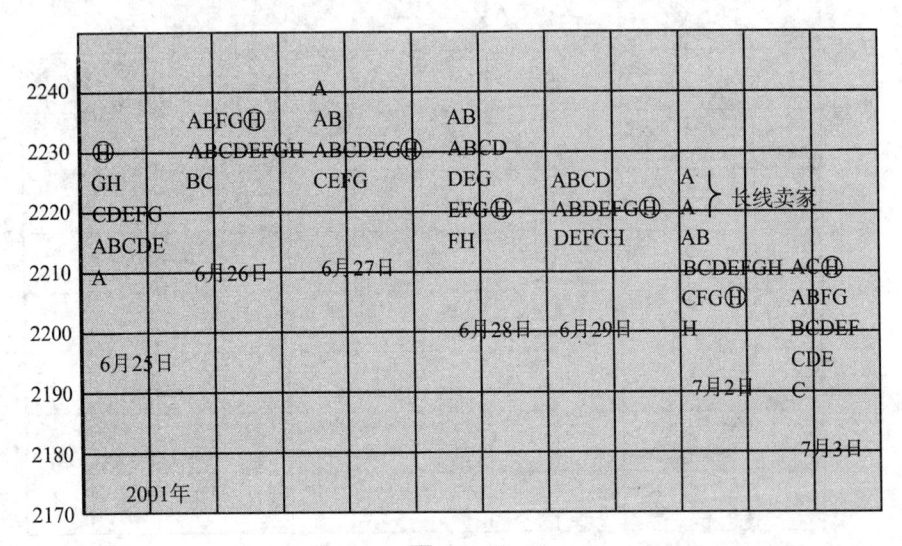

图 16-7

4. 下跌形态：主要描述 A 浪、C 浪、2 浪、4 浪中的小 a 浪 c 浪

（1）第一种缓跌抵抗型：从图 16-8 可以看出整体是下跌形态，2 月 6 日和 2 月 7 日价值区域出现平移且 2 月 7 日长线买家 A 出现形成顶部，价值区域在 2 月 8 日和 2 月 9 日下移，2 月 12 日和 2 月 13 日小反弹价值区域上移，2 月 14~16 日价值区域再次下移，2 月 19 日和 2 月 20 日上移反弹，2 月 21 日继续下移，总之在下跌—反弹—下跌—反弹—下跌中，形成价值区域的总体不断下移，此种形态发生在下跌 A 浪、C 浪中较多，一般价值区域在下跌的末期出现概率较大。

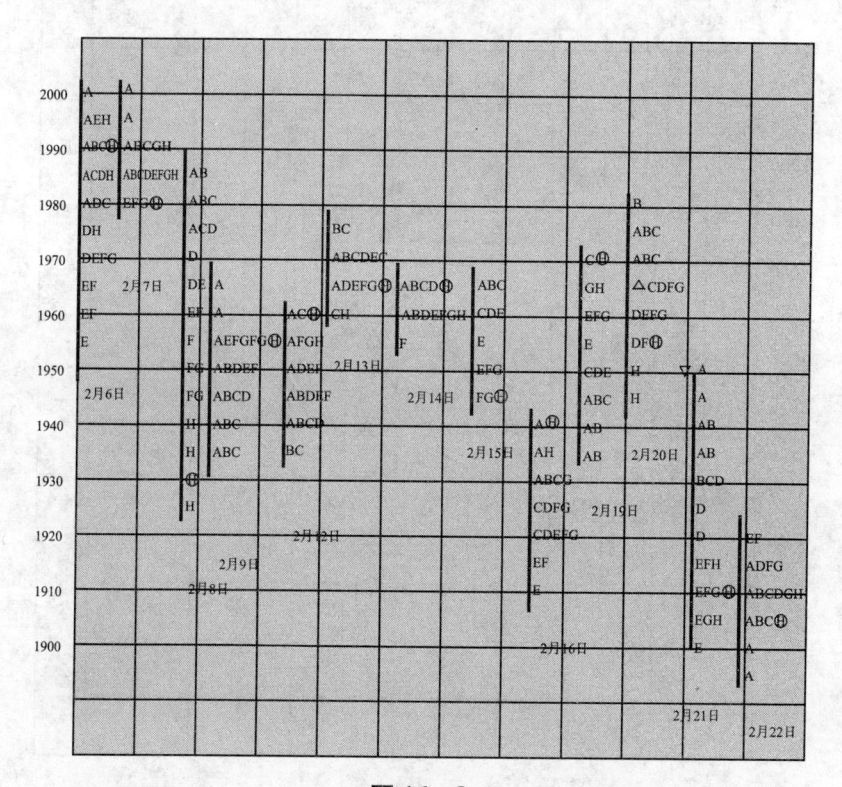

图 16-8

（2）第二种急跌型：从图 16-9 中可以看出，急跌型一般发生的概率在 C 浪中，或 A 浪的 3 小浪中。价值区域急速下移，且反弹时间很短，具体分析广大投资者可按前面的基础知识自行判断，操作策略为一路空仓。

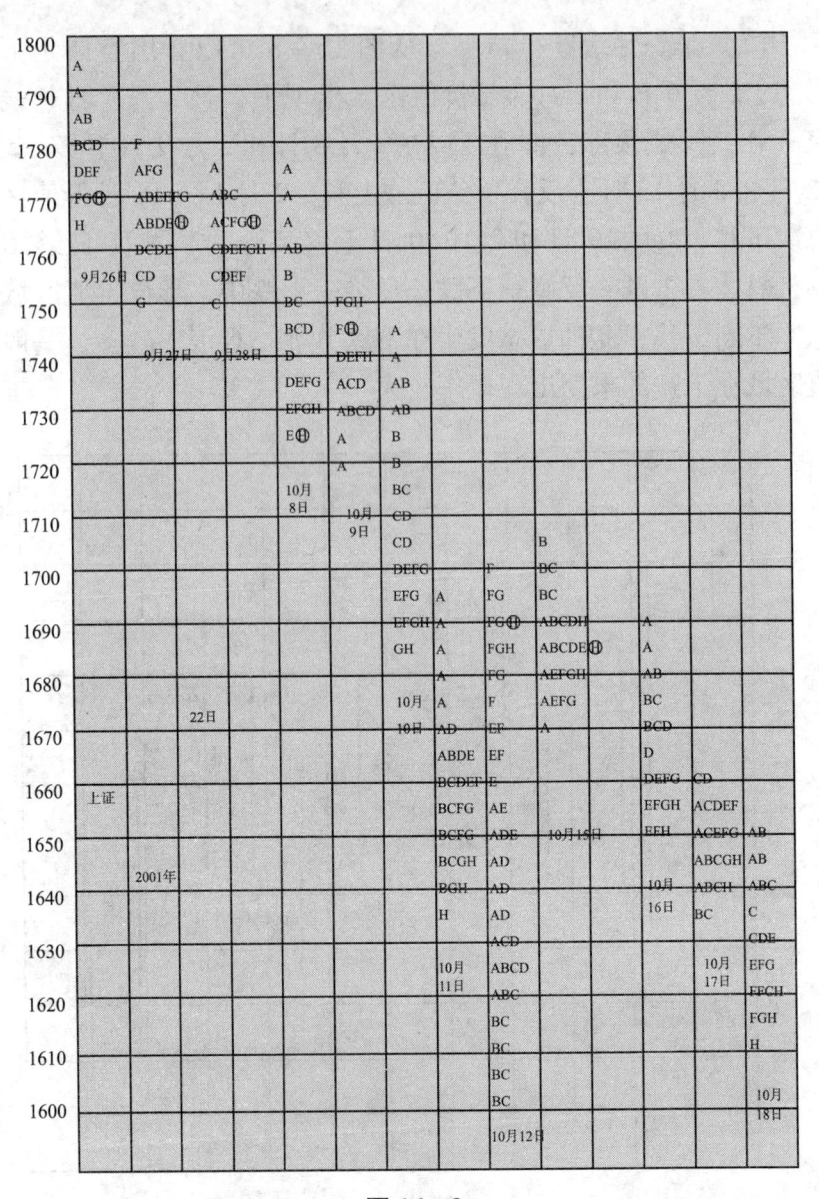

图 16-9

十七、日崇氏四度空间和周崇氏四度空间图的综合分析

在股票市场，有一个很重要的投资观念，就是看大势做个股，看长做短，也就是必须掌握长期的走势，然后在长期趋势下短线进出，做相对的中、短线操作周崇氏四度空间和日崇氏四度空间的区别和组合，也是相对看长做短，而且日崇氏四度空间组成周崇氏四度空间。每日的崇氏四度空间在周崇氏四度空间上只是一个字母的范围。

例一：底部分析。

如图17-1所示，左边是周崇氏四度空间图，右边4个是2月19~22日的日崇氏四度空间图，从图中可以看出，由于2月21日的日崇氏四度空间是一个向下的单边市，致使周崇氏四度空间C向下延展，周四是平衡市反映在周崇氏四度空间上是形成向下单边市，当然由于周五尚未走完，周崇氏四度空间图形最后未定型，按照到周四的周崇氏四度空间图走势应观望，我们再看，2月21日和2月22日日崇氏四度空间图出现价值区域平移，且2月22日长线买家A出场，此时从短线上分析有一个向上运行趋势，很显然，日崇氏四度空间居然给出了预示，而周崇氏四度空间没有给出信号。

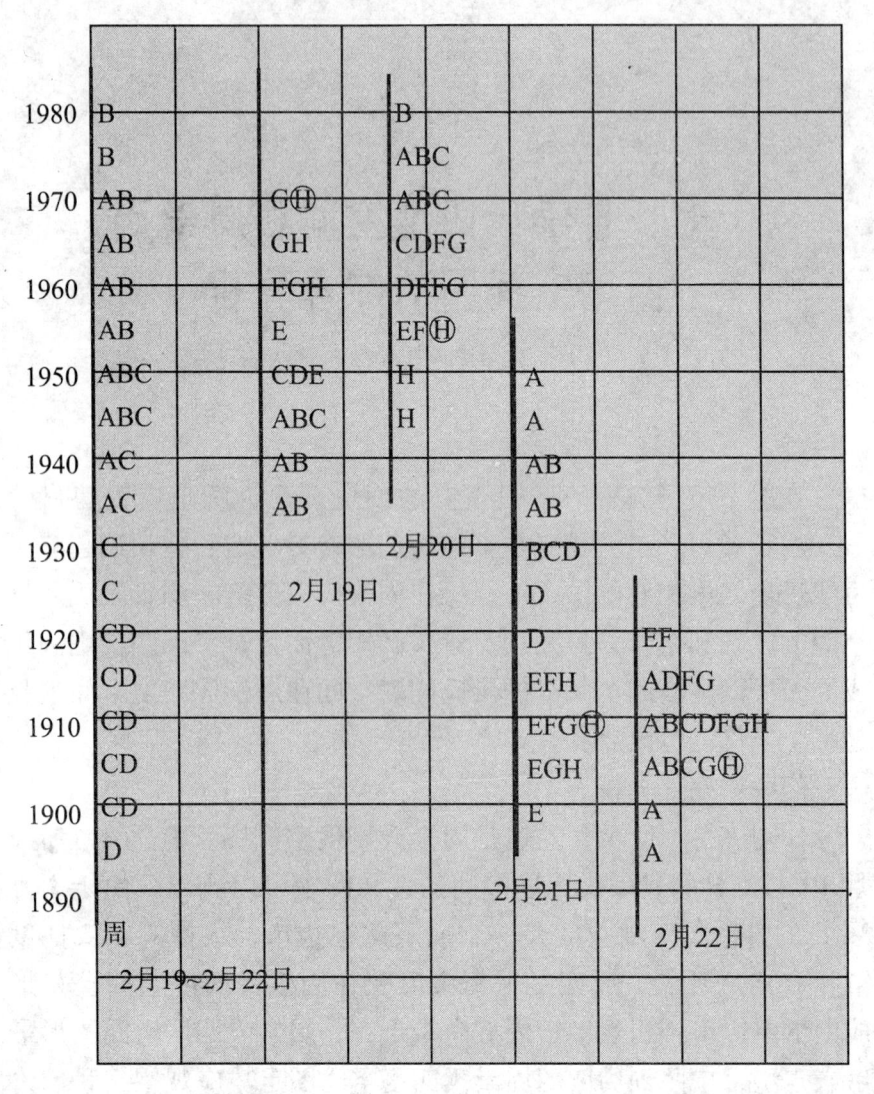

1980	B		B				
	B		ABC				
1970	AB	G⒣	ABC				
	AB	GH	CDFG				
1960	A̶B̶	EGH	D̶E̶F̶G̶				
	AB	E	EF⒣				
1950	A̶B̶C̶	C̶D̶E̶	H	A			
	ABC	ABC	H	A			
1940	A̶C̶	AB		AB			
	AC	AB		AB			
1930	C̶		2月20日	BCD			
	C	2月19日		D			
1920	C̶D̶			D	EF		
	CD			EFH	ADFG		
1910	C̶D̶			EFG⒣	ABCDFGH		
	CD			EGH	ABCG⒣		
1900	C̶D̶			E	A		
	D				A		
1890				2月21日			
	周				2月22日		
	2月19~2月23日						

图 17-1

　　如图 17-2，继续分析，2 月 23 日崇氏四度空间是一个向上强势单边市，且高收，再回过头来看周崇氏四度空间图 2 月 19~23 日，就不是标准的向下单边市，归结为平衡市了。形成了变形的平衡市且中收，前图中的周崇氏四度空间图中的单独字母 C 被周五的 E 覆盖。当然，从周崇氏四度空间图分析，尚未

十七、日崇氏四度空间和周崇氏四度空间图的综合分析

给出到底信号,但日崇氏四度空间图已经清晰地告之市场的运行方向了。

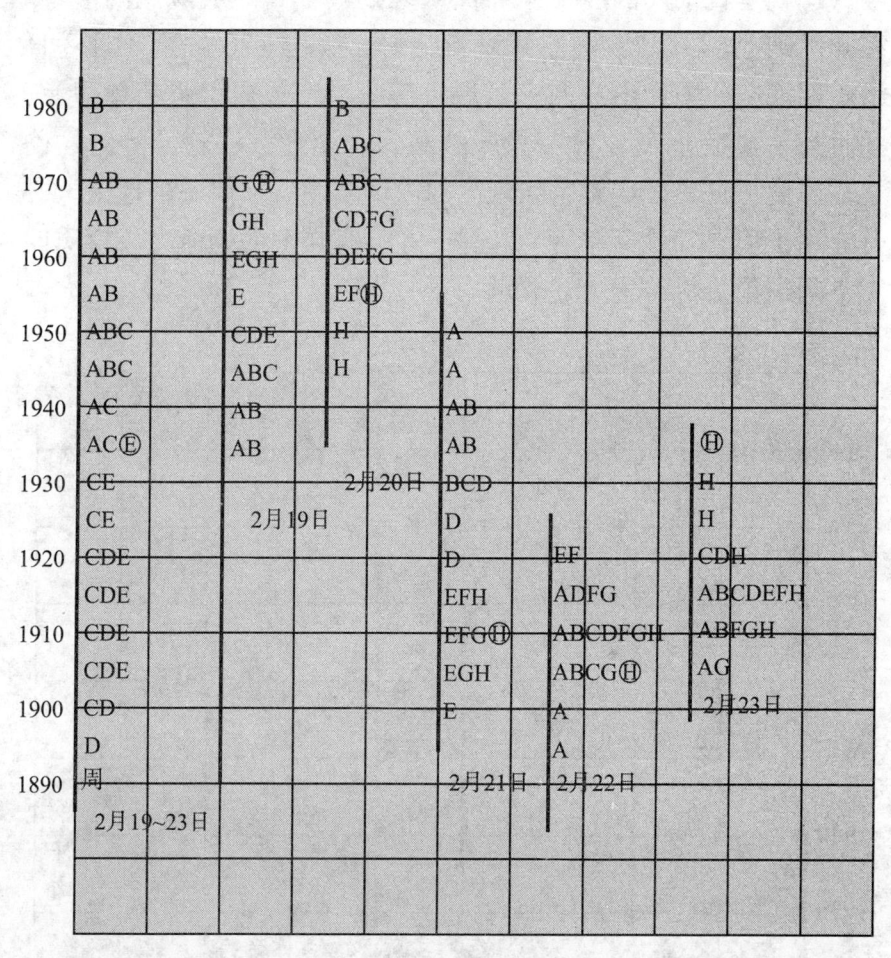

1980	B		B				
	B		ABC				
1970	AB	G⊕	ABC				
	AB	GH	CDFG				
1960	AB	EGH	DEFG				
	AB	E	EF⊕				
1950	ABC	CDE	H	A			
	ABC	ABC	H	A			
1940	AC	AB		AB			
	AC⊕	AB		AB		⊕	
1930	CE		2月20日	BCD		H	
	CE		2月19日	D		H	
1920	CDE			D	EF	CDH	
	CDE			EFH	ADFG	ABCDEFH	
1910	CDE			EFG⊕	ABCDFGH	ABFGH	
	CDE			EGH	ABCG⊕	AG	
1900	CD			E	A	2月23日	
	D				A		
1890	周			2月21日	2月22日		
	2月19~23日						

图 17 - 2

如图 17 - 3 大盘继续运动,从 2 月 26 ~ 28 日崇氏四度空间价值区域缓缓上移,而周崇氏四度空间 2 月 26 ~ 28 日图已经出现了长线买家 A,当然,此时由于尚差周四、周五的走势,A 是否是长线买家有待观察,但此时周崇氏四度空间的价值区域同上周比也在上移,也就是说先有了日崇氏四度空间价值区域的上

移，后有了周崇氏四度空间价值区域的上移，日崇氏四度空间2月22日发出了买入信号，而周在2月28日后才发出了买入信号，这就是日崇氏四度空间的灵敏之处，也是短线应用的法宝。在此基础上，一周走完（见图17-4）周2月26日至3月2日崇氏四度空间图又出现向上延展且高收，形成向上强势单边市，此时的单独字母A和E都是长线买家，至此，一轮升势已经确立，由此可见崇氏四度空间理论的简洁实用。任何一种理论，一是应用价值；二是简单容易掌握，才会有强大的生命力。崇氏四度空间理论恰恰符合上述要求。

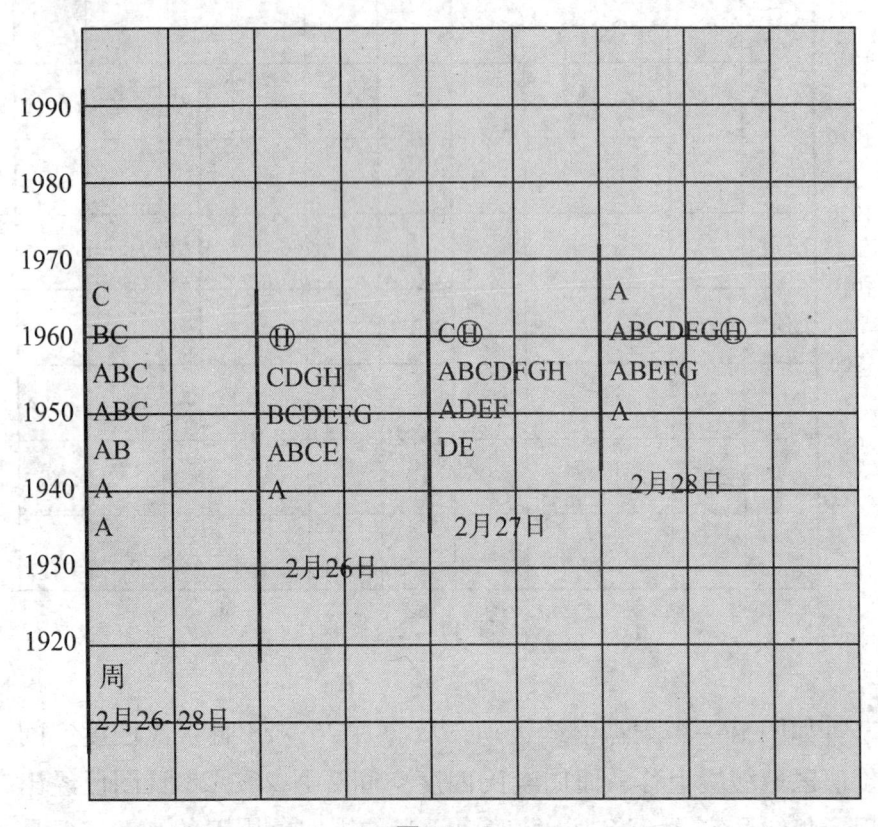

1990						
1980						
1970						
1960	C ~~BC~~	⊕	C⊕	A ABCDEG⊕		
1950	ABC ~~ABC~~	CDGH BCDEFG	ABCDFGH ADEF	ABEFG A		
1940	AB ~~A~~	ABCE A	DE 2月27日	2月28日		
1930	A	2月26日				
1920						
	周 2月26-28日					

图 17-3

十七、日崇氏四度空间和周崇氏四度空间图的综合分析

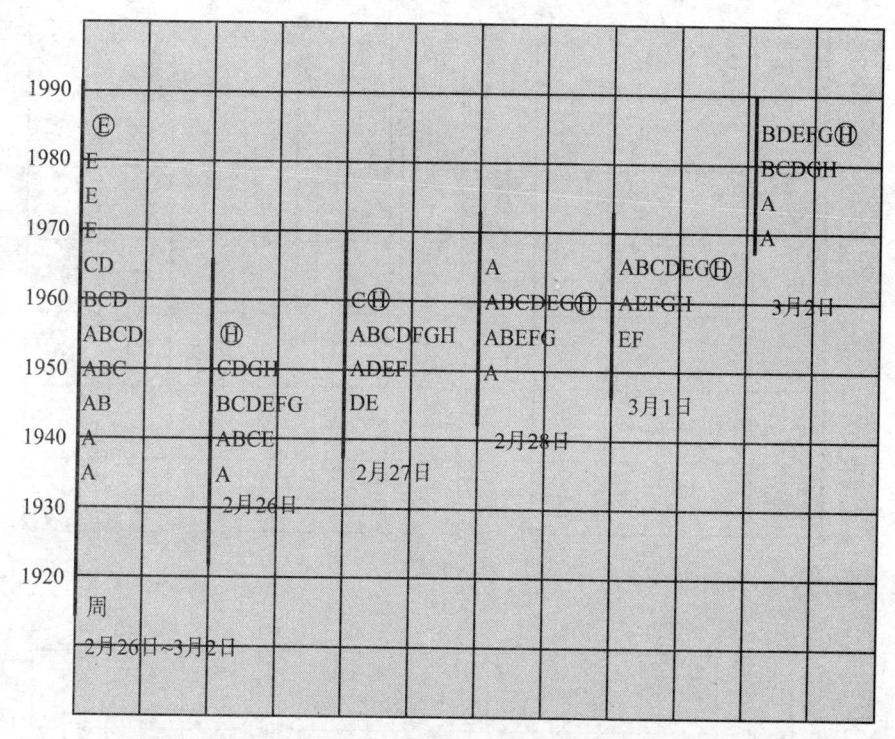

1990							
1980	Ⓔ E						BDEFGⒽ BCDGH
1970	E E						A A
1960	CD BCD		CⒽ	A ABCDEGⒽ	ABCDEGⒽ AEFG		3月2日
1950	ABCD ABC	Ⓗ CDGH	ABCDFGH ADEF	ABEFG A	EF		
1940	AB A	BCDEFG ABCE	DE 	2月28日	3月1日		
1930	A 	A 2月26日	2月27日				
1920							
	周 2月26日~3月2日						

图 17-4

例二：顶部分析（见图 17-5）。

从周崇氏四度空间 6 月 4~8 日看是一个平衡市且有长线买家 E，但从日崇氏四度空间来看，从 6 月 4~5 日价值区域是上移，6 月 5~7 日日崇氏四度空间出现平移，预示后市看淡（因为已有一定升幅）。6 月 8 日价值区域出现下移，给出了见顶信号。但从周崇氏四度空间来看平衡市尚无大碍。下面继续分析。

如图 17-6 所示，前面分析了上一周的日崇氏四度空间和周崇氏四度空间的形成和发展，本周从日崇氏四度空间来看，6 月 11~13 日价值区域还在上移且高收，但 6 月 14 日崇氏四度空间价值区域和 6 月 13 日价值区域平移之后下行，6 月 14 日低收平衡市。此时周崇氏四度空间和上周比价值区域也出现下移（见图 17-7）。

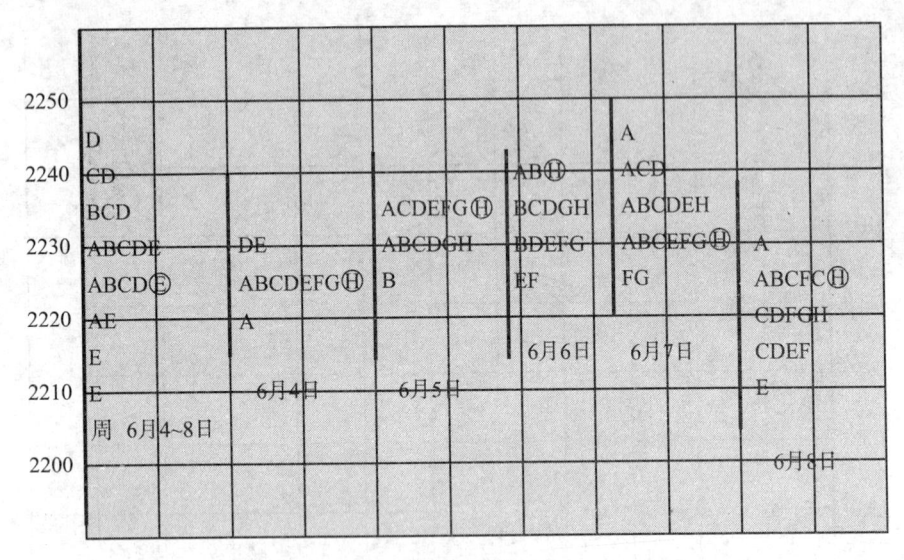

图 17-5

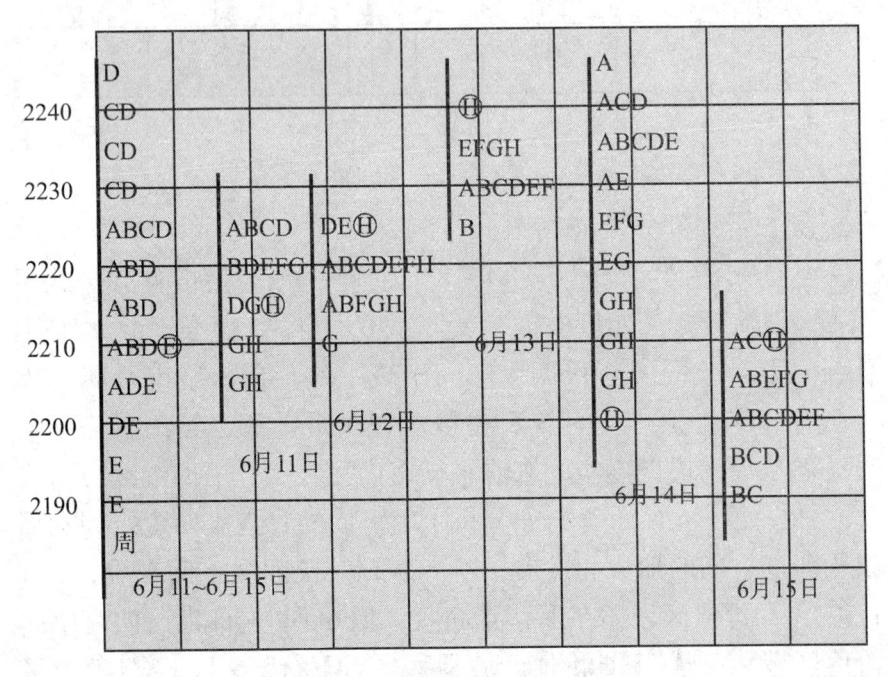

图 17-6

等周五 6 月 15 日价值区域移到本周日崇氏四度空间的下面。

十七、日崇氏四度空间和周崇氏四度空间图的综合分析

周崇氏四度空间 6 月 11~15 日形成比 6 月 4~8 日周崇氏四度空间价值区域下移且中收，从此，可以确认了顶部形成，周崇氏四度空间的下移是重要信号。日在先周在后发生下移，按日崇氏四度空间操作，更能在接近顶部时清仓。

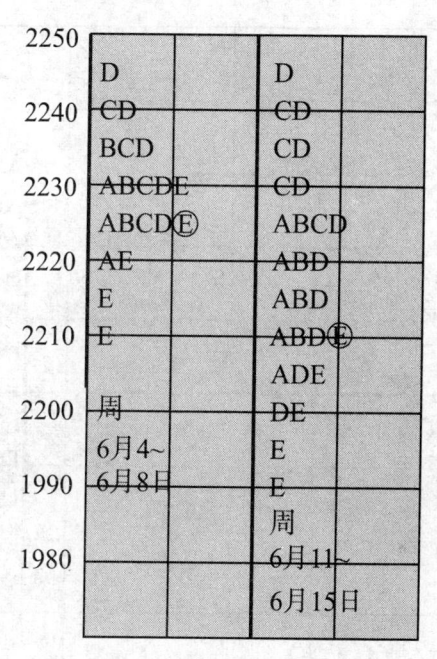

2250	D	D
2240	~~CD~~	~~CD~~
	BCD	CD
2230	~~ABCDE~~	~~CD~~
	ABCDⓓ	ABCD
2220	~~AE~~	~~ABD~~
	E	ABD
2210	E	~~ABD~~ⓔ
		ADE
2200	周	~~DE~~
	6月4~	E
1990	~~6月8日~~	E
		周
1980		~~6月11~~
		6月15日

图 17-7

请读者仔细看一下，6 月 13 日和 6 月 14 日的日崇氏四度空间组合和 6 月 4~8 日和 6 月 11~15 日的周崇氏四度空间组合图形相似，就明白其中的奥妙了。在此之后，虽然下跌又反弹，但终究展开了一场下跌走势，按崇氏四度空间发出信号操作，大跌是完全可以避免的。只要不主观才行。

例三：周崇氏四度空间单边市的形成。

如图 17-8 所示，4 月 23 日和 4 月 24 日价值区域上移，但 4 月 25 日价值区域比 4 月 24 日向下延展且低收，反映在周崇氏四度空间上出现了向下的单独字母 C，但因此时一周尚未走完，

还不能确定就是长线卖家。接着图17-9，4月26日和4月27日两天走完，就可以看出周崇氏四度空间形成向下单边市，其中C表示长线卖家出场。日崇氏四度空间图在4月25日就给出了下行信号，周崇氏四度空间到周五完成才给出信号。

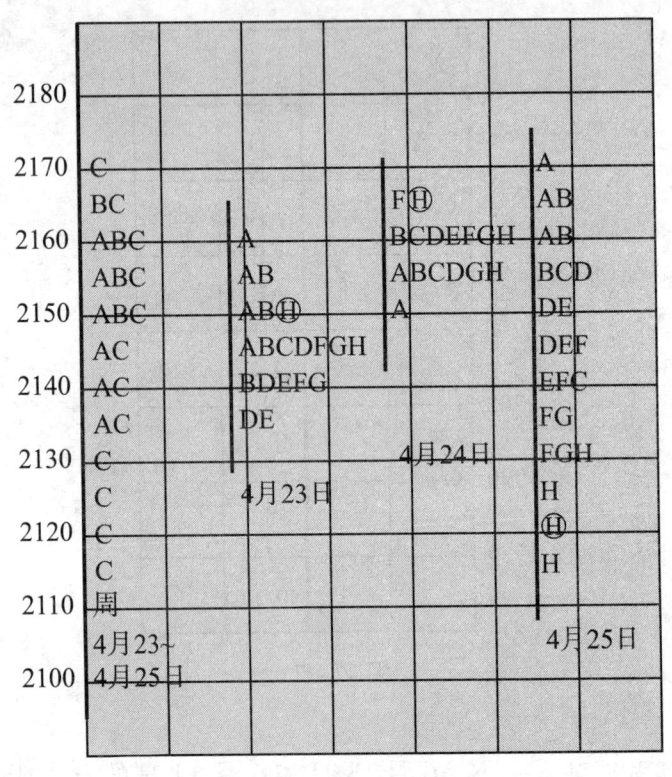

```
2180

2170  C                              A
      BC              FⒽ            AB
2160  ABC     A       BCDEFGH       AB
      ABC     AB      ABCDGH        BCD
2150  ABC     ABⒽ     A             DE
      AC      ABCDFG                DEF
2140  AC      BDEFG                 EFG
      AC      DE              4月24日 FGH
2130  C                              FGH
      C       4月23日                 H
2120  C                              Ⓗ
      C                              H
2110  周
      4月23~                    4月25日
2100  4月25日
```

图 17-8

当然，4月26日、4月27日两日崇氏四度空间价值区域形成平衡市，又是短线买入时机。此种向下单边市如果出现在上升途中，只是调整行情，一旦调整完毕，仍会继续向上发展。如果是出现在下降途中，后面可能会有小反弹，但绝不能再次恋战，短线快进快出为宜，中线按周崇氏四度空间图形给出的方向顺势去操作。

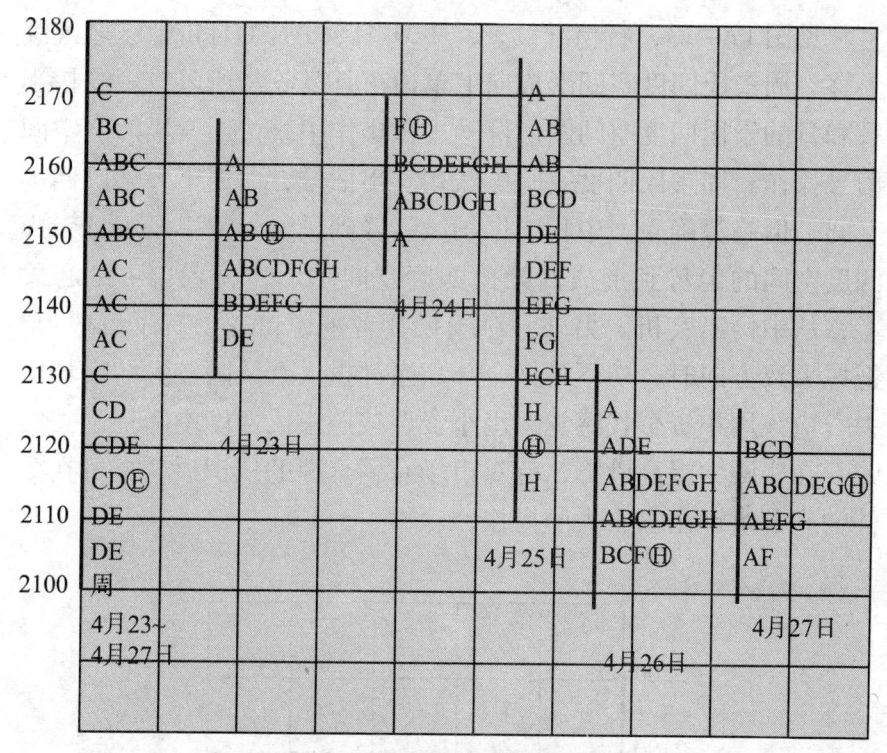

2180							
2170	C			A			
	BC		F Ⓗ	AB			
2160	A̶B̶C̶	A	BCDEFGH	AB			
	ABC	AB	ABCDGH	BCD			
2150	A̶B̶C̶	AB Ⓗ	A	DE			
	AC	ABCDFGH		DEF			
2140	A̶C̶	BDEFG	4月24日	E̶F̶G̶			
	AC	DE		FG			
2130	C̶			F̶C̶H̶			
	CD			H	A		
2120	C̶D̶E̶		4月23日	Ⓗ	ADE	BCD	
	CDⒺ			H	ABDEFGH	ABCDEGⒽ	
2110	D̶E̶				ABCDFGH	AEFG	
	DE			4月25日	BCFⒽ	AF	
2100	周						
	4月23~					4月27日	
	4月27日				4月26日		

图 17-9

例四：周崇氏四度空间特殊向下单边市的形成。

见图 17-10，7 月 23 日是平衡市，7 月 24 日出现向下跳空，形成向下强势单边市，前面已经讲述向下强势单边市如何操作，问题是看周崇氏四度空间图形就会明白，从 A 到 B 一路下跌，因为看长做短，应立刻清仓。接着图 17-11，7 月 25~27 日，继续一路下行，形成周崇氏四度空间向下单边市。前面已经讲过单边市有两个价值区域，此向下单边市形成 3 个价值区域，呈更弱市势。其中的单独字母 A、C、E 均为长线卖家出场。

例五：周向上单边市的形成。

见图 17-12，日崇氏四度空间 5 月 28~29 日价值区域平移，5 月 30 日向上延展，价值区域上移且高收。在周崇氏四度空间图上 C 向上延展，出现长线买家，5 月 30 日发出买入信号，但周崇氏四度空间未走完。

见图17-13，行情继续，5月31日、6月1日价值区域继续上移，周崇氏四度空间形成向上单边市且高收。所以，短线按半日和日的崇氏四度空间图形信号进行操作中线按周崇氏四度空间信号操作。周崇氏四度空间虽然在发出信号方面迟于日崇氏四度空间，但趋势确立。中长线进场风险降到最低。从半日、日崇氏四度空间的走势到形成周崇氏四度空间图形，读者自可细心思考，从中悟出玄机。另外，对于投资者来说，在没有了解股市，把握大致方向时，切不可把全部家当都投入到风险较大的市场中去，应该用小资金找感觉，用小资金按照崇氏四度空间理论去实践，在实践中提高胜算；待对市场有了全面的认识后，方可在极佳的底部重锤出击，大胆操作，赢得更大利润。

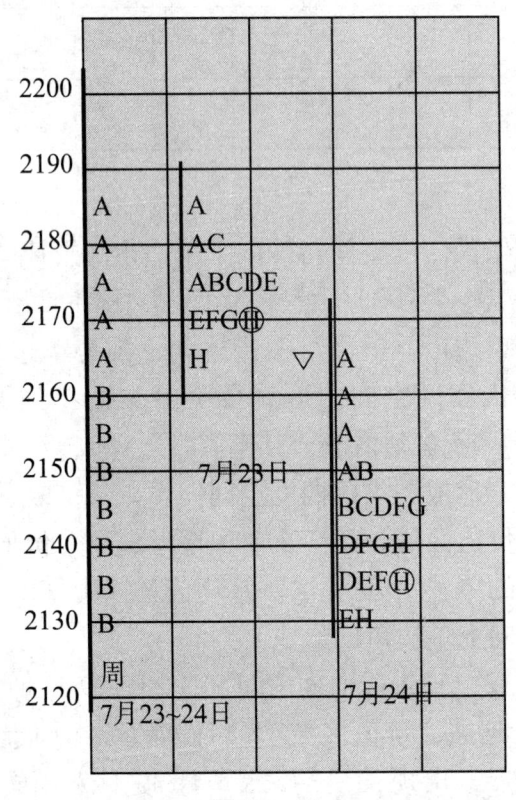

2200				
2190	A	A		
2180	A	AC		
	A	ABCDE		
2170	A	EFG⊕		
	A	H	▽	A
2160	B			A
	B			A
2150	B	7月23日		AB
	B			BCDFG
2140	B			DFGH
	B			DEF⊕
2130	B			EH
	周			
2120	7月23-24日			7月24日

图 17-10

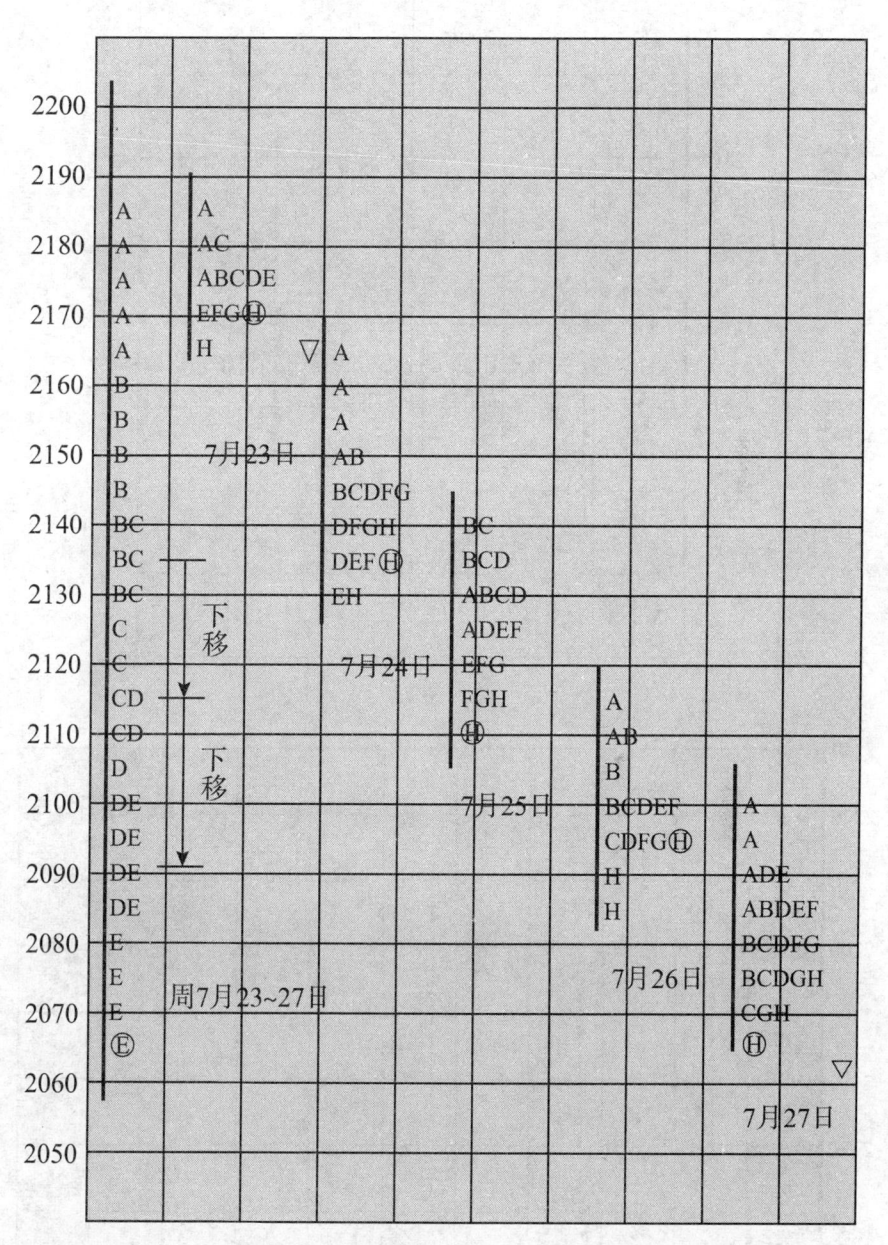

十七、日崇氏四度空间和周崇氏四度空间图的综合分析

图 17-11

股市（期市）崇氏四度空间实战分析

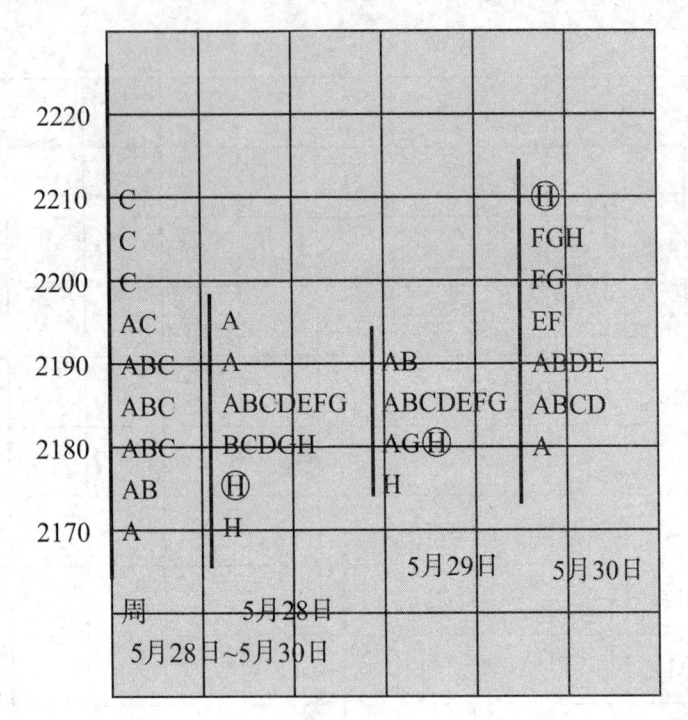

图 17-12

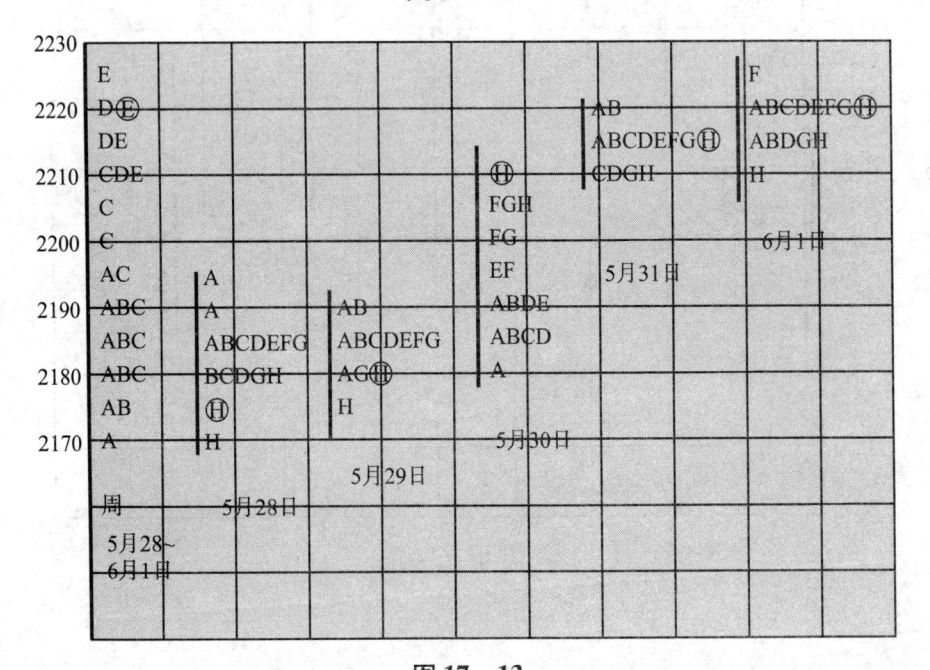

图 17-13

十八、大盘和个股的综合分析

股市中应该看大盘做个股，或看大势做个股，有的提出抛开大盘做个股，实际上大盘是个股的综合（这里目前是指上海综合指数），大盘也就是大势。用上海综合指数作为大势的依据，也就是说目前只能以上海综合指数为大势进行研判。投资者必须明确"看大势，挣大钱"的道理，必须顺应历史潮流。中国股市未来几十年前途十分光明，我们不能光看眼前的涨涨跌跌，要站在历史的高度上，中国人能够创造辉煌的历史，也必然能创作出21世纪的中国龙的腾飞。

大多数股票是与大盘同进退的，在前半部分讲了大盘和个股的九种关系，这里主要分析大盘下跌而个股上涨的情况，但笔者提倡独立思考，不要人云亦云，股市成功者历来都是独行之人。有独立见解，独立操作，有一套适合自己的方法和策略，严格遵守纪律，才能战胜市场，战胜自我，取得成功。

这一节分析大盘下跌，个股上升不同步的崇氏四度空间图表现形式。

1. 大盘缓跌个股上升型

见图18-1、图18-2，此时上海综指下跌—反弹—下跌走下降形式，而中原油气股票却逆势上升，投资者对照图表就可以发现大盘反弹，它上涨；大盘再跌，它也跟着调整。但大盘创新

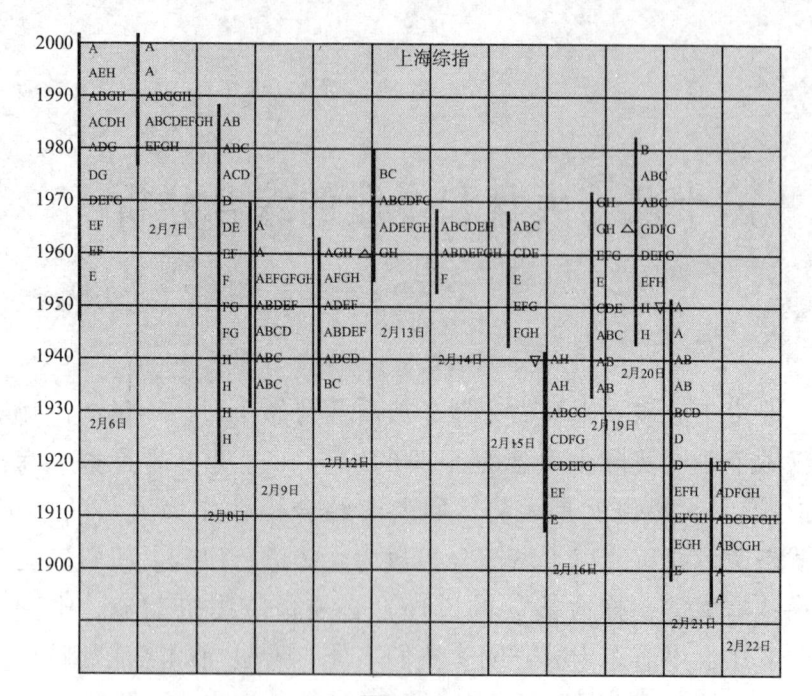

图 18-1

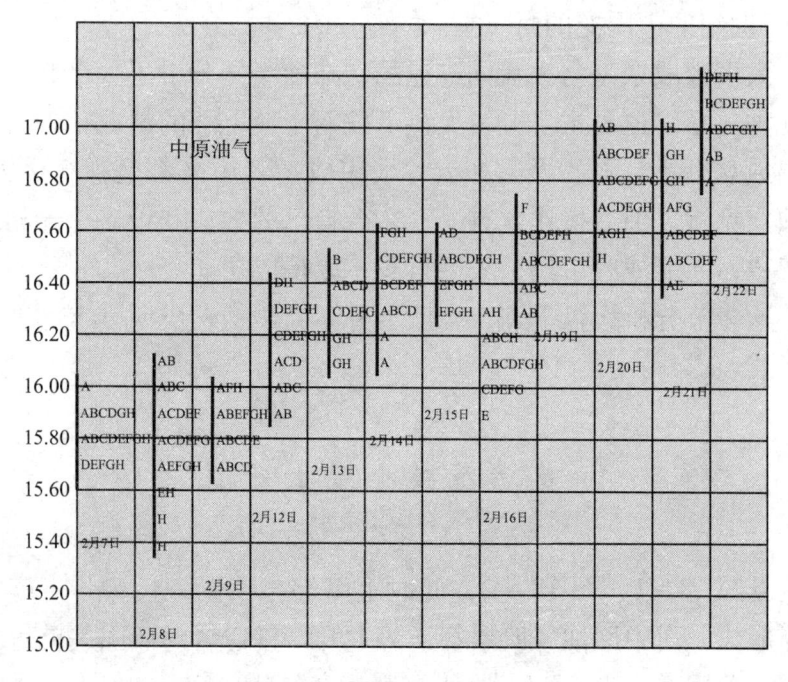

图 18-2

低点、它不创新低仅仅是回调，大盘呈逐波下行走势，中原油气呈逐波上行走势。其中原因没必要深究，只要按崇氏四度空间走势去操作即可。

2. 大盘急跌个股上升型

见图 18-3、图 18-4，当上海综合指数向下急跌时陆家嘴却逆势而上，显现强势。按照前面对崇氏四度空间的理论分析，按照价值区域的方向去做即可。

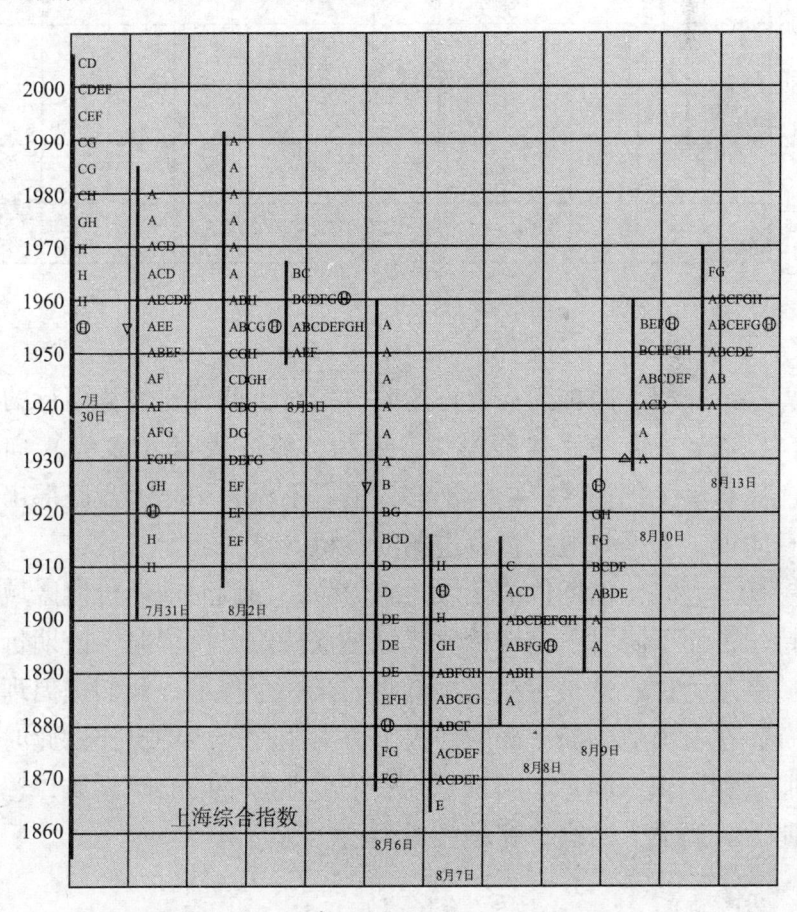

图 18-3

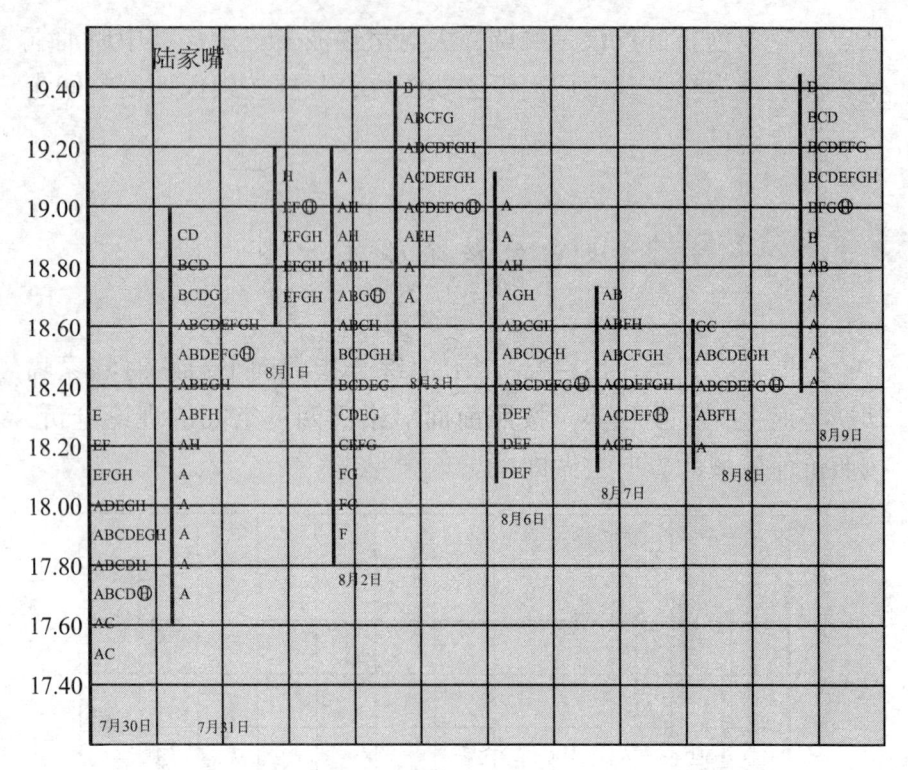

图 18-4

这里介绍了两种逆势上行的股票，对于此种逆大势而行的股票，投资者要有功底才能操作。因为，终究大盘（大势）向下时，你有多少把握呢？功力不够，最好不做；一旦大盘底部出现返身向上，才是一般投资者进场的良机。

凡上升时，前期价值区域是阻力位，回调时前期价值区域是支持位；而下降时，前期价值区域是支持位，反弹时，前期价值区域是阻力位；这是短线高抛低吸的又一个标准。我们提倡理性投资，在对大势判断正确的前提下，大胆在个股中操作。此时要有胆量和胆识。胆量、胆识是投资证券业必备的心理素质，艺高人胆大，胆大人艺高，相辅相成而已。

十九、崇氏四度空间理论操作策略综合分析

通过第一部分的分析，以及第二部分的日崇氏四度空间理论的分析，我们综合得出崇氏四度空间理论的分析要点及操作策略。

1. 第一层次，重点：价值区域的移动方向。

价值区域 $\begin{cases}上移：持股等待\\平移：高抛低吸\\下移：空仓观望\end{cases}$ $\begin{cases}顶部平移：卖出\\中途平移：高抛低吸\\底部平移：买入、高抛低吸\end{cases}$

下面做进一步解释：

如果是周崇氏四度空间，按上面操作中线概念，也就是周崇氏四度空间出现上移、平移、下移时按操作策略去做。

如果是日崇氏四度空间，按上面操作是短线概念。顶部平移从理论上仍可以高抛低吸，但此时风险极大，一般投资者慎之。

当价值区域刚开始上移时买入，之后只要价值区域不出现平移或下移，可以一路持有；待出现平移或下移时，卖出即可。平移时的高抛低吸应细分三种情况，顶部平移时，对于波浪理论来说是1浪、3浪、5浪、B浪的顶，所以卖出即可。

中途平移是指2浪、4浪的调整情况，可以高抛低吸；

底部平移是指2浪、4浪、A浪、C浪的底；

作为一般投资者：A浪、C浪最好不做。B浪反弹如果是较大级别的可以做，小反弹最好不做。

因为之前我国股票市场没有做空机制，只能买、卖、歇

（空仓），但在股指期货中，上述操作策略在期货市场中均可反向做空。例如，顶部出现向下延展时，做空头、建空仓。

2. 第二层次，重点：长线买家和长线卖家。

在第一层次分析之后，第二层次分析要点是在顶部（相对顶部）价值区域平移或下移时，注意观察是否出现长线卖家，如果出现长线卖家，就更证明顶部成立，则毫不犹豫地清仓，而此时的长线买家意义不大，因为在底部的长线买家与在顶部的长线买家是有区别的。

在底部时，主要考虑在价值区域平移或上移时，是否有长线买家出场。当然有时底部也有长线卖家出场，但此时的长线卖家在顶部时的长线卖家有区别，顶部的长线卖家是真正的卖家。总之，一句话，在顶部时，注意长线卖家的出场，而相对忽略长线买家，在底部时，注意长线买家的出场，而相对忽略长线卖家。价值区域的移动是最关键的。

3. 图 19-1 简略展示了价值区域移动和操作策略。

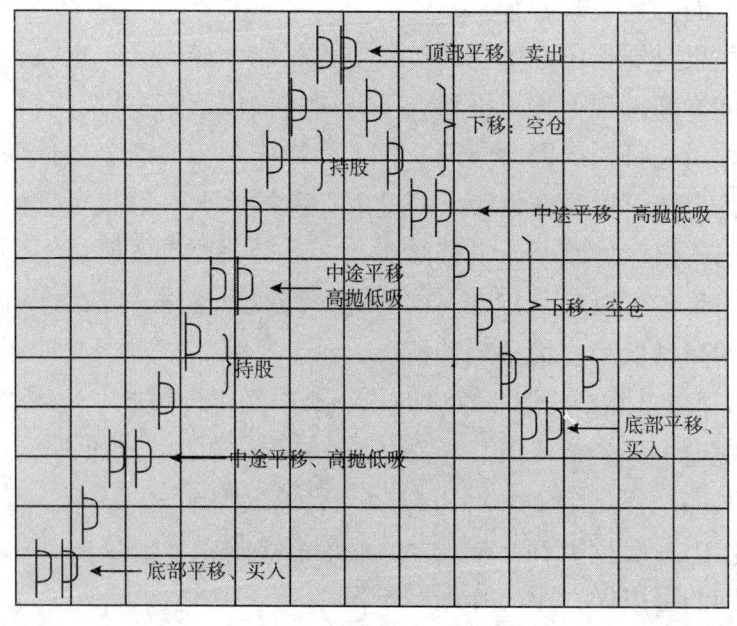

图 19-1

4. 表19-1简略表述价值区域移动和有无长线买卖者对于后市的影响。

表19-1

价值区域移动	长线买家	长线卖家	向市方向
上移	有	无	向上强
上移	无	无	向上较强
上移	无	有	向上弱
平移	有	无	向上概率大
平移	无	有	向下概率大
下移	有	无	向下弱
下移	无	无	向下较强
下移	无	有	向下强

一般来说，在底部主要注意长线买家是否出场、只要长线买家出场，才可能见底回升。

在顶部主要注意长线卖家是否出场。同样，只有长线卖家出场，才可能改变趋势，见顶而向下调整。

5. 见图19-2。

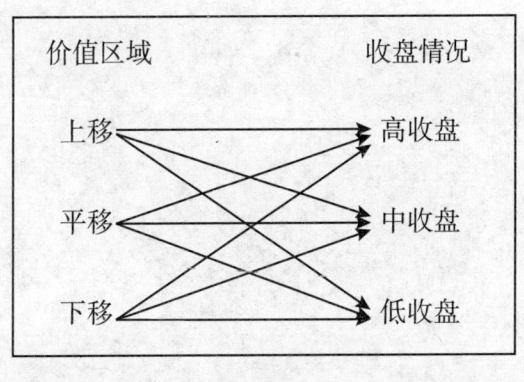

图19-2

这里给出了价值区域移动和收盘情况的几种组合，上移时有高、中、低收盘；平移时有高、中、低收盘；下移时也有高、中、低收盘，这九种情况对后市的影响如何？请读者自行分析。

　　如果读者能够自行分析出其组合的趋势，可以认为基本上已经掌握了崇氏四度空间理论。

下篇　崇氏四度空间期货部分

二十、期货前言

　　由于 2002 年在出版《股市四度空间实战分析》修订版一书时，国内尚未推出股指期货。故没有讲崇氏四度空间理论在期货市场的应用。现在中国已经推出了股指期货交易，经过几年的发展，现已初具规模。

　　作为普通的投资者来说，虽然期货的品种较多，比如小麦、天然胶、沪铜、沪铅等，但最适合广大投资者的首选是股指期货的原因有两个：一是股指期货以沪深 300 为标的，而中国股市经过 20 多年的发展，市场容量已经非常大，即使所谓的大资金也很难操纵市场；二是制度的规范及股指期货的准入门槛相对较低，掌握了中国股市的长期和中期趋势，在股指期货上可谓顺风顺水。因此，本书在介绍崇氏四度空间用于期货市场的应用时，只是以股指期货为主，对于期货的其他品种来说，其原理是一样的。

　　作为来源于期货市场的四度空间理论，史泰米亚当年经过数年的实战分析，创造了四度空间理论（英文直译为市场轮廓理论）香港著名分析大师许沂光先生以中文的角度翻译为四度空间理论；从而传入大陆。笔者在 20 世纪 90 年代初接触到许先生的四度空间理论后结合中国股市的实际情况，在实战中创立了一套适合中国股市的具体操作方法（因为当时中国期货尚未全面展开，股指期货更是无从谈起），在 2000 年出版了《股市四度空间实战分析》，并于 2002 年出版了修订版，将崇氏四度空间理论完整地呈现在世人面前。

　　现在，根据目前国内股指期货的发展，此次本书改版时增加了期货内容，目的在于使投资者有一个得心应手的方法，在市场中盈利。根据市场大多数投资者的操作习惯，做短线和当日平仓的特点，本书将崇氏四度空间理论由原来的"日、周、月"崇氏四度空间图作为一个系列改为"半日、日、周"崇氏四度空间图为一个系列，而"半日"崇氏四度空间图就可以解决期货市场当日平仓的需求。

　　做股指期货本人认为有两套方法较为实用：一是波浪理论；二是崇氏四度空间理论。因为波浪理论能够从长期来判断走势，甚至几十年的长期趋势均可以判断（前提是真正熟练掌握波浪理论）。而崇氏四度空间理论由于其原始的创造就是期货市场，因此，现在回归于期货市场可谓是回家，正当其位。

　　相信广大投资者在学习了崇氏四度空间理论之后，按照其理论在崇氏四度空间实战软件的帮助下，定能战胜市场，赢取掌握崇氏四度空间理论后的真金白银，走上一条盈利的坦途。

　　具体做股指期货时，首先应全面掌握波浪理论，对沪深300指数和上海综合指数进行分析，如目前的上海综指正处于大的调整之中，就应以做空为主，在上证综指998点到6124点的向上大行情中，应该以做多为主，在上海综指6124点到1664点的大2浪向下调整时，应以做空为主。关于波浪理论上海综指的分析在前面波浪理论的章节中有专门的论述。

二十一、期货操作原则【看长做短】

在股票市场上我们的操作大原则是【看长做短、看大盘做个股、买卖歇（空仓）】，在期货市场上，我们保留【看长做短】就可以了。

"看长做短"在这里有三个含义，即"看长做长"、"看长做中"、"看长做短"三种。在"看长做长"时，由于相对时间较长，比如沪市的上证综指从6000多点一路跌到1600多点，理论上做空头可大赢一把，但真正能坚持到底的投资者可谓凤毛麟角。

在"看长做中"时，由于相对时间较短，一般为几周到几个月之间，这比较适合于大多数投资者，而且可在其中做小的波段。

在"看长做短"时，也应该知道沪深大势的走向，之后在日和半日的崇氏四度空间图中按图操作即可。

另外，前面讲的对于股票市场的全部崇氏四度空间理论均适用于期货市场，只是期货市场可以双向操作而已。

以股指期货操作思路为例，首先应看清上海综指的走势，从波浪理论分析在第几浪里，之后再看所做的近期合约，因为一般中远期合约交投并不十分踊跃，而近期合约较为活跃。当然这里也有高水、平水和低水之分。但不影响按崇氏四度空间理论操作，而且从长期趋势看，沪深300指数和上证综指的走势是基本一致的，只是由于沪深300指数没有ST等垃圾股，故多年本人研究的结果是上升或者下跌与上海综指基本同步，但沪深300指数的上下幅度略小于上证综指。

二十二、崇氏四度空间股指期货图形分析

下面以（IF09 期指 1209）分析。

思路是先看崇氏四度空间周图→分析价值区域移动方向→崇氏四度空间日图展开分析→崇氏四度空间半日图再展开，分析崇氏四度空间半日图形。期货做超短线的以半日崇氏四度空间图形为依据，可当日平仓（多头和空头）。

1. 崇氏四度空间周图【从周图看相对时间较长的趋势】

从图 22-1 里可以看出指数在 6 月 25 日至 7 月 6 日两周图上价值区域平移。且 7 月 2~6 日为上部平头的平衡市，此时就应多仓平仓，等待价值区域方向明确后再操作。在其后 7 月 9~13 日周崇氏四度空间图中，价值区域向下移动，预示向下调整，应顺势改为建空仓做空，之后大盘一路下跌，期间也有 8 月 6~10 日周的小反弹，但总体是向下调整，也就是说在此波段内应以做空为主。

二十二、崇氏四度空间股指期货图形分析

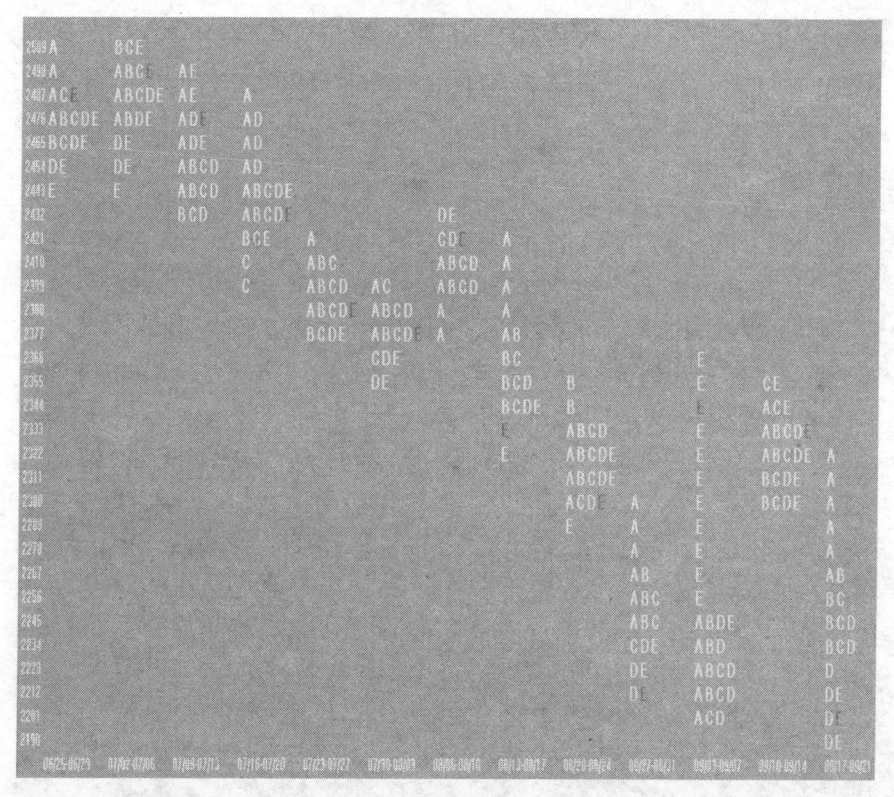

图 22-1　期指 1209 从 2012 年 6 月 25 日到 2012 年 9 月 21 日的崇氏四度空间周图

2. 崇氏四度空间日图【从日图看相对较短时间的趋势】

因为在图 22-1 的 6 月 25 日至 7 月 6 日两周内出现价值区域平移时，7 月 9～13 日出现下移是应多头平仓，所以从图 22-2 可以看出，在 7 月 6 日虽然为向上单边市，但应在上方多头平仓，而返身 7 月 9 日出现 ABC 平头时，在 ABCDE 之下即可做空，在 7 月 10 日和 7 月 11 日出现下跌相对底部平移时，将空仓平仓，短线返身可建多仓，但要记住，这只是下跌的小反弹，在7月13日向上反弹时在上面出现单独字幕B时，在BCEF处将多仓平仓，在7月16日单独字母A出现时又做空头即可。总之，下跌也按波浪进行，只是做空为主，此时做多的风险较大。

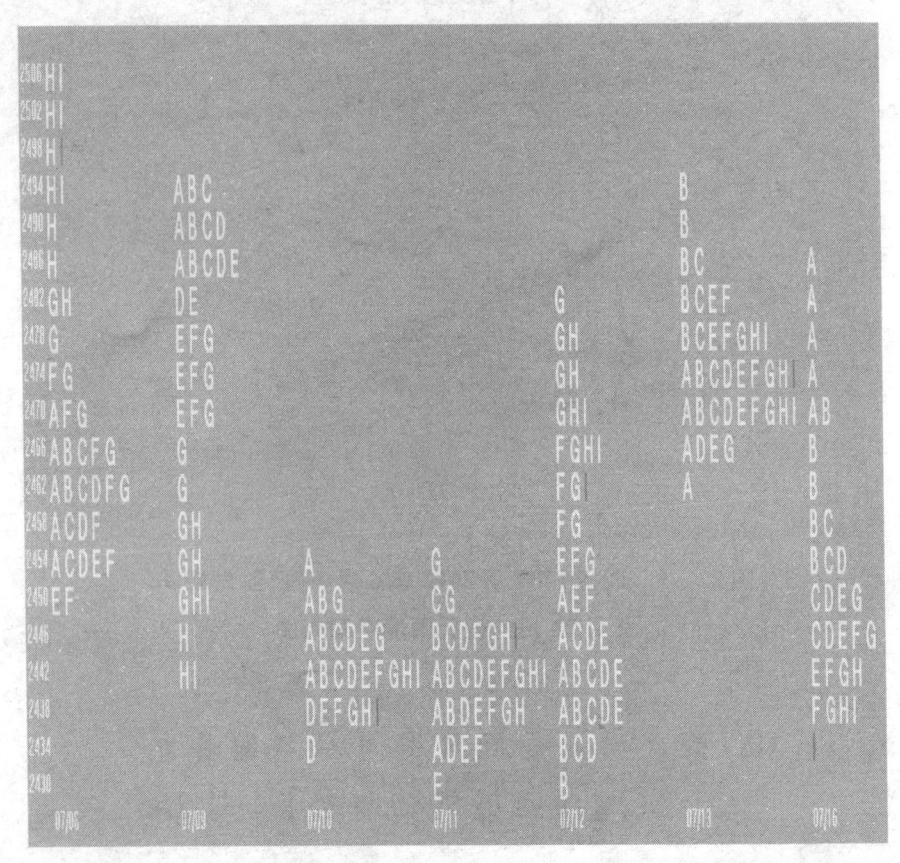

图 22-2　期指1209从2012年7月6~16日的崇氏四度空间日图

从图22-3可看出，8月3日ABCDEFGH的价值区域较8月2日单边市下面的EFGHI价值区域出现上移且高收盘在I，预示向上反弹，应将空头平仓，返身做多头，而8月9日和8月10日又出现价值区域平移，即将多头平仓。

二十二、崇氏四度空间股指期货图形分析

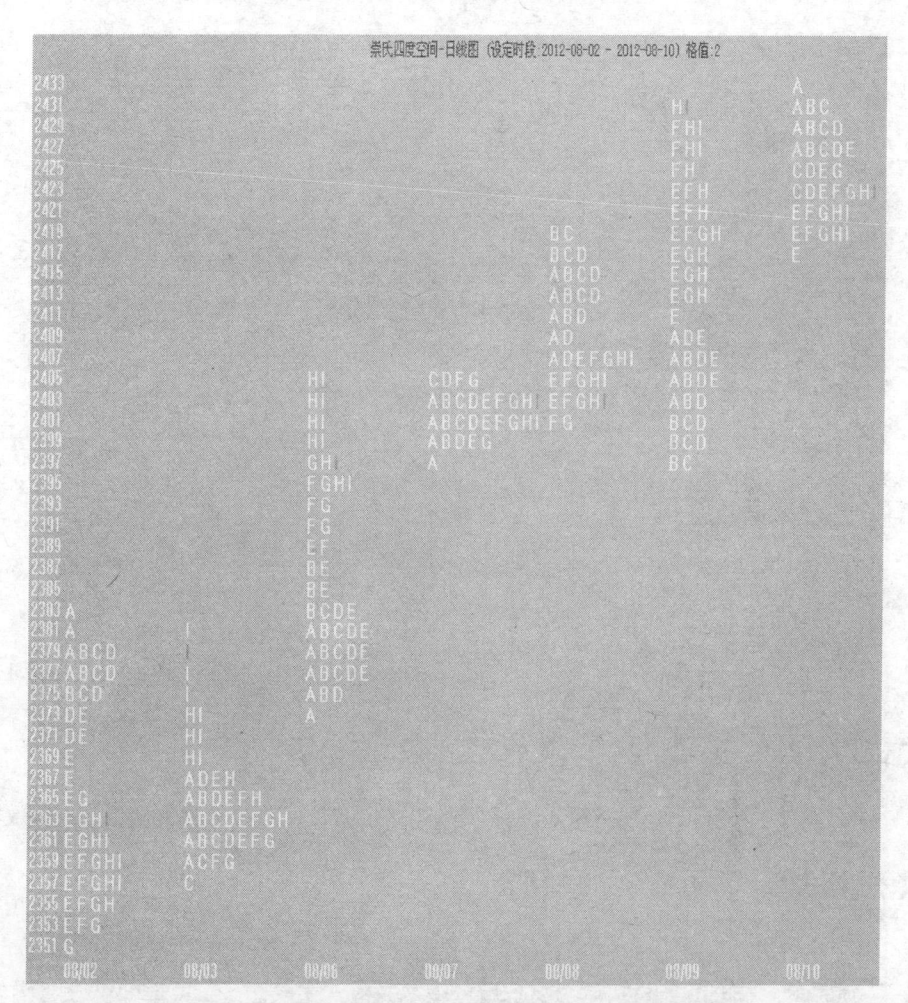

```
崇氏四度空间-日线图 (设定时段:2012-08-02 - 2012-08-10) 格值:2
2433                                                                    A
2431                                                    H               ABC
2429                                                    FHI             ABCD
2427                                                    FHI             ABCDE
2425                                                    FH              CDEG
2423                                                    EFH             CDEFGH
2421                                                    EFH             EFGHI
2419                                    BC              EFGH            EFGHI
2417                                    BCD             EGH             E
2415                                    ABCD            EGH
2413                                    ABCD            EGH
2411                                    ABD             E
2409                                    AD              ADE
2407                                    ADEFGHI         ABDE
2405                    HI      CDFG    EFGHI           ABDE
2403                    HI      ABCDEFGH    EFGH        ABD
2401                    HI      ABCDEFGHI FG            BCD
2399                    HI      ABDEG                   BCD
2397                    GH      A                       BC
2395                    FGHI
2393                    FG
2391                    FG
2389                    EF
2387                    BE
2385                    BE
2383 A                  BCDE
2381 A          I       ABCDE
2379 ABCD       I       ABCDE
2377 ABCD       I       ABCDE
2375 BCD        I       ABD
2373 DE         HI      A
2371 DE         HI
2369 E          HI
2367 E          ADEH
2365 EG         ABDEFH
2363 EGH        ABCDEFGH
2361 EGHI       ABCDEFG
2359 EFGHI      ACFG
2357 FFGHI      C
2355 EFGH
2353 EFG
2351 G
     08/02      08/03   08/06   08/07   08/08   08/09   08/10
```

图 22-3 期指 1209 从 2012 年 8 月 2 日至 2012 年
8 月 10 日的崇氏四度空间日图

在图 22-4 中可以看出，8 月 13 日是一个向下强势单边市，这时可以在前面多头平仓后，再做空头，之后价值区域一路下降，可一路做空。

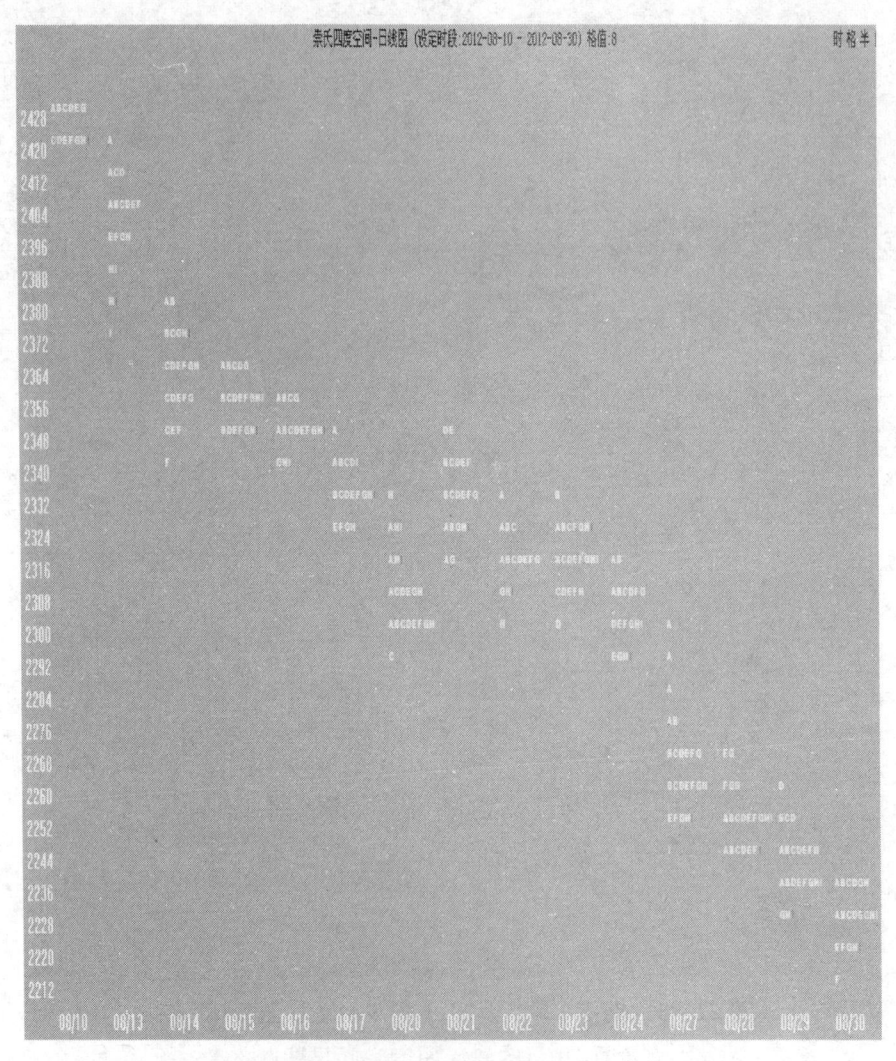

图 22-4　期指 1209 从 2012 年 8 月 13~30 日的
　　　　　崇氏四度空间日图

3. 半日崇氏四度空间图【从半日图看相对更短时间的趋势】

从图 22-5 可看出，相对底部 9 月 5 日（上）和 9 月 5 日

（下）价值平移，9月6日（上）发生上移，多头买入建仓，到9月10日（上）和9月10日（下）价值区域出现平移，多头平仓。

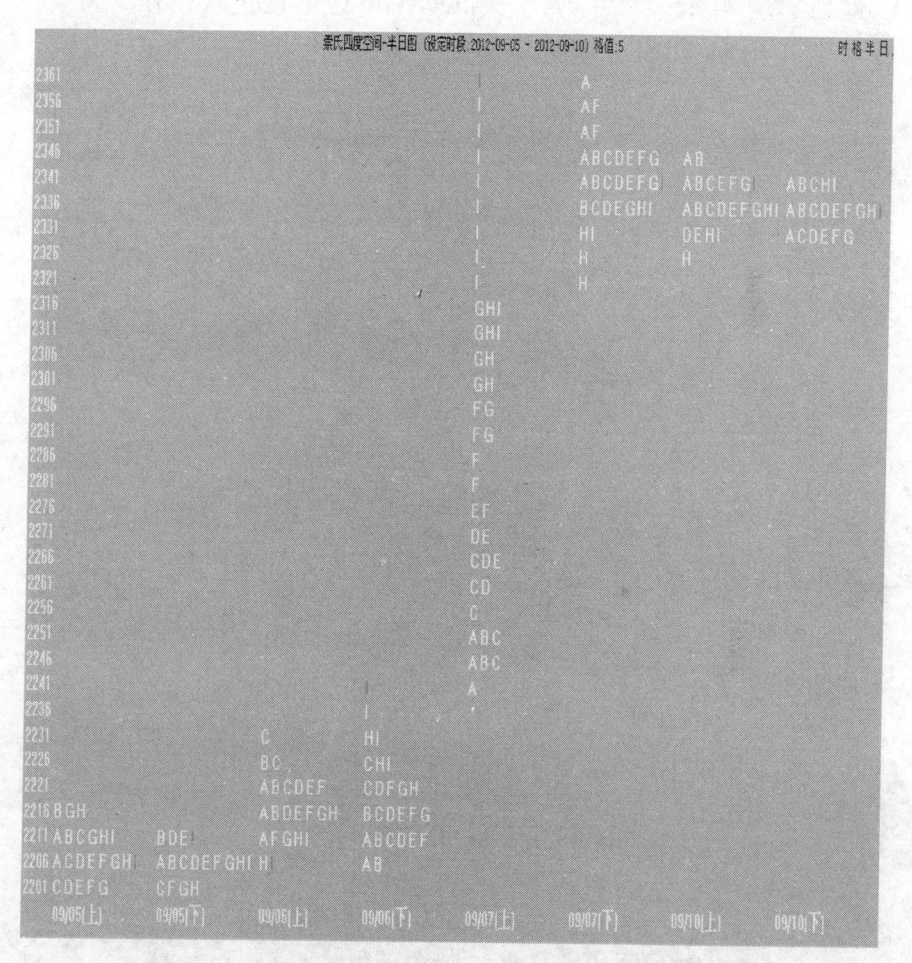

图22-5　期指1209从2012年9月5日（上）上午至
2012年9月10日（下）下午的崇氏四度空间半日图

从图22-6可看出，相对顶部9月14日（上）和9月14日（下）价值区域平移且低收，预示向下，可做空，9月17日（上）向下调整，9月18日（上）出现向下跳空缺口，9月18

日（上）至 9 月 18 日（下）虽为价值区域平移但 9 月 18 日（下）低收，9 月 19 日（上）和 9 月 19 日（下）虽为价值区域平移但价值区域较 9 月 18 日的价值区域下移，故可以不平仓。一直到 9 月 21 日（上）为平头的向上单边市且止跌，在 9 月 21 日（上）出现 ABCDE 时即应提前空头平仓。

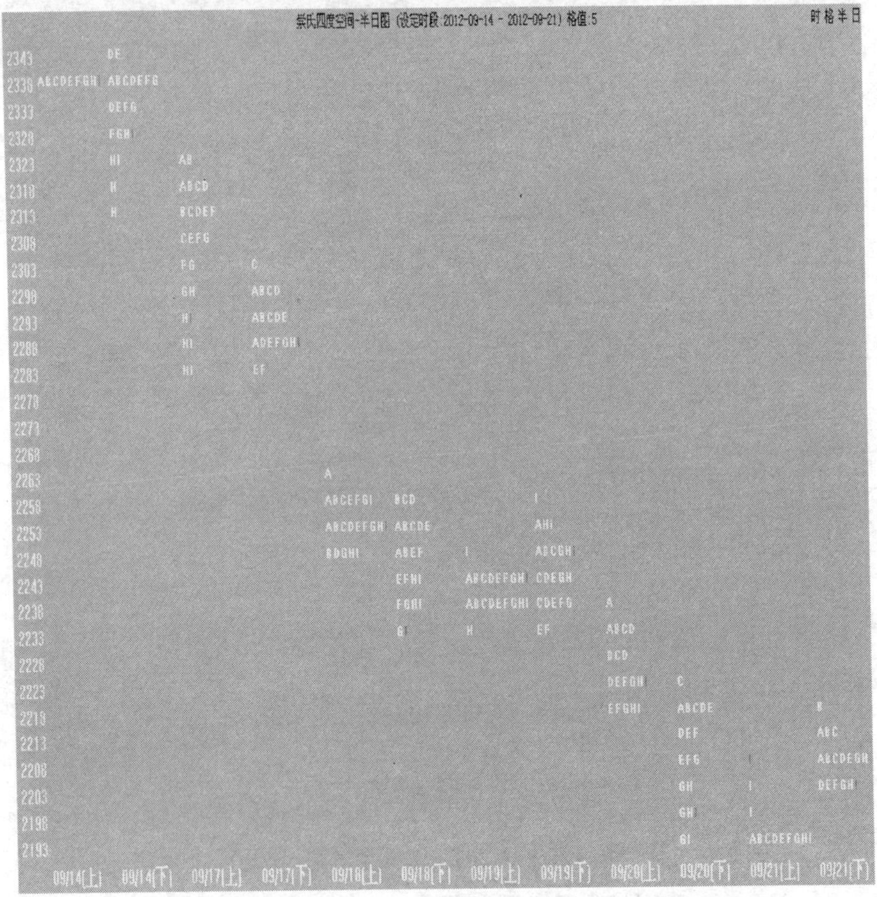

图 22 -6　期指 1209 从 2012 年 9 月 14 日（上）上午至
2012 年 9 月 21 日（下）下午的崇氏四度空间半日图

从图 22 -7 可看出，7 月 11 日（上）和 7 月 11 日（下）价值区域平移，7 月 12 日（上）在 7 月 11 日（下）价值区域下方

二十二、崇氏四度空间股指期货图形分析   ·245·

反身向上反弹，跟进做多，7月13日（上）和7月13日（下）价值区域平移，多头平仓。

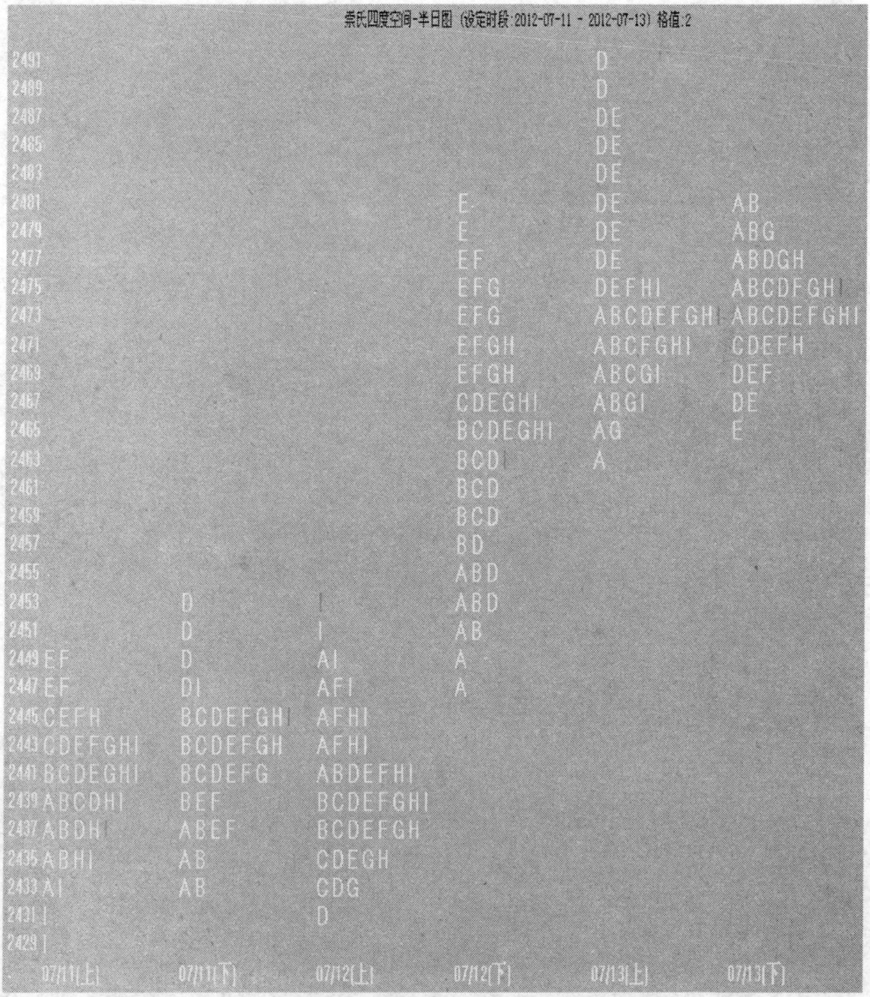

图22-7　期指1209从2012年7月11日（上）上午至
2012年7月13日（下）下午的崇氏四度空间半日图

前面讲了7月13日（上）和7月13日（下）价值区域平移，多头平仓，7月16日（上）出现向下单边市，在单边市B

字符处做空，到7月17日（上）和7月17日（下）价值区域平移，空头平仓（见图22-8）。

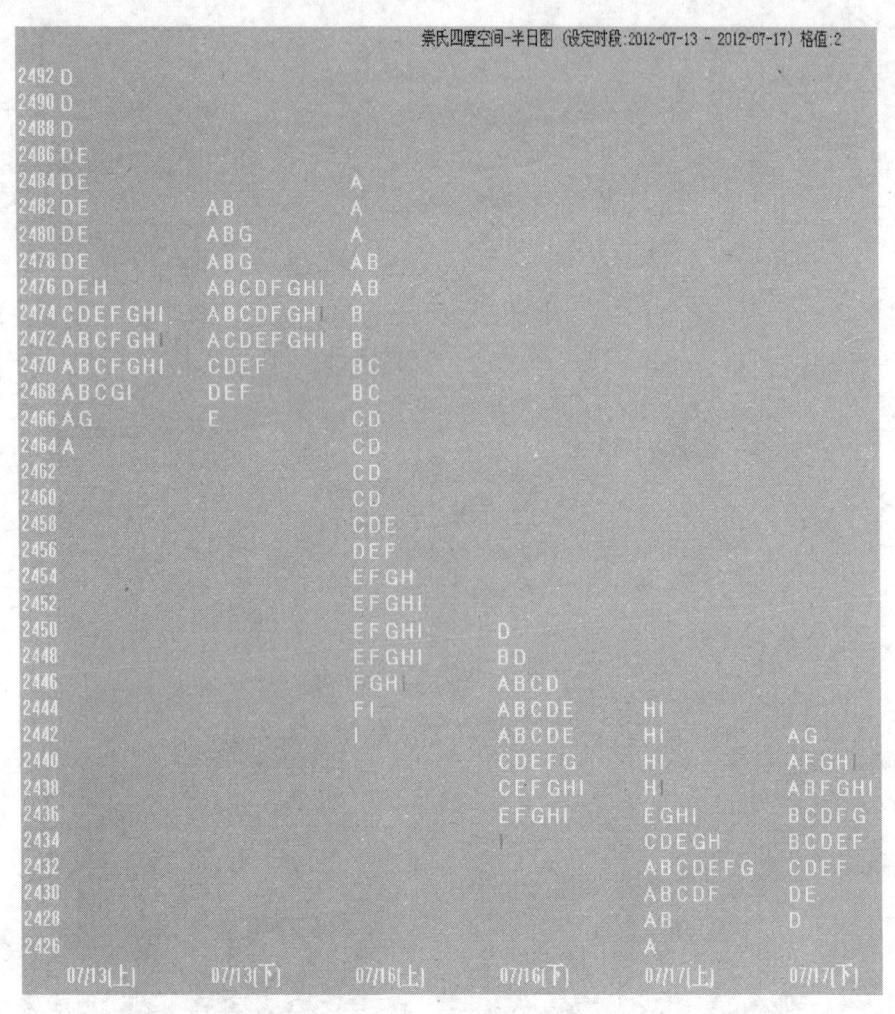

图22-8 期指1209从2012年7月13日（上）上午至2012年7月17日（下）下午的崇氏四度空间半日图

7月19日（上）和7月19日（下）半天上移，半天向下，且7月19日（下）低收给出做空方向，即做空，到7月23日（下）和7月24日（上）价值区域平移，空头平仓（见图22-9）。

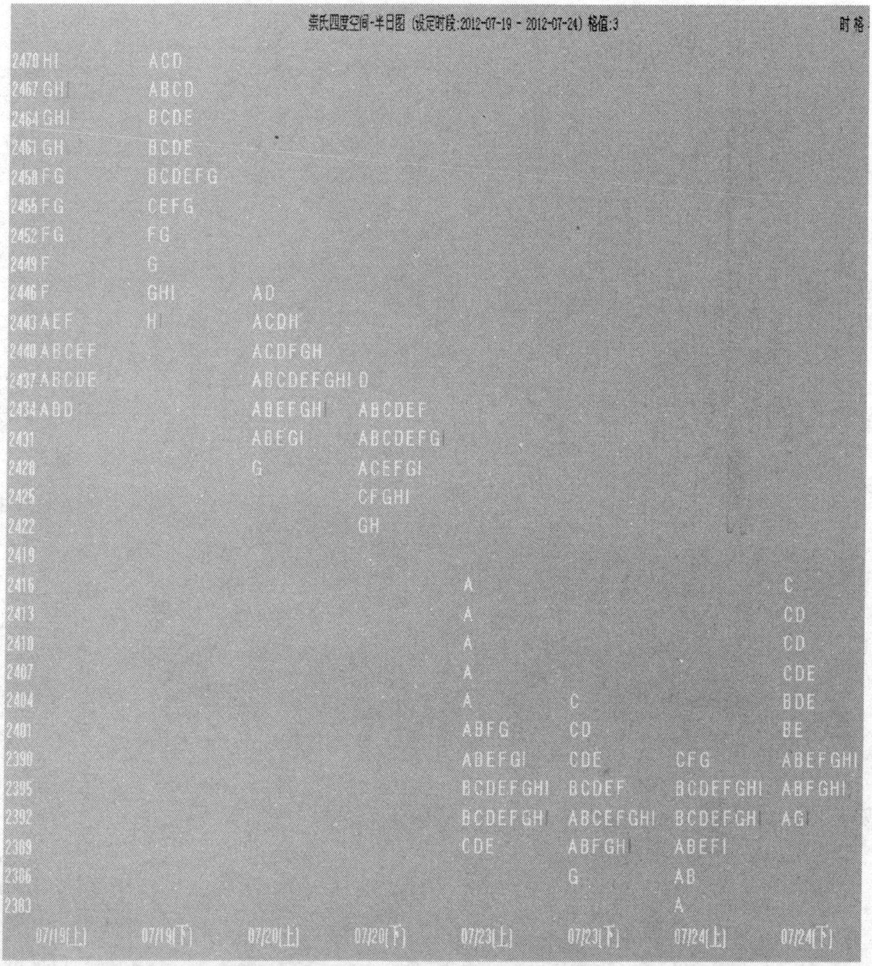

图 22-9 期指 1209 从 2012 年 7 月 19 日（上）上午至 2012 年 7 月 24 日（下）下午的崇氏四度空间半日图

图 22-10 中 5 月 29 日（上）下午至 6 月 4 日（下）下午为一个 M 头，之后向下调整，在 6 月 1 日（上）上午就应多头平仓，最迟在 6 月 4 日（上）上午的价值区域之上 AEG 处应多头平仓。

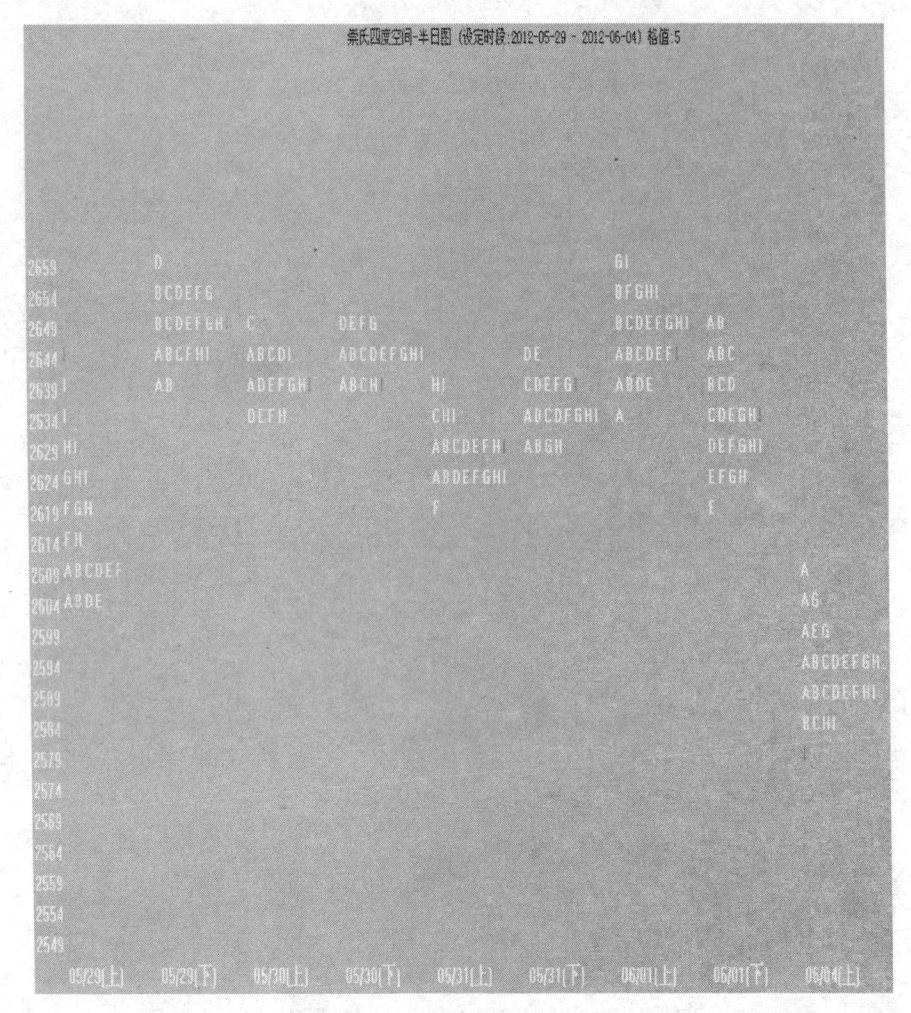

图 22 - 10 期指 1209 从 2012 年 5 月 29 日（上）上午至
2012 年 6 月 4 日（上）上午的崇氏四度空间半日图

从图 22 - 11 中可以看出 4 月 10 日（下）是一个向上单边市，可以在出现三个 F 单独字母处做多仓，之后价值区域一路上升，在 4 月 16 日（上）比 4 月 13 日（下）价值区域下移，应该多头平仓。

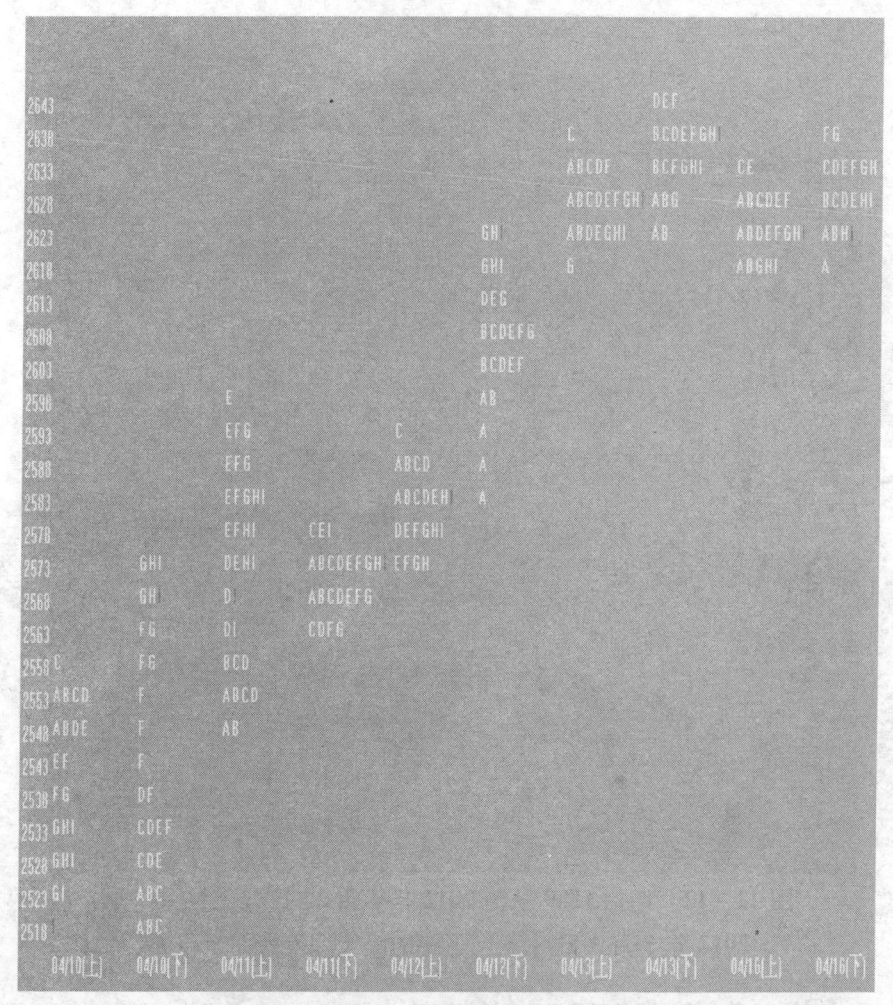

二十二、崇氏四度空间股指期货图形分析

图 22-11 期指 1209 从 2012 年 4 月 10 日（上）上午至 2012 年 4 月 16 日（下）下午的崇氏四度空间半日图

4 月 24 日（上）和 4 月 24 日（下）探底回升，在 2012 年 4 月 24 日（下）价值区域之下有 2 个单独字母 A 为相对长线买家，所以，在 4 月 24 日（下）的 G、H 等时段可以做多，到 4 月 26 日（下）和 4 月 27 日（上）平移，结束做多，等待时机，当 5 月 2 日（上）向上发展，随机做多，但到 5 月 3 日（上）和 5 月 3 日（下）价值区域平移，即结束做多（见图 22-12）。

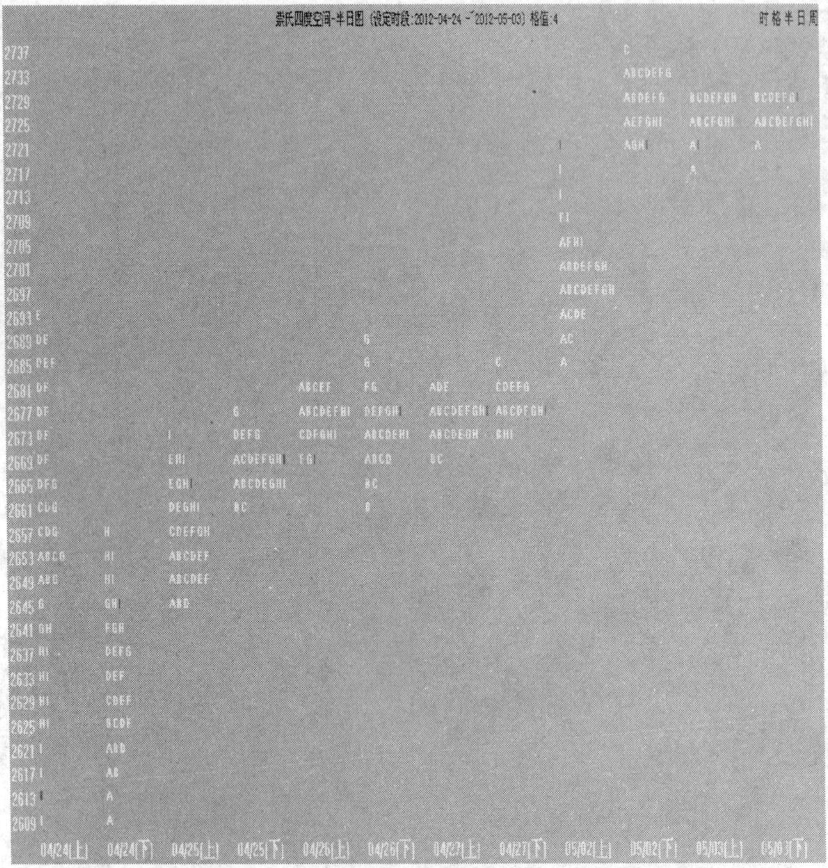

图 22-12　期指 1209 从为 2012 年 4 月 24 日（上）上午至 2012 年 5 月 3 日（下）下午的崇氏四度空间半日图

总之，总结起来就是看长做短，在较长的向下向上趋势中，以顺应趋势做为主，比如向上发展，则以做多为主，但按波浪理论可以做极短的一两天的做空。如果向下发展，则以做空为主，但可在其中按崇氏四度空间图反向做短时的多头，但必须把握好节奏，逆向的做多和做空只要半日的崇氏四度空间图出现价值区域平移，坚决平仓，不能犹豫。顺势做时可按崇氏四度空间日图价值区域出现平移，也必须平仓，战有可战，也有不可战之战，如遇不可战之战或者趋势不明朗以及心情不好时，全部空仓休息即可，切忌主观！

二十三、其他期货品种的崇氏四度空间图形

因为有关图形的买卖点前面已经讲过的，故下面只是将其他期货品种的崇氏四度空间图形呈现出来，就不一一讲解了，请投资者自己体会。

下面举一些其他期货的图形例子，供投资者参考！

下面是天胶1210（ru10）的崇氏四度空间周图（见图23-1）。

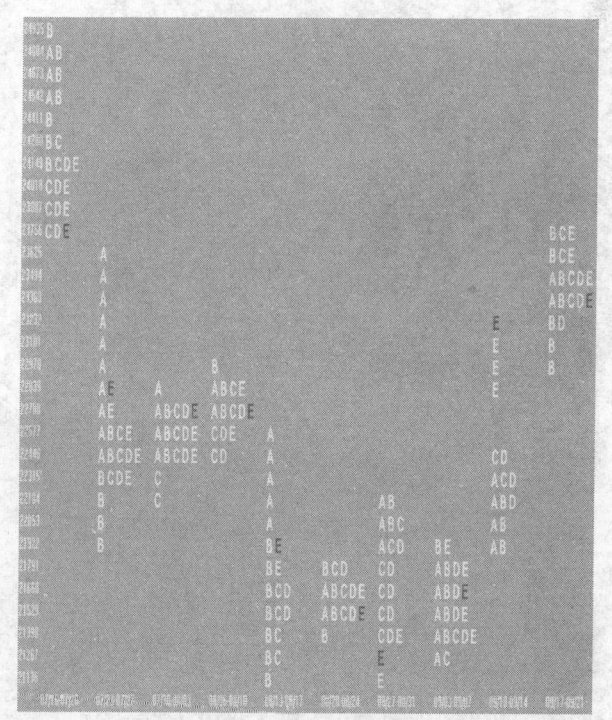

图23-1　天胶1210（ru10）的2012年7月16日至2012年9月21日的崇氏四度空间周图

下面是沪铜1210（cu10）的崇氏四度空间周图（见图23-2）。

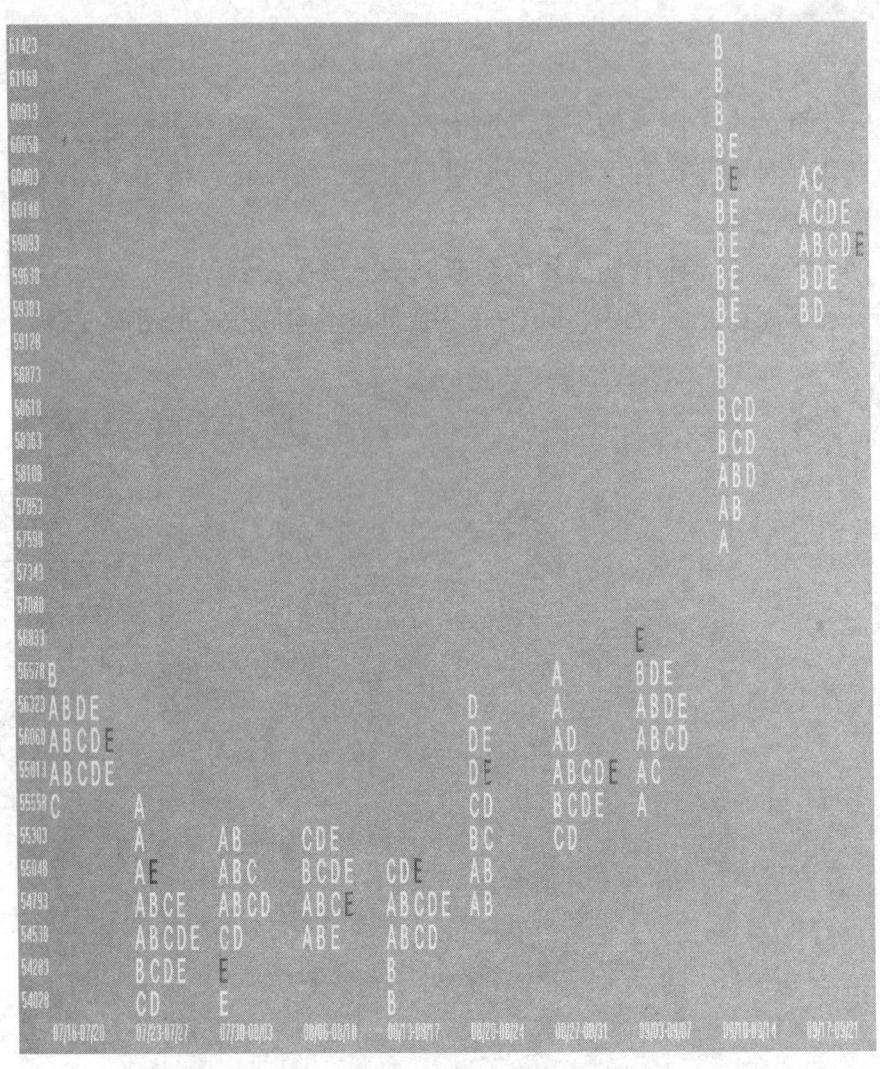

图23-2 沪铜1210（cu10）的2012年7月16日至2012年9月21日的崇氏四度空间周图

二十三、其他期货品种的崇氏四度空间图形 ·253·

下面是沪铝1210（al10）的崇氏四度空间周图（见图23－3）。

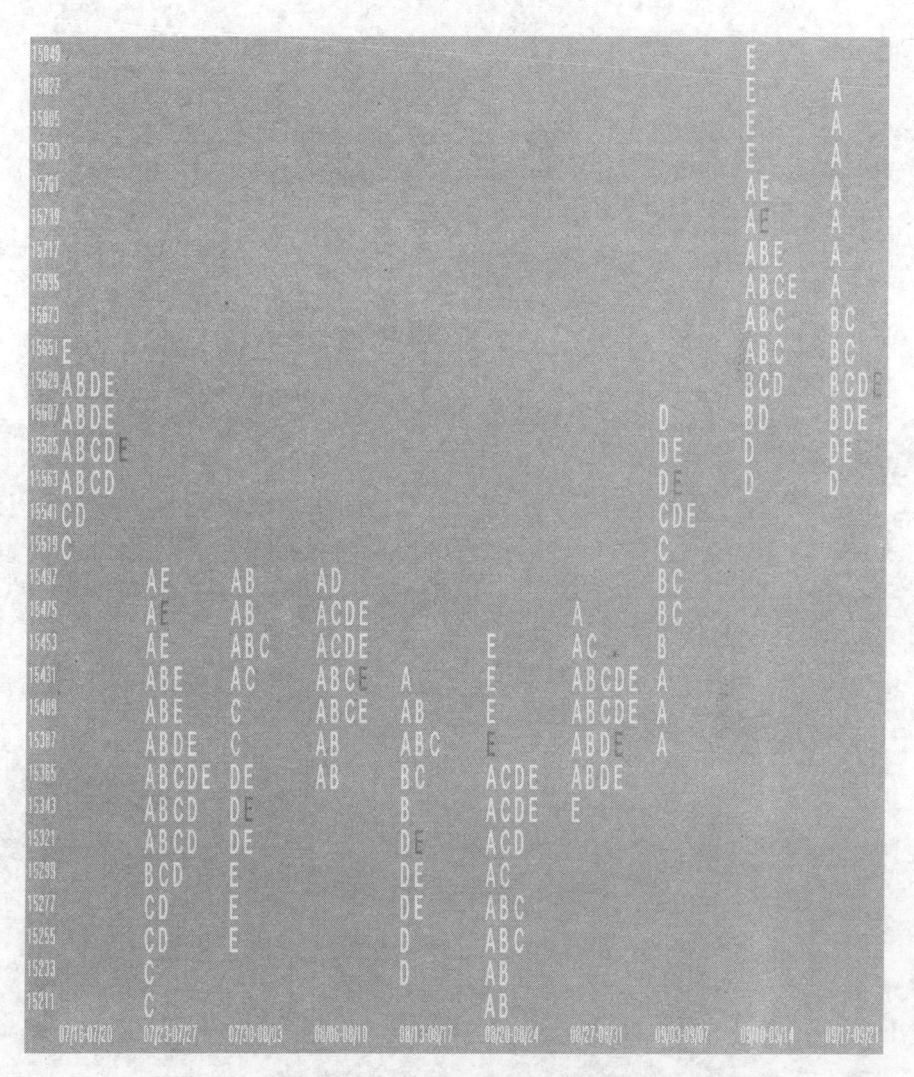

图23－3 沪铝1210（al100）的2012年7月16日至2012年9月21日的崇氏四度空间周图

下面是玉米 1211（c11）的崇氏四度空间周图（见图 23 - 4）。

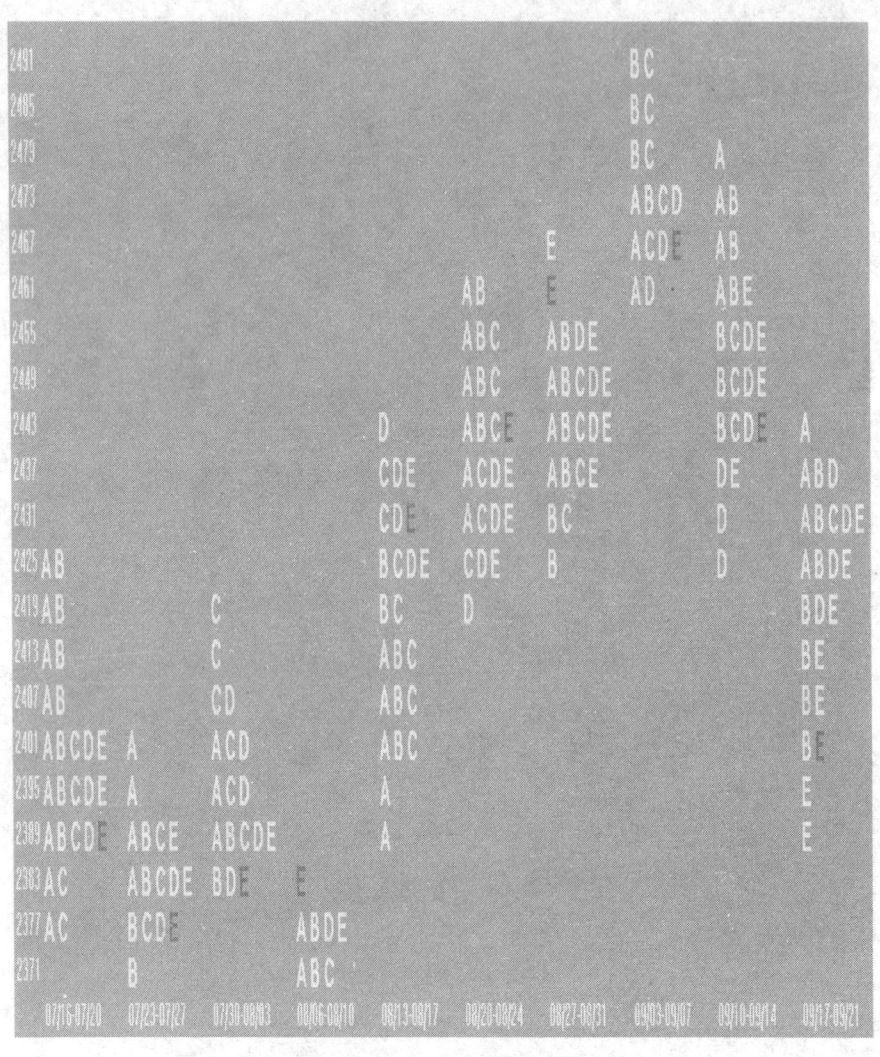

图 23 - 4　玉米 1211（c11）的 2012 年 7 月 16 日至 2012 年 9 月 21 日的崇氏四度空间周图

二十三、其他期货品种的崇氏四度空间图形　　　　·255·

下面是白糖1211（srx11）的崇氏四度空间周图（见图23－5）。

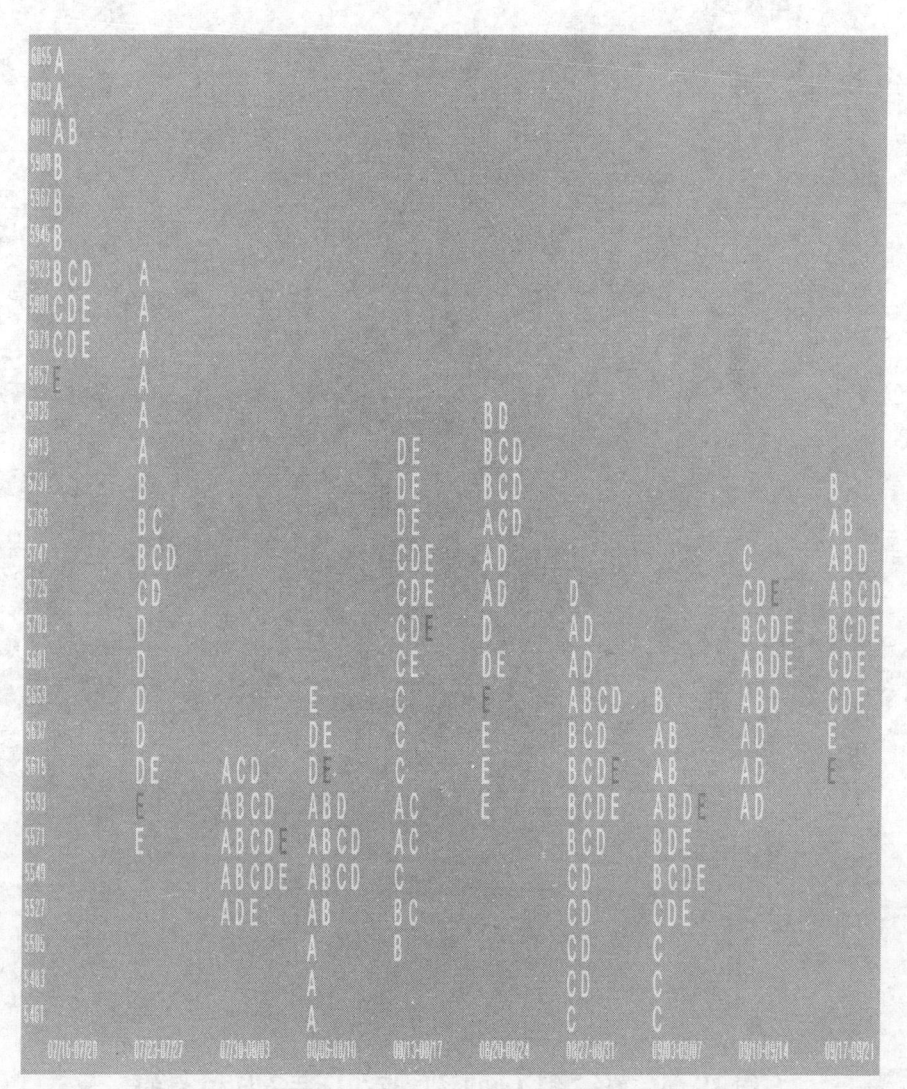

图23－5　白糖1211（srx11）的2012年7月16日至2012年9月21日的崇氏四度空间周图

下面是黄金1212（au12）的崇氏四度空间周图（见图23-6）。

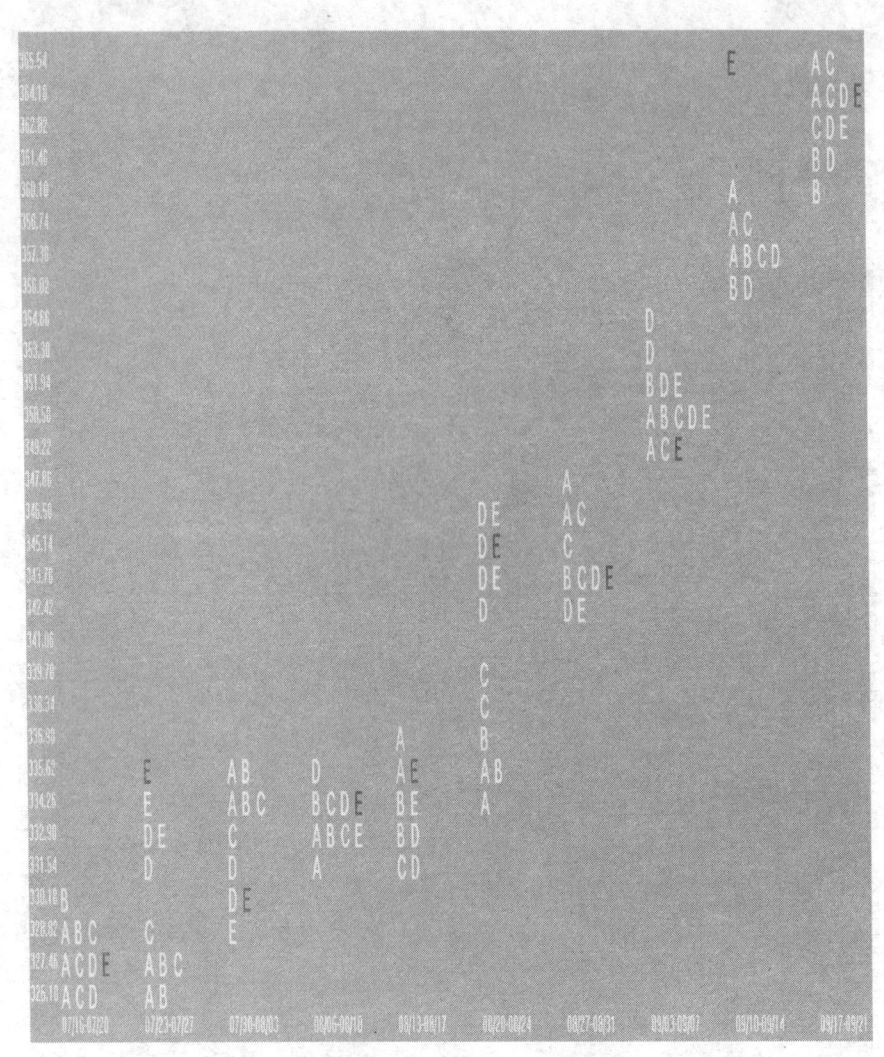

图23-6　黄金1212（au12）的2012年7月16日至2012年9月21日的崇氏四度空间周图

2002年第二版后记

当第二稿写完时，股市逢利好，一改几个月来的下跌及几乎全线涨停。仔细思考之后，想起讲课时常有投资者问及事后诸葛亮之事，未来的走势是蕴藏在过去和现在的走势之中的，世界上任何事情都是有来龙去脉的，只是我们是否了解和了解多深而已。再有一个就是了解之后，能不能顺应潮流，战胜自我。在股市上，能不能在掌握一定的理论之后，逢低吸纳，逢高派发。事实证明，多数投资者很难做到战胜自我，而战胜自我，是一个心路修炼的过程。本书介绍给读者的崇氏四度空间理论，只是一个工具，是给投资者的一个武器，运用如何，全凭投资者个人的心路、意志。在书中具体论述例子时，是给读者一个分析的思路、分析的过程，投资者要用这些理论去指导自己的实践，在实践中独立地分析、判断，这是一个不可逾越的过程。任何的理论再好，掌握后不能灵活运用，还不如没有理论。心理的修炼过程是因人而异的，但心静如水"宠辱不惊看庭前花开花落，去留无意望天上云卷云舒"的心态是证券业高手必备的境界。

第三版后记

当第三版完稿时，望着窗外马路上蜗行的滚滚车流感叹时光的流走之快，距第二版已经十余年了，中国已经驶上了"快车道"，中国的崛起是不可阻挡的，中华民族从古至今一脉相承的国家是世界上唯一的，古时的中国和现代的中国没有断点，放眼世界唯有我中华民族一枝独秀！

改革三十多年的成果是建立在前30年伟大基础之上的，我们有理由相信，未来的中国一定会更加辉煌，而中国的股市、期市的未来也一定更加辉煌！

书中所用的崇氏四度空间软件图形均为崇氏四度空间实战软件所提供。

崇氏四度空间实战分析软件，是由崇玉龙老师亲自监制反映崇氏四度空间理论全貌的实时分析决策软件。需要学习了解的读者请关注崇玉龙老师博客及微博。

崇玉龙老师的新浪官方博客地址：
http：//blog.sina.com.cn/chongshisdkj
崇玉龙老师的新浪官方微博地址：
http：//weibo.com/chongshisidukongjian
联系电话：13717528391